하루 10분 어원 영단어

읽기만 해도 저절로 외워지는

하루 10분 어원 영단어

시미즈 켄지 지음
정은희 옮김

로그인

하루 10분 어원 영단어

1판 1쇄 발행일 2017년 10월 16일
개정판 2쇄 발행일 2024년 4월 25일

지은이 시미즈 켄지
옮긴이 정은희
펴낸이 유성권

편집장 윤경선
편집 김효선 조아윤
해외저작권 정지현 **홍보** 윤소담 박채원
마케팅 김선우 강성 최성환 박혜민 심예찬 김현지
제작 장재균 **물류** 김성훈 강동훈

펴낸곳 ㈜이퍼블릭
출판등록 1970년 7월 28일, 제1-170호
주소 서울시 양천구 목동서로 211 범문빌딩 (07995)
대표전화 02-2653-5131 | **팩스** 02-2653-2455
메일 loginbook@epublic.co.kr
포스트 post.naver.com/epubliclogin
홈페이지 www.loginbook.com
인스타그램 @book_login

영어가 원어 그대로, 때로는 다소 변화한 형태로 우리말처럼 쓰이는, 이른바 '외래어' 속에는 영어 단어를 더 쉽게 익히는 데 도움이 되는 힌트가 많이 숨어 있습니다. 예를 들어 자전거를 탈 때 발을 올려놓는 부분을 페달(pedal), 발톱을 아름답게 가꾸는 미용술을 페디큐어(pedicure)라고 부르는데, 평소에 이 단어들의 본래 의미까지 생각하면서 쓰는 사람은 별로 없습니다. 하지만 조금만 살펴보면 두 단어에는 공통으로 'ped'라는 부분이 들어 있고, ped가 '발'과 관련된 뜻을 지닌다는 사실을 추측할 수 있지요.

cure(치료, 치료하다)의 뜻을 아는 사람은 pedicure가 원래 '발(ped)의 치료(cure)'를 의미한다는 사실까지도 눈치챌 수 있습니다. 사실 pedicure는 단순히 발톱을 다듬는 미용술만이 아니라 '발의 치료', '발 전문 의사'라는 뜻으로도 쓰입니다. pedicure보다 더 익숙한 단어인 manicure가 '손톱을 다듬는 미용술'이라는 점은 굳이 설명할 필요도 없겠지요? 어근인 mani는 '손'을 나타내는데, 이에 관해서는 이 책의 148쪽에 자세하게 설명되어 있습니다.

이처럼 많은 외래어가 우리 생활 깊숙이 들어와 널리 쓰이고 있습니다. 평소에는 그 단어들의 원래 의미까지는 생각하지 않지만, 단어를 익힐 때 어근에 주목하면 더 효율적으로 학습할 수 있습니다. 다음 단어들을 한번 살펴보세요.

centipede / impede / biped / expedition / peddle / expedite / pedometer

모두 '발'과 관련된 의미를 지닌 단어입니다. centipede는 '백(centi)+발'로 구성된 단어로, 발이 많은 동물, 즉 '지네'를 가리킵니다. impede는 '발을 안쪽에(im) 넣어 걸다'라는 뜻에서 '방해하다', biped는 '2개의(bi) 발'이라는 뜻에서 '두발 동물', expedition은 '발을 밖으로(ex) 향하게 하다'라는 뜻에서 '탐험', peddle은 '계속해서(le) 발을 옮기다'라는 뜻에서 '행상하다', expedite는 '족쇄를 벗기다(ex)'라는 뜻에서 '신속하게 처리하다', pedometer는 '발을 측정하다(meter)'라는 뜻에서 '만보계'라는 의미가 생겨났습니다. 이처럼 어근의 뜻을 알면 단어 공부가 한층 더 쉬워집니다.

어근 ped는 라틴어에서 유래했는데, 그리스어에서는 pod 혹은 pous로 형태가 바뀌었습니다. pod/pous가 들어가는 단어에는 '삼각대'를 뜻하는 tripod, 제방이 무너지는 것을 방지하기 위해 쓰이는 '사각(四脚) 콘크리트 블록'을 가리키는 tetrapod, 여덟 개의 다리를 가진 '문어'를 가리키는 octopus 등이 있지요. 참고로 ped나 pod의 발음이 변해서 영어의 foot(발)이 되었다고 합니다. 이처럼 ped라는 어근이 다른 어근이나 접두사 혹은 접미사 등과 결합한 형태를 살펴보면서 단어를 체계적으로 익힐 수 있는 점이 어원 학습의 가장 큰 장점입니다.

이 책은 각 장의 도입부에 외래어나 영어 단어를 일러스트와 함께 제시하고 있습니다. 좌뇌와 우뇌를 동시에 자극하여 더 쉽게 암기할 수 있는 효과가 있지요. 지면 관계상 일러스트를 싣지 못한 단어를 공부할 때에는 직접 관련 그림을 상상하면서 우뇌를 자극하면 학습의 효율성을 높일 수 있습니다. 가령 앞에서 언급한 단어 중 수많은 발이 달려 있는 지네(centipede)의 모습이나 발을 내밀어 거는 동작을 나타내는 그림(impede), 족쇄를 벗기는 그림(expedite) 등을 떠올리면 뇌에 더 강하게 각인시킬 수 있겠지요.

어원 학습의 두 번째 장점은 모르는 단어가 나왔을 때 발휘됩니다. 예를 들어 'I forgot to bring my notes, so I had to improvise'라는 문장의 뜻을 생각해 보세요. 마지막에 나오는 동사 improvise를 처음 본 사람들도 있을 텐데요. 그래도 '악보를 가져오는 것을 잊어버려서 나는 improvise 해야 했다'라는 정도는 해석할 수 있겠지요? 그 정도면 뜻을 전부 알아낸 것과 마찬가지입니다. improvise는 세 부분으로 나눌 수 있는데, 'im(~이 아니다)+pro(미리)+vise(보다)' 입니다. 우리는 여기서 '미리 악보를 보지 않고 하다'라는 뜻에서 '즉흥적으로 연주하다'라는 단어의 의미를 유추할 수 있습니다.

이 책은 저의 졸저《연상법으로 순식간에 익히는 어원 영단어》와《일러스트로 암기하는 어원 비주얼 영단어》(이상 각켄교육출판)를 한 권으로 재편집한 책입니다. 일러스트와 연상법으로 어원을 익히고 단어를 암기한다는 콘셉트에 관심을 보여 주신 많은 독자 분들과 각켄교육출판 사전편집부의 하가 야스히코 씨와 아베 다케시 씨의 도움으로 새롭게 한 권의 책으로 재탄생하게 되었습니다. 두 권 분량의 내용을 한 권에 담은 이 책이야말로 '최고의 어원 학습서'라고 자신 있게 말씀드립니다.

마지막으로 이 책의 기획과 출간에 큰 관심을 가져 주시고 흔쾌히 감수까지 맡아 주신 존경하는 윌리엄 커리 교수님께 이 자리를 빌려 깊은 감사의 말씀을 전합니다.

시미즈 켄지

이 책의 특징 및 구성

Features & Structure

어원 학습법이란?

'어원 학습법'이란 영어 단어를 구성 요소(word parts)로 분석하고, 각 요소의 의미를 결합해서 단어의 뜻을 이해하는 학습법을 말합니다. 예를 들어 predict(예언하다)라는 단어는 이렇게 나눌 수 있습니다.

predict = **pre**(앞에) + **dict**(말하다) = 앞서 말하다 → **예언하다**

어원 학습법의 세 가지 장점

❶ 단어에 대한 기억력이 오래 지속된다

어원 학습법으로 공부하면 기억이 오래갑니다. 'predict = 예언하다'를 통째로 외우는 것보다는 '앞서(pre) + 말하다(dict) → 예언하다'라는 식으로 논리성을 더해서 외우면 더 오랫동안 기억할 수 있습니다.

❷ 모르는 단어의 의미를 유추할 수 있다

어원을 알면 듣기나 독해를 할 때 모르는 단어와 마주쳐도 그 의미를 추측하기 쉬워집니다. predict라는 단어를 모르더라도 pre와 dict의 의미를 알고 있으면, 그것을 단서로 predict의 뜻을 추측할 수 있지요.

❸ 단어를 체계적이고 효율적으로 학습할 수 있다

어원 하나의 뜻을 알면, 그와 관련된 단어들을 쉽게 학습할 수 있습니다. 가령 'pro/pre=앞에, 앞의'라는 것을 외워 두면 predict, preview, prejudice, progress 등 여러 단어를 익힐 수 있는 힌트를 얻게 되지요.

이 책의 효과적인 활용법

● Step 1 일러스트를 통해 단어 요소의 뜻을 학습한다

가장 먼저 단어 요소의 뜻을 익혀야 합니다. 외래어나 기존에 알고 있던 단어를 통해 단어 요소의 뜻을 유추하고 쉽게 외울 수 있도록 구성했습니다. 다음 표를 봐 주세요.

Word Parts	암기법	관련어	관련 페이지
cap = 머리	캡(cap)은 머리에 쓰는 모자	captain, capital, escape, capable	pp.34~35
fer = 운반하다	페리(ferryboat)는 사람이나 짐을 운반하는 배	offer, prefer, transfer, suffer	pp.82~83
fin = 끝나다	finish는 일을 끝내는 것	final, finale, finalist, infinite	pp.88~89
flo, flu = 흐르다	flow chart는 흐름도	influence, flood, fluent, affluent	pp.92~93

cap(모자)이나 finish(끝내다)와 같이 익숙한 단어를 통해 각 요소의 의미를 효과적으로 외울 수 있습니다. 각 장의 도입부에서 소개하는 외래어나 기본적인 영단어는 단어 요소의 뜻을 자연스럽게 익힐 수 있는 단서를 제공하므로, 반드시 꼼꼼하게 살펴보세요.

● Step 2 단어 요소와 관련된 단어의 의미를 이해한다

단어 요소의 의미를 학습했다면 이제 그 지식을 바탕으로 단어를 익혀야겠죠. 이 책은 총 150개의 단어 요소와 그 요소를 포함하고 있는 대표 단어 6개를 제시하고 있습니다. Step 1에서 학습한 내용을 바탕으로 단어 요소를 하나하나 세심하게 확인하면서 단어를 암기해 보세요.
다음과 같은 순서로 학습하면, 한층 더 효과적으로 영어 단어를 학습할 수 있습니다.

❶ 예문을 통해 단어 뜻 추측하기

❷ 단어의 뜻과 함께 제시된 어원 확인하기

❸ 해석을 통해 단어 뜻 확인하기

이때 추측하는 과정을 생략하고 바로 해석을 보면, 학습한 내용이 기억에 오래 남지 않으니 주의하세요!

구성 및 활용법

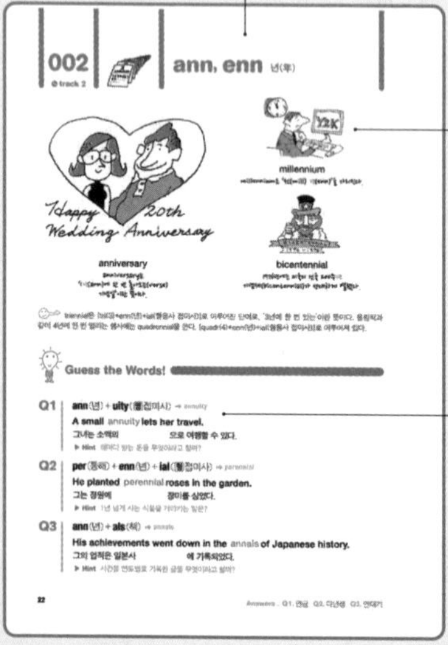
002 ann, enn 년(年)
millennium
anniversary
bicentennial
Happy 20th Wedding Anniversary
Guess the Words!
Q1 ann(년) + uity(명접미사) → annuity
A small annuity lets her travel.
그녀는 소액의 _____ 으로 여행할 수 있다.
Q2 per(통해) + enn(년) + ial(형접미사) → perennial
He planted perennial roses in the garden.
그는 정원에 _____ 장미를 심었다.
Q3 ann(년) + als(복) → annals
His achievements went down in the annals of Japanese history.
그의 업적은 일본사 _____ 에 기록되었다.
22

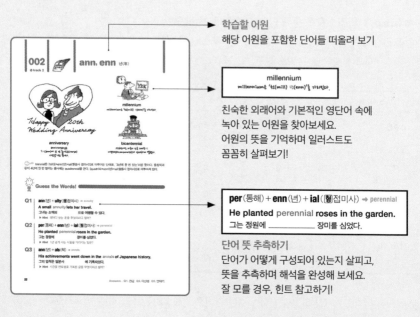

학습할 어원
해당 어원을 포함한 단어들 떠올려 보기

> millennium
> millennium은 '천(mill) 년(enn)'을 가리킨다.

친숙한 외래어와 기본적인 영단어 속에
녹아 있는 어원을 찾아보세요.
어원의 뜻을 기억하며 일러스트도
꼼꼼히 살펴보기!

> **per**(통해) + **enn**(년) + **ial**(형접미사) ➜ perennial
> **He planted** perennial **roses in the garden.**
> 그는 정원에 __________ 장미를 심었다.

단어 뜻 추측하기
단어가 어떻게 구성되어 있는지 살피고,
뜻을 추측하며 해석을 완성해 보세요.
잘 모를 경우, 힌트 참고하기!

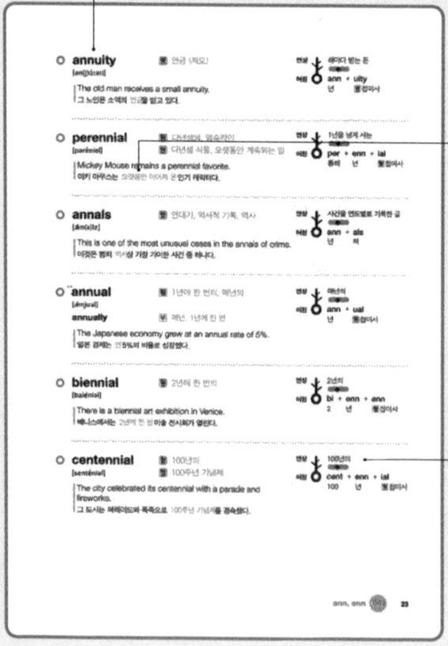
annuity — The old man receives a small annuity.
perennial — Mickey Mouse remains a perennial favorite.
annals — This is one of the most unusual cases in the annals of crime.
annual / annually — The Japanese economy grew at an annual rate of 5%.
biennial — There is a biennial art exhibition in Venice.
centennial — The city celebrated its centennial with a parade and fireworks.
ann, enn 23

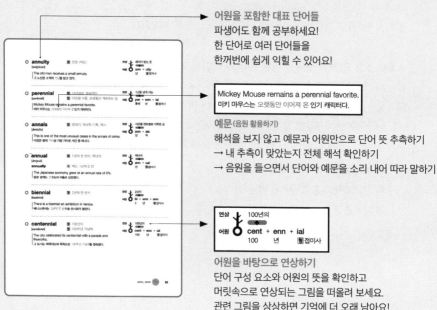

어원을 포함한 대표 단어들
파생어도 함께 공부하세요!
한 단어로 여러 단어들을
한꺼번에 쉽게 익힐 수 있어요!

> Mickey Mouse remains a perennial favorite.
> **미키 마우스는** 오랫동안 이어져 온 **인기 캐릭터다.**

예문(음원 활용하기)
해석을 보지 않고 예문과 어원만으로 단어 뜻 추측하기
→ 내 추측이 맞았는지 전체 해석 확인하기
→ 음원을 들으면서 단어와 예문을 소리 내어 따라 말하기

> **연상** 100년의
> **어원** cent + enn + ial
> 100 년 형접미사

어원을 바탕으로 연상하기
단어 구성 요소와 어원의 뜻을 확인하고
머릿속으로 연상되는 그림을 떠올려 보세요.
관련 그림을 상상하면 기억에 더 오래 남아요!

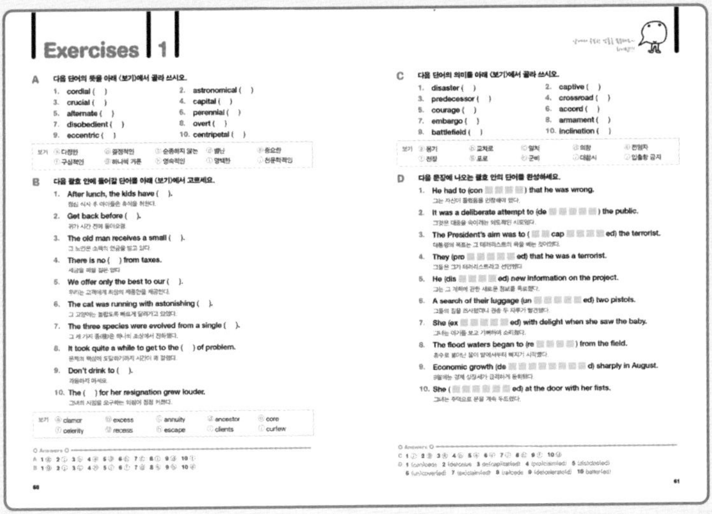

Exercises 1

A 다음 단어의 뜻을 아래 (보기)에서 골라 쓰시오.

1. cordial ( ) 2. astronomical ( )
3. crucial ( ) 4. capital ( )
5. alternate ( ) 6. perennial ( )
7. disobedient ( ) 8. overt ( )
9. eccentric ( ) 10. centripetal ( )

B 다음 괄호 안에 들어갈 단어를 아래 (보기)에서 고르세요.

1. After lunch, the kids have ( ).
2. Get back before ( ).
3. The old man receives a small ( ).
4. There is no ( ) from taxes.
5. We offer only the best to our ( ).
6. The cat was running with astonishing ( ).
7. The three species were evolved from a single ( ).
8. It took quite a while to get to the ( ) of problem.
9. Don't drink to ( ).
10. The ( ) for her resignation grew louder.

보기 ⓐ clamor ⓑ excess ⓒ annuity ⓓ ancestor ⓔ core ⓕ celerity ⓖ recess ⓗ escape ⓘ clients ⓙ curfew

C 다음 단어의 의미를 아래 (보기)에서 골라 쓰시오.

1. disaster ( ) 2. captive ( )
3. predecessor ( ) 4. crossroad ( )
5. courage ( ) 6. accord ( )
7. embargo ( ) 8. armament ( )
9. battlefield ( ) 10. inclination ( )

D 다음 문장에 나오는 괄호 안의 단어를 완성하세요.

1. He had to (con) that he was wrong.
2. It was a deliberate attempt to (de) the public.
3. The President's aim was to (cap ed) the terrorist.
4. They (pro ed) that he was a terrorist.
5. He (dis ed) new information on the project.
6. A search of their luggage (un ed) two pistols.
7. She (ex ed) with delight when she saw the baby.
8. The flood waters began to (re) from the field.
9. Economic growth (de d) sharply in August.
10. She (ed) at the door with her fists.

학습한 내용 확인하기

공부한 단어들을 잘 기억하고 있는지 문제를 풀면서 확인해 보세요! 기억이 잘 나지 않거나 생소하게 느껴지는 단어들이 있다면 해당 페이지로 가서 다시 한 번 학습해 보세요. 어휘를 공부할 때는 반복 학습이 중요합니다.

접두사 Prefix

1. en ~하게 하다
2. co/con/com/col/cor 함께
3. syn/sym 함께
4. a① ~을 향해
5. ad ~을 향해
6. a② ~이 아니다, 떨어져
7. ab 떨어져

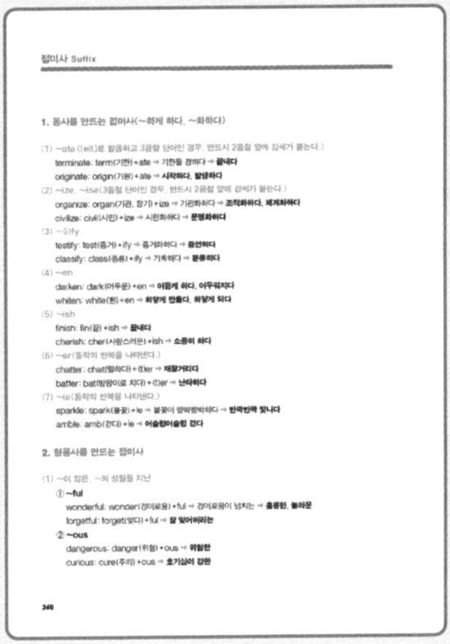

접미사 Suffix

1. 동사를 만드는 접미사(~하게 하다, ~화하다)
2. 형용사를 만드는 접미사

어휘 실력에 날개를 달아 주는 접두사와 접미사

접두사는 어근(의미를 나타내는 중심어) 앞에, 접미사는 어근 뒤에 붙어서 특정한 뜻을 더하거나 새로운 단어를 만들어요. 접두사와 접미사를 많이 알면 알수록 단어의 뜻을 유추하거나 철자를 외우기가 쉬워집니다.

Contents

| 단어 수준 표시 |

책에 제시된 단어 중 특히 중요도가 높은 단어에는 '*'를 표시했습니다. 이는 코퍼스(corpus, 현대 영어에 관한 대규모 데이터베이스)를 기반으로 사용 빈도와 유용성 등을 지표로 삼았습니다. 기준은 다음과 같습니다.

*** **기본 단어, 중·고등학교 초급 수준**

** **중요 단어, 고등학교 중급 수준**

* **대학 입시 수준**

| 접미사 표시 |

● 형 접미사 - **형용사를 만드는 접미사**

al, ar, ary, ate, en, ent, ial, ic, ical, id, ient, ile, ious, ish, ive, ly, ous, pul, tal, tic, ...

● 명 접미사 - **명사를 만드는 접미사**

age, ance, ary, ence, ency, ice, ion, ity, ment, onym, or, tion, tress, tude, uity, ...

● 동 접미사 - **동사를 만드는 접미사**

ate, ify, ish, ise, ize, ...

참고문헌: Nation, I.S.P.(1990). Teaching and Learning Vocabulary. Newbury House, Mass.

Let's Start!!! 

001 ali, alter, else 다른

track 1

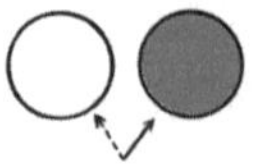

alibi

alibi는 '현장 부재 증명'을 뜻한다.
즉 범행 시각에 다른 장소에 있었다는
사실을 증명하는 방법이다.

alien

다른 별에서 온 생명체를 alien이라고 한다.

Anything else?

“그 밖에 더 필요한 건 없으세요?”라는 의미로
음식점에서 주문을 받는 점원이 자주 하는 말이다.

altercation은 '서로 말을 주고받는다'는 의미에서 '언쟁'이라는 뜻을 연상할 수 있다. 타인의 행복과 이익을 먼저 생각하는 사람에게는 altruistic(이타적인)이라는 표현을 쓴다. alter와 other(다른)는 같은 뜻!

Guess the Words!

Q1 **ali**(다른)+**en**(형 접미사) → alien

There are many illegal aliens entering this country.

이 나라에는 불법으로 들어온 ________들이 매우 많다.

▶ **Hint** 다른 나라에서 온 사람을 가리키는 말은?

Q2 **ali**(다른)+**en**(형 접미사)+**ate**(동 접미사) → alienate

Many people feel alienated in new places.

많은 사람들이 낯선 장소에서 ________ 기분을 느낀다.

▶ **Hint** 주위 사람들과 동떨어져 있다고 느끼는 기분을 무엇이라고 할까?

Q3 **alter**(다른)+**ate**(동 형 접미사) → alternate

John has to work on alternate Sundays.

John은 일요일에 ________로 일해야 한다.

▶ **Hint** 매주 일요일이 아니라 따로따로 떨어진 일요일을 가리키는 표현은?

Answers_ Q1. 외국인 Q2. 소외된 Q3. 격주

alien
[éiliən]

형 외국의, 생경한, 이질적인
명 외국인, 우주인, 외계인

When I first went to London, it all felt very alien to me.
처음 런던에 갔을 때, 모든 것이 나에게 매우 이질적으로 느껴졌다.

연상 외부에서 온
어원 ali + en
다른 형 접미사

---

alienate
[éiliənèit]

동 멀리하다, ~와 소원하게 하다

alienation 명 소외, 소원

Her comments alienated a lot of young voters.
그녀의 발언은 많은 젊은 유권자들을 멀어지게 만들었다.

연상 동떨어진 기분을 느낌
어원 ali + en + ate
다른 형 접미사 동 접미사

---

alternate
[동 ɔ́ːltərnèit]
[형 ɔ́ːltərnit]

동 번갈아 하다, 교대로 하다, 엇갈리다
형 번갈아 하는, 하나씩 거른

He alternated between joy and grief.
그는 기쁨과 슬픔이 엇갈렸다.

연상 따로따로 함
어원 alter + ate
다른 동 형 접미사

---

*alter
[ɔ́ːltər]

동 바꾸다, 고치다, 변화하다

alteration 명 변경, 수정

Prices did not alter remarkably during 2014.
2014년에는 가격이 눈에 띄게 변하지 않았다.

연상 다른 것으로 만듦
어원 alter
다른

**alternative
[ɔːltə́ːrnətiv]

명 양자택일, 대안
형 대신하는, 대체의

They had no alternative but to fire George.
그들은 George를 해고하는 방법 이외에 대안이 없었다.

연상 다른
어원 alter + tive
다른 형 접미사

---

alias
[éiliəs]

부 일명 ~, 통칭 ~
명 별명, 가명

She checked into the hotel under an alias.
그녀는 가명으로 호텔에 투숙했다.

연상 다른 때에는
어원 ali
다른

002 ann, enn 년(年)

track 2

millennium

millennium은 '천(mill) 년(enn)'을 가리킨다.

anniversary

anniversary는 '1년(ann)에 한 번 돌아오는(verse) 기념일'이란 뜻이다.

bicentennial

1976년에는 미국의 건국 200주년 기념제(bicentennial)가 성대하게 열렸다.

triennial은 [tri(3)+enn(년)+ial(형용사 접미사)]로 이루어진 단어로, '3년에 한 번 있는'이란 뜻이다. 올림픽과 같이 4년에 한 번 열리는 행사에는 quadrennial을 쓴다. [quadr(4)+enn(년)+ial(형용사 접미사)]로 이루어져 있다.

Guess the Words!

Q1 **ann**(년)+**uity**(명 접미사) → annuity

A small annuity lets her travel.

그녀는 소액의 ______으로 여행할 수 있다.

▶ **Hint** 해마다 받는 돈을 무엇이라고 할까?

Q2 **per**(통해)+**enn**(년)+**ial**(형 접미사) → perennial

He planted perennial roses in the garden.

그는 정원에 ______ 장미를 심었다.

▶ **Hint** 1년 넘게 사는 식물을 가리키는 말은?

Q3 **ann**(년)+**als**(책) → annals

His achievements went down in the annals of Japanese history.

그의 업적은 일본사 ______에 기록되었다.

▶ **Hint** 사건을 연도별로 기록한 글을 무엇이라고 할까?

Answers_ Q1. 연금 Q2. 다년생 Q3. 연대기

annuity [ən(j)úːəti]

명 연금 (제도)

The old man receives a small annuity.
그 노인은 소액의 연금을 받고 있다.

연상 해마다 받는 돈
어원 ann + uity
년 명접미사

---

perennial [pəréniəl]

형 다년생의, 영속적인
명 다년생 식물, 오랫동안 계속되는 일

Mickey Mouse remains a perennial favorite.
미키 마우스는 오랫동안 이어져 온 인기 캐릭터다.

연상 1년을 넘게 사는
어원 per + enn + ial
통해 년 형접미사

---

annals [ǽn(ə)lz]

명 연대기, 역사적 기록, 역사

This is one of the most unusual cases in the annals of crime.
이것은 범죄 역사상 가장 기이한 사건 중 하나다.

연상 사건을 연도별로 기록한 글
어원 ann + als
년 책

---

annual [ǽnjuəl] **

형 1년에 한 번의, 매년의

annually 부 매년, 1년에 한 번

The Japanese economy grew at an annual rate of 5%.
일본 경제는 연 5%의 비율로 성장했다.

연상 매년의
어원 ann + ual
년 형접미사

---

biennial [baiéniəl]

형 2년에 한 번의

There is a biennial art exhibition in Venice.
베니스에서는 2년에 한 번 미술 전시회가 열린다.

연상 2년의
어원 bi + enn + ial
2 년 형접미사

---

centennial [senténiəl]

형 100년의
명 100주년 기념제

The city celebrated its centennial with a parade and fireworks.
그 도시는 퍼레이드와 폭죽으로 100주년 기념제를 경축했다.

연상 100년의
어원 cent + enn + ial
100 년 형접미사

003 arm 무기, 팔

track 3

armadillo

armadillo(아르마딜로)는 전신이 마치 무기 같은 등딱지로 덮여 있는 동물이다.

alarm

적의 습격을 알리는 경보를 가리키는 alarm은 [al(~을 향해)+arm(무기)]으로 이루어져 있으며, 원래는 '무기를 들어라!'라는 의미다.

Guess the Words!

Q1 **arm**(무기)+**ment**(명 접미사) ➡ armament

The UN Security Council adopted a resolution to ban armaments.

UN 안전보장이사회는 ______를 금지하는 결의안을 채택했다.

▶ **Hint** 군사적 무기를 가리키는 말은?

Q2 **dis**(~이 아니다)+**arm**(무기) ➡ disarm

Both sides must disarm before the peace talks.

양국은 평화 회담 전에 ______해야 한다.

▶ **Hint** 무기를 갖추지 않은 상태를 가리키는 말은?

Q3 **arm**(무기)+**stice**(중지하다) ➡ armistice

The Korean Armistice Agreement was signed on July 27, 1953.

한국의 ______협정은 1953년 7월 27일에 체결되었다.

▶ **Hint** 무기 사용을 중지하는 상태를 가리키는 말은?

Answers_ Q1. 군비(병기) Q2. 무장 해제 Q3. 휴전

armament
[á:rmәmәnt]

명 군비, 장비, 병기

The US is a leading seller of armaments.
미국은 병기의 주요 판매국이다.

연상 무기를 갖춤
어원 arm + ment
무기 명접미사

---

disarm
[disá:rm]

동 무장 해제하다

disarmament 명 무장 해제

The two nations agreed to disarm.
양국은 무장 해제에 동의했다.

연상 무기를 갖추지 않음
어원 dis + arm
~이 아니다 무기

---

armistice
[á:rmistis]

명 휴전, 정전(停戰)

The two nations signed an armistice.
양국은 휴전(협정)에 서명했다.

연상 무기 사용을 중지하는 상태
어원 arm + stice
무기 중지하다

*** arm
[á:rm]

명 (복수형으로) 무기
동 무장하다, 방비하다

armed 형 무장한

Police officers in the UK do not usually carry arms.
영국의 경찰은 대개 무기를 소지하지 않는다.

연상 어원 원시 시대의 유일한 무기는 사람의 팔(arm)이었던 사실에서 유래함

*** army
[á:rmi]

명 군대, 육군

A captain in the navy ranks above a captain in the army.
해군의 캡틴(대령)은 육군의 캡틴(대위)보다 계급이 더 높다.

연상 무기를 소지한 집단
어원 arm + y
무기 명접미사

---

armor
[á:rmәr]

명 갑옷, 갑주(甲冑), 장갑(裝甲)
동 장갑하다, ~에게 갑옷을 입히다

A lot of armored cars are marching in the parade.
퍼레이드에서 많은 장갑차들이 행진하고 있다.

연상 무장을 위한 장비
어원 arm + or
무기 물건

004 aster, astro, stella

track 4

별

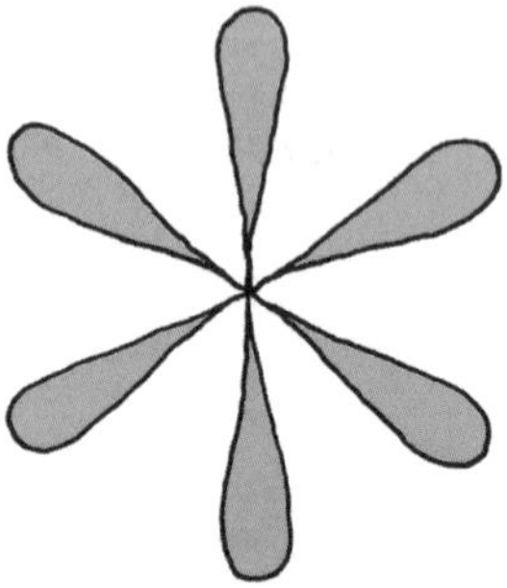

asterisk

asterisk(별표)는 '작은(isk) 별(aster)'이란 뜻에서 유래했다.

Astrodome

미국 프로야구팀 애스트로스의 연고지는 NASA가 있는 휴스턴이다. 팀명이 우주비행사(astronauts)를 줄여서 부르는 말 astros에서 유래한 휴스턴 애스트로스의 홈구장을 Astrodome(아스트로돔)이라고 부른다.

consider(숙고하다)는 옛날 별점을 볼 때, 별(sider)의 움직임을 지켜보는 것에서 유래했다. desire(갈망하다)는 '별(sire) 아래(de)에서' 별이 가져오는 것을 기다리는 모습에서 유래했다고 한다.

Guess the Words!

Q1 **dis**(~이 아니다)+**aster**(별) ➜ disaster

The disaster killed more than 200 people.

그 ______으로 인해 200명 이상의 사람이 죽었다.

▶ **Hint** 별의 정상적 움직임이 행운을 의미한다고 생각하던 시절, 별이 사라져 안 보이면 어떻게 생각했을까?

Q2 **astro**(별)+**nomy**(법칙) ➜ astronomy

He majored in astronomy in college.

그는 대학에서 ______을 전공했다.

▶ **Hint** 별의 법칙을 연구하는 학문은 무엇일까?

Q3 **con**(완전히)+**stella**(별)+**ion**(명 접미사) ➜ constellation

He likes observing constellations.

그는 ______ 관찰을 좋아한다.

▶ **Hint** 별을 응시하다 보면 저절로 연상되는 모양을 무엇이라고 할까?

Answers_ Q1. 재난 Q2. 천문학 Q3. 별자리

*disaster
[dizǽstər]

명 재난, 재앙, 대참사

disastrous 형 비참한, 파멸을 초래하는

연상 별이 사라져 보이지 않음
어원 dis(~이 아니다) + aster(별)

The hurricane created a disaster.
허리케인 때문에 대참사가 발생했다.

---

astronomy
[əstránəmi]

명 천문학

astronomical 형 천문학의, 천문학적인
astronomer 명 천문학자

연상 별의 법칙
어원 astro(별) + nomy(법칙)

The cost of the new government project is astronomical.
정부의 새 프로젝트에 드는 비용은 천문학적이다.

---

constellation
[kánstəléiʃən]

명 별자리, 성좌

연상 별의 움직임을 지그시 바라봄
어원 con(완전히) + stella(별) + ion(명 접미사)

The constellation of Orion can be seen in winter.
오리온자리는 겨울에 볼 수 있다.

---

asteroid
[ǽstərɔ̀id]

명 소행성

연상 별과 닮은 것
어원 aster(별) + roid(닮다)

There are innumerable asteroids between Mars and Jupiter.
화성과 목성 사이에는 수많은 소행성이 있다.

---

astrology
[əstrálədʒi]

명 점성술

astrological 형 점성술의

연상 별의 움직임에 대해 연구하는 것
어원 astro(별) + logy(학문)

Many people are interested in astrology.
많은 사람들이 점성술에 흥미를 느낀다.

---

astronaut
[ǽstrənɔ̀:t]

명 우주비행사

astronautics 명 우주항공학

연상 우주선을 타는 사람
어원 ast(별) + naut(선원)

The astronauts trained two years in how to navigate their spacecraft.
우주비행사들은 2년 동안 우주선 조종법에 대한 훈련을 받았다.

005  aud, ey 듣다

track 5

audition

audition은 가수의 노래나 연주자의 연주를 듣고 심사하는 자리다.

audience

audience는 공연이나 텔레비전의 '청중, 시청자'를 뜻한다.

audio

audio는 음악 등을 질 좋은 소리로 듣기 위한 장치를 가리킨다.

Guess the Words!

Q1 **ob**(~을 향해)+ **ey**(듣다) ➡ obey

All citizens must obey the law and be loyal to the Constitution.

모든 시민은 법을 _____, 헌법을 충실히 지켜야 한다.

▶ **Hint** 법에 귀를 기울이는 행위를 무엇이라고 할까?

Q2 **dis**(~이 아니다)+ **ob**(~을 향해)+ **ey**(듣다) ➡ disobey

He disobeyed his supervisor and was fired.

그는 감독관의 말을 _____ 해고됐다.

▶ **Hint** 감독관의 말에 귀기울이지 않는 행위를 무엇이라고 할까?

Q3 **audit**(듣다)+ **rium**(장소) ➡ auditorium

The auditorium has a seating capacity of 800.

그 _____의 수용 가능 인원은 800명이다.

▶ **Hint** 학생이 수업을 듣는 장소를 가리키는 말은?

Answers_ **Q1.** 따르고 **Q2.** 거역해서 **Q3.** (대)강의실

obey
[oubéi, əbéi]

obedient 형 순종하는, 충실한

obedience 명 순종, 복종, 준수

동 따르다, 순종하다

> She is always obedient to her mother's wishes.
> 그녀는 항상 어머니의 바람에 순종한다.

연상 ~에 귀기울임
어원 ob + ey
~을 향해 듣다

---

disobey
[dìsəbéi]

동 순종하지 않다, 거역하다

disobedient 형 순종하지 않는, 거역하는

disobedience 명 반항, 불복종

> If you are disobedient, I'll send you home immediately.
> 만약 네가 따르지 않는다면, 나는 바로 너를 집에 보낼 것이다.

연상 ~에 귀기울이지 않음
어원 dis + ob + ey
~이 아니다 ~을 향해 듣다

---

auditorium
[ɔ̀:dətɔ́:riəm]

명 대강의실, 강당, 관객석

> A large number of students gathered at the auditorium.
> 많은 학생들이 대강의실에 모였다.

연상 듣는 장소
어원 audit + rium
듣다 장소

---

audit
[ɔ́:dit]

명 회계 감사

동 회계를 감사하다, 수업을 청강하다

> I audited classes at the University of California.
> 나는 캘리포니아 대학교에서 수업을 청강했다.

연상 듣는 일
어원 audit
듣다

---

audition
[ɔ:díʃən]

명 오디션, 청력

동 오디션을 실시하다, 오디션을 받다

> They auditioned for new members of the cast for *Miss Saigon* yesterday.
> 그들은 어제 <미스 사이공>의 새 출연진을 뽑는 오디션을 실시했다.

연상 듣는 일
어원 audit + ion
듣다 명 접미사

*** audience
[ɔ́:diəns]

명 청중, 관중

> The audience laughed and applauded.
> 청중은 웃으며 박수를 쳤다.

연상 듣는 사람
어원 audi + ence
듣다 명 접미사

006  bar 막대기, 가로대

track 6

bar code

정보 판독을 위한 코드를 가리키는 bar code는
막대기를 나열한 것처럼 생긴 모양에서 유래했다.

bar

bar(술집)는 옛날 술집 앞에 말을 묶어 두는
가로대가 있었던 사실에서 유래했다.

barbecue

barbecue는 나무로 된 가로대를 세워 두고
고기나 채소를 구워 먹는 요리를 말한다.

Guess the Words!

Q1 **em**(가운데에)+**bargo**(가로대) → embargo

The US imposed a trade embargo on Iraq.

미국은 이라크에 대한 ______를 시행했다.

▶ **Hint** 이라크와의 사이에 가로대를 세우면 어떻게 될까?

Q2 **bar**(가로대)+**ster**(사람) → barrister

He is very busy as a barrister.

그는 ______로서 매우 바쁜 나날을 보낸다.

▶ **Hint** 법정의 테두리 안에 있는 사람을 가리키는 말은?

Q3 **bar**(가로대)+**er**(물건) → barrier

He overcame the language barrier.

그는 언어의 ______을 극복했다.

▶ **Hint** 앞을 가로막고 있는 것은 무엇이라고 할까?

Answers_ **Q1.** 통상 금지 **Q2.** (법정) 변호사 **Q3.** 장벽

embargo
[imbáːrgou]

동 입출항을 금지하다, 몰수하다
명 입출항 금지, 통상 금지

연상 가운데에 가로대를 세움
어원 em + bargo
가운데에 가로대

They have put an embargo on imports of clothing.
그들은 의류품 수입을 금지했다.

barrister
[bǽristər]

명 (법정) 변호사

연상 법정의 테두리 안에 있는 사람
어원 bar + ster
가로대 사람

He practiced as a barrister for many years.
그는 수년 동안 변호사로 일하고 있다.

*barrier
[bǽriər]

명 장애물, 장벽

연상 가로막고 있는 것
어원 bar + er
가로대 물건

They fell in love in spite of the language barrier.
그들은 언어의 장벽에도 불구하고 사랑에 빠졌다.

embarrass
[imbǽrəs]

동 당황하게 하다, 부끄럽게 하다

embarrassment 명 당황, 곤혹

연상 가운데에 막대기를 놓음
어원 em + bar
가운데에 막대기

The chair broke when I sat on it, so I was pretty embarrassed.
앉았더니 의자가 부서져서 나는 매우 당황했다.

barrel
[bǽrəl]

명 통, 배럴

연상 가로대를 붙여 만든 작은 용기
어원 bar + el
가로대 작은

Oil prices rose to $100 a barrel in 2008.
2008년 유가는 1배럴당 100달러로 인상됐다.

debar
[dibáːr]

동 금지하다, 제외하다

연상 세워져 있는 막대기를 치움
어원 de + bar
떨어져 막대기

He was debarred from the club for unacceptable behavior.
그는 용납할 수 없는 행동으로 그 동호회에서 쫓겨났다.

007 track 7

bat, beat 치다

debate

debate는 [de(아래에)+bate(치다)]가 결합된 형태로,
상대방을 쳐서 쓰러뜨릴 때까지 '토론하다'라는 의미다.

bat

bat는 공을 치는 도구다.

battery

battery는 서로 때리듯이 +극과 -극이 전자를 주고받는 상태를 표현하는 데서 유래했다.

Guess the Words!

Q1 **bat**(치다)+ **(t) le**(반복) ➜ battle

The battle against racial discrimination is not over.

인종차별과의 ＿＿＿＿은 아직 끝나지 않았다.

▶ **Hint** 상대방을 계속 때리며 대항하는 행위를 무엇이라고 할까?

Q2 **com**(함께)+ **bat**(치다) ➜ combat

To combat inflation, the government raised interest rates.

인플레이션과 ＿＿＿＿ 위해서 정부는 금리를 인상했다.

▶ **Hint** 서로 때리며 대항하는 행위를 무엇이라고 할까?

Q3 **a**(~을)+ **bate**(치다) ➜ abate

The barrier is designed to abate traffic noise.

그 방벽은 교통 소음을 ＿＿＿＿ 위해 설계되고 있다.

▶ **Hint** 소음에 대항하여 힘을 떨어뜨리면 어떻게 될까?

Answers_ Q1. 투쟁 Q2. 싸우기 Q3. 줄이기

battle ***

[bǽtl]

명 전쟁, 투쟁, 싸움

battleship 명 전함

battlefield 명 전장, 싸움터

연상: 상대방을 계속 때림
어원: **bat** (치다) + **(t)le** (반복)

Doctors were fighting a desperate battle to save the girl's life.
의사들은 그 소녀의 생명을 구하기 위해서 필사적인 싸움을 벌이고 있었다.

---

combat

[동 kəmbǽt]
[명 kámbæt]

동 싸우다
명 전투, 싸움

combatant 명 전투원, 전투 부대

연상: 서로 치고 때림
어원: **com** (함께) + **bat** (치다)

The government is taking actions to combat drug abuse.
정부는 약물 남용을 퇴치하기 위한 조치를 취하고 있다.

---

abate

[əbéit]

동 약해지다, 줄이다, 완화시키다, 무효가 되다

연상: 때려서 떨어뜨림
어원: **a** (~을) + **bate** (치다)

The typhoon showed no signs of abating.
태풍은 약해질 기미가 보이지 않았다.

---

batter

[bǽtər]

동 난타하다, 연타하다

연상: 상대를 계속 때림
어원: **bat** (치다) + **(t)er** (반복)

She battered at the door with her fists.
그녀는 주먹으로 문을 계속 두드렸다.

---

rebate

[ríːbeit]

동 할인하다
명 할인

연상: 때려서 약화시킴
어원: **re** (원래대로) + **bate** (치다)

I was given a rebate of $1,000 on the price of my new car.
나는 새 차를 살 때 천 달러의 가격 할인을 받았다.

---

beat

[biːt]

동 때리다, 이기다, 휘저어 섞다, 거품이 나게 하다
명 때림, 박자, 리듬

연상
어원: 계속해서 때리는 모습에서 유래함

Beat the flour and milk together.
밀가루와 우유를 함께 휘저어 섞으세요.

008  cap 머리

track 8

captain

의장, 부장, 선장 등 한 집단의 우두머리를 captain이라고 한다.

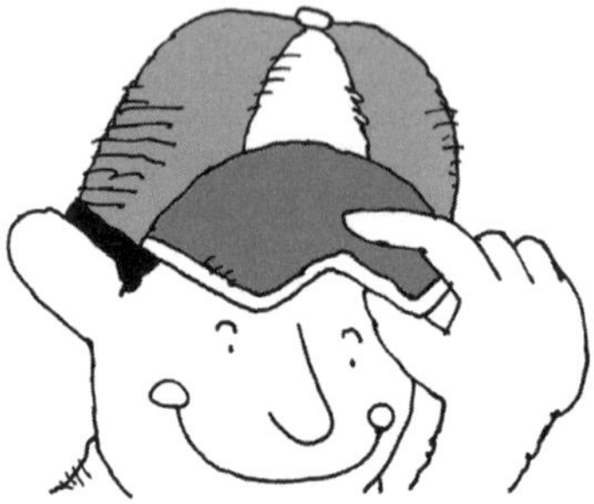

cap

머리에 쓰는 모자를 cap이라고 한다.

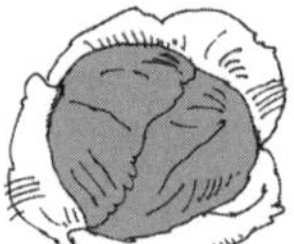

cabbage

cabbage(양배추)는 사람의 머리 모양과 닮은 모습에서 유래했다.

어근 cap(머리)이 들어가는 다른 단어에는 caption이 있다. 출판물에서는 '(신문 기사의) 표제'나 '(공식 문서의) 머리말'이라는 의미로 쓰이지만, 영화에서는 '자막'을 가리킨다. 또 cap은 형태를 바꿔 chief(장(長), 우두머리)나 chef(주방장)로도 쓰이며, '소의 머리'라는 뜻에서 유래한 cattle(소, 가축)도 있다.

Guess the Words!

Q1 **e(s)**(밖에)+**cap**(소의 머리) ➜ escape

Several prisoners have escaped from the jail.

여러 명의 재소자들이 교도소에서 ________.

▶ **Hint** 소가 울타리 밖으로 나오는 것을 무엇이라고 할까?

Q2 **cap**(머리)+**tal**(형 접미사) ➜ capital

His business was started with a capital of $3,000.

그의 사업은 3천 달러의 ________으로 시작됐다.

▶ **Hint** 회사를 설립할 때 머리(핵심)가 되는 가장 중요한 요소는?

Q3 **de**(떨어져)+**cap**(머리)+**ate**(동 접미사) ➜ decapitate

The guillotine decapitated French King Louis XVI.

그 단두대는 프랑스의 왕 루이 16세를 ________했다.

▶ **Hint** 사람의 머리를 베어 몸에서 분리하는 형벌은 무엇일까?

Answers_ Q1. 도망쳤다 Q2. 자본금 Q3. 참수

escape *** [iskéip]

형 도망가다, 벗어나다, 탈출하다
명 도피, 탈출

There is no escape from taxes.
세금을 피할 길은 없다.

연상 소가 울타리 밖으로 나옴
어원 e(s) 밖에 + cap 소의 머리

---

capital *** [kǽpətl]

형 자본(금), 수도, 대문자
명 중요한, 대문자의

capitalism 명 자본주의

Write your name in capital letters.
대문자로 이름을 적으세요.

연상 옛날에는 소의 머릿수로 재산을 가늠했던 것에서 유래함
어원 cap 머리 + tal 형 접미사

---

decapitate [dikǽpitèit]

동 참수하다, 목을 베다

The President's aim was to decapitate the terrorist.
대통령의 목표는 그 테러리스트의 목을 베는 것이었다.

연상 머리를 베어 몸에서 분리함
어원 de 떨어져 + cap 머리 + ate 동 접미사

---

capable * [kéipəbl]

형 능력 있는, ~할 가능성이 있는

capability 명 능력, 재능
capacity * 명 수용 능력, 용량

She is a very capable doctor.
그녀는 매우 유능한 의사다.

연상 머릿속에 넣을 수 있음
어원 cap 머리 + able ~할 수 있다

---

captive [kǽptiv]

형 포로가 된, 사로잡힌, 마음을 빼앗긴
명 포로

captivate 동 매혹하다, 마음을 사로잡다
capture * 동 잡다, 획득하다

The soldiers had been taken captive for five years.
병사들은 5년 동안 포로로 잡혀 있었다.

연상 머리를 잡힘
어원 cap 머리 + tive 형 접미사

---

capsize [kǽpsaiz]

동 뒤집히다, 뒤집다

A ferry capsized in rough seas Sunday morning.
일요일 아침, 배가 거친 파도에 뒤집혔다.

연상 머리가 가라앉게 함
어원 cap 머리 + size 가라앉히다

009 cede, cess

track 9

가다, 나아가다, 양보하다 ❶

accessory

accessory를 나눠 보면 [ac(~을 향해)+ces(가다)+ory(총칭)]로, 원래는 '몸에 걸치는 것'을 뜻한다. 흔히 가방, 모자, 장갑, 구두, 벨트, 단추, 스카프 등 옷 이외의 부속품을 가리킨다. 귀걸이, 팔찌, 목걸이, 반지 등 장신구는 accessory보다 ornament라고 표현할 때가 더 많다.

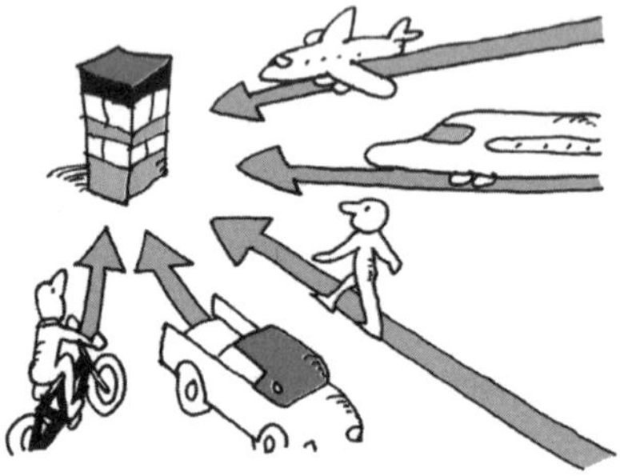

access

access는 목적지로 가는 접근 수단을 말한다. 예를 들어 access to Incheon Airport (인천공항으로 가는 수단)에는 KTX와 지하철 등이 있다. accessible은 '접근 가능한', inaccessible은 '접근 불가능한'이라는 뜻이다.

Guess the Words!

Q1 **ne**(~이 아니다)+**cess**(양보하다)+**ity**(명 접미사) ➜ necessity

Necessity is the mother of invention.

______는 발명의 어머니다.

▶ **Hint** 양보할 수 없는 것을 무엇이라고 할까?

Q2 **an**(먼저)+**ces**(가다)+**or**(사람) ➜ ancestor

Lions and house cats evolved from a common ancestor.

사자와 집고양이는 같은 ______에서 진화했다.

▶ **Hint** 먼저 가서 돌아오지 않는 사람을 가리키는 말은?

Q3 **ex**(밖에)+**cess**(가다) ➜ excess

His excesses shortened his life.

그의 ______이 생명을 단축했다.

▶ **Hint** 한도를 넘길 정도로 음식을 먹은 상태를 가리키는 말은?

Answers_ Q1. 필요 Q2. 조상 Q3. 폭음/폭식

necessity
[nəsésəti]

명 필요(성), (복수형으로) 필수품, 불가결한 것

***necessary 형 필요한, 필수적인

necessitate 동 필요로 하다

She regards music as one of life's necessities.
그녀는 음악을 삶의 필수 요소 중 하나로 생각한다.

연상 양보할 수 없는 것

어원 ne + cess + ity
~이 아니다 양보하다 명접미사

ancestor
[ǽnsestər]

명 조상, 선조, 선구자

ancestry 명 조상, 가계, 가문

The three species were evolved from a single ancestor.
그 세 가지 종(種)은 하나의 조상에서 진화했다.

연상 먼저 가서 돌아오지 않는 사람

어원 an + ces + or
먼저 가다 사람

*excess
[iksés]

명 과잉, 초과, 폭음, 폭식, 무절제

exceed 동 초과하다, 능가하다

excessive 형 과도한, 지나친

Don't drink to excess.
과음하지 마세요.

연상 한도를 넘어간 상태

어원 ex + cess
밖에 가다

recess
[ríːsəs, risés]

명 휴식 (시간), 휴가

After lunch, the kids have recess.
점심 식사 후 아이들은 휴식을 취한다.

연상 일에서 물러나 있음

어원 re + cess
뒤에 가다

incessant
[insés(ə)nt]

형 끊임없는, 쉴 새 없는

The town had to endure weeks of incessant bombing.
그 마을은 몇 주간 끊임없는 폭격을 견뎌내야만 했다.

연상 끝없이 계속 이어짐
(딴 곳으로) 가지 않음

어원 in + cess + ant
~이 아니다 가다 형접미사

predecessor
[prédəsèsər]

명 전임자, 이전의 것

Mr. Smith is my predecessor as manager.
Smith 씨는 나의 전임 지배인이다.

연상 먼저 떠난 사람

어원 pre + de + cess + or
앞에 떨어져 가다 사람

010 cede, cess

track 10

가다, 나아가다, 양보하다 ❷

receding Hair

앞쪽의 머리카락이 빠져 뒤쪽에만 머리카락이 있는 모양을 가리켜 receding hair라고 한다.

proceed

마라톤을 할 때 앞에서 달리고 있는 선두 집단은 proceed, 뒤처져 달리는 경우는 recede, 혼자서 앞으로 나가 독주하는 경우에는 exceed라고 표현한다.

processed cheese

processed cheese는 여러 번의 제조 과정을 거쳐 만든 치즈를 말한다.

'불경기'를 뜻하는 단어에는 recession과 depression이 있는데 recession은 '일시적 경기 후퇴'를 뜻하는 반면, depression은 '장기적 경기 침체'를 의미한다.

Guess the Words!

Q1 **su(c)**(아래에)+**ceed**(나아가다) → succeed

She succeeded her father as editor of the paper.

그녀는 신문 편집자로서 아버지의 ________.

▶ **Hint** 아랫대로 이어져 그 업적을 잇는 것을 어떻게 표현할까?

Q2 **se**(떨어져)+**cede**(가다) → secede

Singapore seceded from the Federation of Malaysia.

싱가포르는 말레이시아 연방에서 ________했다.

▶ **Hint** 단체에서 떨어져 나오는 것을 무엇이라고 할까?

Q3 **re**(뒤에)+**cede**(가다) → recede

The flood waters began to recede from the field.

홍수로 불어난 물이 밭에서부터 ________ 시작했다.

▶ **Hint** 물이 뒤로 밀려나가는 것을 무엇이라고 할까?

Answers_ Q1. 뒤를 이었다 **Q2.** 탈퇴 **Q3.** 빠지기

*****succeed** [səksíːd] 동 뒤를 잇다, 상속하다, 성공하다

연상: 아랫대로 계속 나아감
어원: su(c) 아래에 + ceed 나아가다

- *****success** 명 성공, 달성
- *****successful** 형 성공한, 성공적인
- **succession** 명 연속, 상속
- **successive** 형 연속적인

> She succeeded in building the business.
> 그녀는 사업체 설립에 성공했다.

---

secede [sisíːd] 동 탈퇴하다

연상: 떨어져 나감
어원: se 떨어져 + cede 가다

- **secession** 명 탈퇴, 분리

> By 1861, 11 states had seceded from the Union.
> 1861년까지 11개의 주가 미합중국에서 탈퇴했다.

---

recede [risíːd] 동 후퇴하다, 멀어지다

연상: 뒤로 감
어원: re 뒤에 + cede 가다

- ***recession** 명 (경기) 후퇴, 불황

> The siren receded into the distance.
> 사이렌 소리가 멀어졌다.

***proceed** [prəsíːd] 동 나아가다, 진행하다, 계속하다

연상: 앞으로 나아감
어원: pro 앞에 + ceed 나아가다

- *****process** 명 과정, 처리
- **proceeding** 명 진행, 절차, 의사록
- ***procedure** 명 과정, 절차

> Please proceed to Gate 23 for boarding.
> 23번 게이트로 가서 탑승하세요.

---

concede [kənsíːd] 동 (마지못해) 인정하다, 패배를 인정하다, (권리를) 주다

연상: 서로 양보함
어원: con 함께 + cede 양보하다

> He had to concede that he was wrong.
> 그는 자신이 틀렸음을 인정해야 했다.

---

precede [prisíːd] 동 ~에 선행하다, ~의 상위에 있다, ~에 우선하다

연상: 앞으로 감
어원: pre 앞에 + cede 가다

- **precedence** 명 선행, 상위, 우선권
- **precedent** 명 전례, 판례 / 형 선행하는, 앞서는

> Nouns are often preceded by adjectives.
> 대개 형용사는 명사의 앞에 위치한다.

011 ceive, cept 붙잡다

track 11

receive

상대 선수의 서비스를 받아넘기는 것을 receive라고 한다.

intercept

상대 팀의 패스를 중간에서 가로채어 잡는 것을 intercept라고 한다.

receipt

상점에서 계산을 끝내고 받는 영수증을 receipt라고 한다.

concept(콘셉트)란 모두가 공통적으로 포착하고 있는 것, 즉 '개념, 관념'을 뜻한다.

Guess the Words!

Q1 **de**(떨어져)+ **ceive**(붙잡다) ➡ deceive

Her husband had been deceiving her for years.

그녀의 남편은 몇 년 동안이나 그녀를 ______ 있었다.

▶ **Hint** 다른 사람의 물건을 빼앗기 위해서 하는 행동은?

Q2 **per**(완전히)+ **ceive**(붙잡다) ➡ perceive

I perceived her meaning right away.

나는 그녀의 속내를 금방 ______.

▶ **Hint** 상대방이 하는 말을 완벽하게 파악하는 것을 무엇이라고 할까?

Q3 **a(c)**(~을 향해)+ **cept**(붙잡다) ➡ accept

We cannot accept children above the age of ten.

10세 이상의 어린이는 ______ 수 없다.

▶ **Hint** 자기 쪽으로 잡아당기는 것은 어떤 의미일까?

Answers_ Q1. 속이고 Q2. 이해했다 Q3. 받을

deceive
[disíːv]
동 속이다, 기만하다

deception 명 속임, 기만, 사기
deceit 명 거짓말, 속임수

연상: 다른 사람의 물건을 잡고 빼앗음
어원: de (떨어져) + ceive (붙잡다)

It was a deliberate attempt to deceive the public.
그것은 대중을 속이려는 의도적인 시도였다.

perceive
[pərsíːv]
동 이해하다, 알아차리다, 감지하다

perception 명 지각, 이해력, 인지력

연상: 완벽하게 파악함
어원: per (완전히) + ceive (붙잡다)

I perceives something moving in the shadows.
나는 그림자 안에서 움직이는 뭔가를 감지했다.

***accept
[əksépt]
동 (흔쾌히) 받아들이다, 수락하다

acceptance 명 수락, 동의, 찬성
***acceptable** 형 받아들일 만한, 만족스러운, 마음에 드는

연상: 자기 쪽으로 잡아당김
어원: a(c) (~을 향해) + cept (붙잡다)

He accepted the job of sales manager.
그는 영업 부장직을 수락했다.

reception
[risépʃən]
명 수용, 접수, 환영회

연상: 물러서서 상대방을 붙잡음
어원: re (뒤에) + cept (붙잡다) + ion (명 접미사)

Leave your keys at reception before departure.
출발 전에 접수처에 열쇠를 맡겨 주세요.

conceive
[kənsíːv]
동 생각해내다, 상상하다, 임신하다

conception 명 개념, 구상

연상: 함께 마음에 받아들임
어원: con (함께) + ceive (붙잡다)

His wife is trying to conceive.
그의 아내는 임신하려고 노력 중이다.

***except
[iksépt]
전 ~을 제외하고, ~이외는

***exception** 명 예외
exceptional 형 예외적인

연상: 붙잡아 밖으로 내보냄
어원: ex (밖에) + cept (붙잡다)

Everyone is present except Bill.
Bill을 제외한 모두가 참석 중이다.

012 cel 올라가다, 속도

track 12

accelerator

accelerator(액셀러레이터)는 자동차 등의 속도를 높이는 가속 장치를 가리킨다.

Excel

도표 계산용 소프트웨어 Excel(엑셀)을 이용하면 일의 속도가 빨라진다.

Guess the Words!

Q1 **ex**(밖에)+**cel**(올라가다) → excel

As a child he excelled at music and art.

어린 시절, 그는 음악과 미술에 ______.

▶ **Hint** 다른 사람보다 눈에 띄게 두드러진다는 말은 어떤 의미일까?

Q2 **a(c)**(~을 향해)+**cel**(속도)+**ate**(동 접미사) → accelerate

The company has accelerated the plan.

그 회사는 계획을 ______했다.

▶ **Hint** 계획에 속도를 더하는 것을 무엇이라고 할까?

Q3 **de**(아래에)+**cel**(속도)+**ate**(동 접미사) → decelerate

The driver decelerated at the sight of the police car.

운전자는 경찰차를 보고 ______했다.

▶ **Hint** 속도를 낮추는 것을 무엇이라고 할까?

Answers_ **Q1.** 뛰어났다 **Q2.** 가속화 **Q3.** 감속

excel

동 뛰어나다

[iksél]

연상 눈에 띄게 밖으로 치솟음

어원 ex + cel
밖에 올라가다

| She excels in playing the clarinet.
| 그녀는 클라리넷 연주에 뛰어나다.

---

accelerate

동 가속하다, 시기를 앞당기다

[əksélərèit]

acceleration 명 가속, 촉진

연상 속도를 높임

어원 a(c) + cel + ate
~을 향해 속도 동접미사

| Inflation continues to accelerate.
| 인플레이션은 계속 가속화되고 있다.

---

decelerate

동 감속하다

[diːsélərèit]

deceleration 명 감속

연상 속도를 낮춤

어원 de + cel + ate
아래에 속도 동접미사

| Economic growth decelerated sharply in August.
| 8월에는 경제 성장세가 급격하게 둔화됐다.

**excellent

형 뛰어난, 우수한

[éks(ə)lənt]

excellence 명 뛰어남, 우수함

연상 눈에 띄게 밖으로 치솟음

어원 ex + cel + ent
밖에 올라가다 형접미사

| He can speak excellent Spanish.
| 그는 뛰어난 스페인어를 구사한다.

---

culminate

동 최고조에 달하다, 결과적으로 ~이 되다

[kʌ́lmənèit]

culmination 명 최고점, 절정

연상 정점까지 올라감

어원 culmin + ate
올라가다 동접미사

| Their years of hard work culminated in success.
| 그들이 쏟은 몇 년간의 노력이 마침내 성공으로 끝났다.

---

celerity

명 민첩함, 기민함

[səlérəti]

연상 속도가 빠름

어원 cel + ity
속도 명접미사

| The cat was running with astonishing celerity.
| 그 고양이는 놀랍도록 빠르게 달려가고 있었다.

013 center, centri 중심

track 13

center

야구에서 center는 중앙의
수비 위치를 가리킨다.

eccentric

일정 범위를 나타내는 원의 중심보다
바깥쪽에 있는 사람을 가리켜
eccentric(별난) 하다고 말한다.

Guess the Words!

Q1 **e(c)**(밖에)+**center**(중심)+**ic**(형 접미사) → eccentric

Our neighbor is an eccentric woman who has about 30 cats.

우리 이웃에 사는 사람은 고양이 30마리를 키우는 ________ 여성이다.

▶ **Hint** 중심에서 떨어진 곳에 있는 사람은 어떤 사람일까?

Q2 **con**(함께)+**center**(중심)+**ate**(동 접미사) → concentrate

Italian industry is concentrated mainly in the north.

이탈리아 산업은 주로 북부에 ________되어 있다.

▶ **Hint** 한곳을 중심으로 모인 것을 무엇이라고 할까?

Q3 **de**(떨어져)+**center**(중심)+**ize**(동 접미사) → decentralize

After the revolution, food distribution was decentralized.

혁명이 일어난 후, 식품 유통이 ________됐다.

▶ **Hint** 중심에서 떨어져 흩어지는 것을 무엇이라고 할까?

Answers_ Q1. 별난 Q2. 집중 Q3. 분산

eccentric
[ikséntrik]
형 별난, 엉뚱한, 괴짜인
명 괴짜

eccentricity 명 기이한 행동, 별남

연상 중심에서 떨어져 밖에 있음
어원 e(c) + center + ic
밖에 / 중심 / 형접미사

Most people considered him a harmless eccentric.
대부분의 사람들은 그를 악의 없는 별난 사람으로 생각한다.

---

*concentrate
[kánsəntrèit]
동 집중시키다, 집중하다

***concentration** 명 집중(력)

연상 동일한 중심을 향하고 있음
어원 con + center + ate
함께 / 중심 / 동접미사

He cannot make himself concentrate for a long time.
그는 오랫동안 집중하지 못한다.

---

decentralize
[diːséntrəlàiz]
동 분산시키다, 분산하다, 분권화하다

decentralization 명 분산화, 지방 분권

연상 집중시키지 않음
어원 de + center + ize
떨어져 / 중심 / 동접미사

China's ruling party seeks to decentralize power.
중국의 여당은 권력을 분산시키고자 한다.

---

centralize
[séntrəlàiz]
동 집중시키다, 집중하다

centralization 명 집중화, 중앙 집권

*****central** 형 중심의, 주요한

연상 중심으로 모임
어원 center + ize
중심 / 동접미사

The law centralized control over the banking industry.
그 법은 은행업계에 대한 통제를 집중시켰다.

---

egocentric
[ègouséntrik, iːg-]
형 자기중심적인, 이기적인
명 자기중심적인 사람

egocentricity 명 자기중심

연상 자신을 중심으로 생각함
어원 ego + center + ic
자신 / 중심 / 형접미사

She is an egocentric woman.
그녀는 자기중심적인 여성이다.

---

centripetal
[sentrípitl]
형 구심적인, 구심성의

연상 중심에 힘이 모임
어원 centri + pet + al
중심의 / 구하다 / 형접미사

They had no choice but to obey centripetal force.
그들은 구심력에 따를 수밖에 없었다.

014 cla(i)m 외치다

track 14

exclamation mark

감탄의 외침을 표현하는 부호를 느낌표, 즉 exclamation mark이라고 한다.

claim

claim은 '목소리를 높이다'라는 뜻으로, '주장하다'라는 의미를 지닌다. 소비자가 불만을 이야기한다는 뜻으로 '클레임을 걸다'라고 표현하기도 하지만, 불만 사항에만 한정되는 것은 아니다.

Guess the Words!

Q1 **a(c)**(~을 향해)+**claim**(외치다) → acclaim

Many art critics acclaimed his work.

많은 미술 평론가들이 그의 작품을 ______했다.

▶ **Hint** 작품을 향해 외친다는 말은 어떤 의미일까?

Q2 **pro**(앞에서)+**claim**(외치다) → proclaim

The President proclaimed the republic's independence.

대통령은 공화국의 독립을 ______했다.

▶ **Hint** 대통령이 국민 앞에서 외치는 것을 무엇이라고 할까?

Q3 **re**(원래대로)+**claim**(외치다) → reclaim

He tried to reclaim the championship that he lost in 2012.

그는 2012년에 잃어버린 챔피언 지위를 ______ 노력했다.

▶ **Hint** 챔피언 지위를 원래 자리로 옮기는 것을 무엇이라고 할까?

Answers_ Q1. 칭송 Q2. 선언 Q3. 되찾으려고

acclaim

[əkléim]

동 칭송하다, 칭찬하다, 환영하다

acclamation 명 박수갈채, 동의

연상 ~을 향해서 외침

어원 a(c) + claim
~을 향해 외치다

He was acclaimed the world's greatest pianist.
그는 세계 최고의 피아니스트로 칭송받았다.

proclaim

[proukléim]

동 선언하다, 공표하다

proclamation 명 선언

연상 많은 사람들 앞에서 외침

어원 pro + claim
앞에서 외치다

They proclaimed that he was a terrorist.
그들은 그가 테러리스트라고 선언했다.

reclaim

[rikléim]

동 되찾다, 반환을 요구하다, 개간하다

reclamation 명 반환 요구, 개간

연상 불러서 돌아오게 함

어원 re + claim
원래대로 외치다

It is necessary to reclaim land from the sea because Japan is very small.
일본은 매우 작으므로 바다를 개간하여 육지로 만들 필요가 있다.

exclaim

[ikskléim]

동 (큰소리로) 외치다, 경탄하다

exclamation 명 감탄, 외침

연상 밖을 향해서 소리침

어원 ex + claim
밖에 외치다

She exclaimed with delight when she saw the baby.
그녀는 아기를 보고 기뻐하며 소리쳤다.

clamor

[klǽmər]

명 함성, 외침, 아우성
동 외치다, 시끄럽게 떠들다

clamorous 형 시끄러운, 소란스러운

연상 외침

어원 clam + or
외치다 명 접미사

The clamor for her resignation grew louder.
그녀의 사임을 요구하는 외침이 점점 커졌다.

disclaim

[diskléim]

동 거절하다, 부인하다, 포기하다

연상 ~이 아니라고 외침

어원 dis + claim
~이 아니다 외치다

She disclaimed any responsibility for her daughter's actions.
그녀는 자기 딸의 행동에 대한 책임을 부인했다.

015 clim, clin 기울다

track 15

reclining seat

reclining seat는 등받이의 기울기를 조절할 수 있는 의자를 말한다.

climax

climax는 기울여 세워 놓은 사다리를 타고 끝까지 올라간 정점을 가리킨다.

clinic

의사의 진찰을 받기 위해서 환자가 기대어 누울 수 있는 침대가 있는 진료소를 clinic이라고 한다.

Guess the Words!

Q1 **de**(아래에)+ **cline**(기울다) ➜ decline

Computer sales declined 2.1 percent this year.

올해 컴퓨터 판매량이 2.1% ______했다.

▶ **Hint** 판매량이 아래로 기울어지는 것을 무엇이라고 할까?

Q2 **in**(가운데에)+ **cline**(기울다) ➜ incline

Lack of money inclines many young people toward crime.

돈이 부족하면 많은 청년들이 범죄에 빠지는 ______이 있다.

▶ **Hint** 어떤 방향으로 마음이 기울어지는 것을 무엇이라고 할까?

Q3 **re**(뒤에)+ **cline**(기울다) ➜ recline

She was reclining on a sofa.

그녀는 소파에 ______ 있었다.

▶ **Hint** 등을 뒤로 기울이면 어떤 자세가 될까?

Answers_ Q1. 하락 Q2. 경향 Q3. 기대어

*decline
[dikláin]

동 하락하다, 쇠퇴하다, 정중히 거절하다

명 감소, 쇠퇴

연상 아래로 기울어짐

어원 de + cline
아래에 기울다

The first signs of economic decline became visible.
경기 하락의 초기 징조가 눈에 보이기 시작했다.

*incline
[inkláin]

동 마음이 기울다, ~하고 싶다, ~하는 경향이 있다

inclination 명 의향, 경향, 기호(嗜好)

연상 ~의 가운데로 마음이 기울어짐

어원 in + cline
가운데에 기울다

I am inclined to agree with your opinion.
너의 의견에 동의하고 싶다.

recline
[rikláin]

동 기대다, 눕다, 의지하다

연상 뒤로 기울임

어원 re + cline
뒤에 기울다

Don't recline on your elbows at the table.
탁자에 팔꿈치를 기대지 마세요.

*client
[kláiənt]

명 의뢰인, 고객

연상 기대는 사람

어원 cli + ent
기울다 사람

We offer only the best to our clients.
우리는 고객에게 최상의 제품만을 제공한다.

**climate
[kláimət]

명 기후, 풍토, 경향

climatic 형 기후의, 풍토의

연상 적도에서 양극으로 갈수록 생기는 경향

어원

Britain's wet climate doesn't agree with me.
영국의 습한 기후는 나와 맞지 않다.

acclimate
[ǽkləmèit]

동 순응시키다, 순응하다

acclimatization 명 순응, 순화

연상 기후에 익숙해짐

어원 a(c) + climate
~을 향해 기후

Arrive two days early in order to acclimate.
익숙해지려면 이틀 전에 도착하세요.

016 close, clude 닫다

track 16

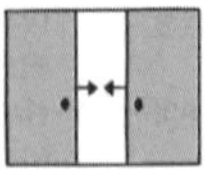

closet

closet은 '작고(et) 닫힌(close) 공간'이란 의미로 '벽장, 수납장'을 뜻한다.

close game

close game이란 실력이 비슷해서 승부가 쉽게 나지 않는 경기, 즉 '접전'을 의미한다.

closer

야구에서 마지막에 던져 경기를 매듭짓는 투수를 closer라고 한다.

Guess the Words!

Q1 **dis**(~이 아니다)+**close**(닫다) ➡ disclose

He disclosed new information on the project.

그는 그 계획에 관한 새로운 정보를 ______했다.

▶ **Hint** 정보를 폐쇄하지 않고 개방하는 것을 무엇이라고 할까?

Q2 **con**(완전히)+**clude**(닫다) ➡ conclude

The assembly concluded with the school song.

집회는 교가로 ______됐다.

▶ **Hint** 완전히 닫는 상태가 되는 것을 무엇이라고 할까?

Q3 **ex**(밖에)+**clude**(닫다) ➡ exclude

You'd better exclude fat from your diet.

너는 식단에서 지방분을 ______하는 것이 좋겠다.

▶ **Hint** 들어오려는 대상을 밖으로 쫓아내는 것은 어떤 의미일까?

Answers_ Q1. 발표 Q2. 종료 Q3. 배제

disclose [disklóuz] 동 발표하다, 폭로하다

disclosure 명 발표, 폭로

연상: 폐쇄하지 않고 개방함
어원: dis (~이 아니다) + close (닫다)

He refused to disclose the identity of the politician.
그는 그 정치인의 신원을 밝히기를 거부했다.

***conclude** [kənklú:d] 동 결론짓다, 종결하다, 끝나다

***conclusion** 명 결론, 결말

conclusive 형 결정적인, 최종의

연상: 완전히 닫음
어원: con (완전히) + clude (닫다)

The committee concluded that the school should be closed.
위원회는 그 학교를 폐쇄해야 한다고 결론 내렸다.

---

exclude [iksklú:d] 동 제외하다, 배제하다

exclusion 명 제외, 배제

exclusive 형 배타적인, 독점적인

연상: 밖으로 쫓아냄
어원: ex (밖에) + clude (닫다)

The Catholic church continues to exclude women from the priesthood.
가톨릭교는 여전히 여성들을 사제직에서 배제하고 있다.

---

enclose [inklóuz] 동 둘러싸다, 동봉하다

enclosure 명 포위, 동봉

연상: 안에 가둠
어원: en (안에) + close (닫다)

I enclose a check for $200 in this envelope.
나는 200달러의 수표를 동봉한다.

*****include** [inklú:d] 동 포함하다

inclusive 형 포함한, 포괄적인

***including** 전 ~을 포함하여

연상: 안에 넣고 닫음
어원: in (안에) + clude (닫다)

The price for the hotel includes breakfast.
호텔 요금에는 조식이 포함되어 있다.

---

secluded [siklú:did] 형 외딴, 격리된

seclusion 명 격리, 은퇴, 분리

연상: 폐쇄하여 멀리 떼어 놓음
어원: se (떨어져) + clude (닫다) + ed (~하게 되다)

We drove to a secluded spot in the country.
우리는 시골의 외딴 곳까지 운전해서 갔다.

017 cor(d) 마음

track 17

record

[re(다시)+cord(마음)]으로 이루어진 record는
계속해서 마음속으로 상기하는 것을 나타낸다.
즉 기억하기 위해서 써 둬야 한다는 의미에서
'기록(하다)'라는 뜻이 생겨났다.
기록하는 대상이 음악이라면 '녹음하다',
영화라면 '녹화하다'가 된다.

chord

chord는 마음을 울리는 '화음'을 뜻한다.

Concorde

비행기와 공기가 일체가 되는
초음속 비행기 콩코드(Concorde)는
concord(일치, 조화, 협화음)를 의미하며,
그 반대어는 discord(불일치, 불화, 불협화음)이다.

Guess the Words!

Q1 **core**(중심) ➔ core

He lies, steals and is rotten to the core.

그는 거짓말을 하고 물건을 훔치며 ________까지 썩어 있다.

▶ **Hint** 과실의 중심 부분을 가리키는 말은?

Q2 **a(c)**(~을 향해)+**cord**(마음) ➔ accord

Management and labor are in complete accord.

노사는 완전한 ________에 이르렀다.

▶ **Hint** 마음이 한곳으로 향하고 있는 것은 어떤 상태일까?

Q3 **cour**(마음)+**age**(상태) ➔ courage

He fought the disease with courage and determination.

그는 ________와 결단을 가지고 병마와 싸웠다.

▶ **Hint** 위험에 직면했을 때 마음속에 지녀야 할 것은 무엇일까?

Answers_ Q1. 속 Q2. 합의 Q3. 용기

core
[kɔːr]

명 (사과, 배 등의) 심, 중심(부), 핵심, 중

연상 과실이나 사건의 중심
어원 cord 중심

It took quite a while to get to the core of the problem.
문제의 핵심에 도달하기까지 시간이 꽤 걸렸다.

**accord
[əkɔ́ːrd]

명 일치, 협정
동 일치하다

accordance 명 일치
****according** 부 ~에 따르면, ~에 의하면

연상 마음이 한곳으로 향함
어원 a(c) + cord
~을 향해 마음

According to today's weather forecast, it will be rainy this evening.
오늘 일기 예보에 따르면, 오늘 저녁에 비가 내릴 것이다.

**courage
[kə́ːridʒ]

명 용기

courageous 형 용기 있는, 용감한

연상 사람이 원래 지니고 있는 마음 상태
어원 cour + age
마음 상태

Have the courage to be honest with yourself.
자신에게 솔직해질 수 있는 용기를 가지세요.

**encourage
[inkə́ːridʒ]

동 용기를 북돋우다, 장려하다, 격려하다

연상 용기를 갖게 함
어원 en + courage
~하게 하다 용기

I encouraged my daughter to go to college.
나는 딸이 대학에 갈 수 있도록 격려했다.

---

discourage
[diskə́ːridʒ]

동 낙담시키다, 단념시키다, 방해하다

연상 용기를 잃게 함
어원 dis + courage
~이 아니다 용기

Higher taxes are likely to discourage investment.
높은 세금은 투자를 방해하는 경향이 있다.

---

cordial
[kɔ́ːrdʒəl]

형 진심에서 우러난, 다정한, 화기애애한

연상 마음의
어원 cord + ial
마음 형 접미사

Everyone in the class was cordial to each other.
그 반의 모든 학생은 서로에게 다정다감했다.

018 cover 덮다, 숨기다

track 18

recover

recover(회복)는 빠진 부분을 덮어 씌워
원래 상태로 되돌리는 것을 의미한다.

cover

잡티를 화장으로 덮어 가리는 것을
'커버(cover)한다'라고 말한다.

discover

덮개를 열어 안을 본다는 뜻에서 나온
discover는 '발견하다'를 의미한다.

Guess the Words!

Q1 **re**(다시)+**cover**(덮다) → recover

It took half a year for her to recover her health.

그녀가 건강을 ＿＿＿＿하기까지 반년이 걸렸다.

▶ **Hint** 몸의 부족한 부분을 다시 덮어 채우는 것을 무엇이라고 할까?

Q2 **dis**(~이 아니다)+**cover**(덮다) → discover

The Pluto was discovered in 1930.

명왕성은 1930년에 ＿＿＿＿됐다.

▶ **Hint** 명왕성을 가리고 있던 덮개를 제거한다는 말은 어떤 의미일까?

Q3 **un**(~이 아니다)+**cover**(덮다) → uncover

This research will help uncover the origin of the universe.

이 연구는 우주의 기원을 ＿＿＿＿ 데 도움이 될 것이다.

▶ **Hint** 우주 기원의 비밀에 대한 덮개를 연다는 말은 어떤 의미일까?

Answers_ Q1. 회복 Q2. 발견 Q3. 밝히는

○ **recover** [**]
[rikʌ́vər]
동 회복하다, 되찾다

recovery [*]
명 회복, 회수, 복구

He has recovered from his bad cold.
그는 심한 감기에서 회복했다.

연상: 부족한 부분을 다시 덮어 채움
어원: re (다시) + cover (덮다)

○ **discover** [***]
[diskʌ́vər]
동 발견하다, 깨닫다

discovery [**]
명 발견

She discovered that her jewels were all missing.
그녀는 자신의 보석이 모두 사라졌다는 사실을 깨달았다.

연상: 덮개를 제거함
어원: dis (~이 아니다) + cover (덮다)

○ **uncover**
[ʌnkʌ́vər]
동 덮개를 열다, 폭로하다, 밝히다

A search of their luggage uncovered two pistols.
그들의 짐을 조사했더니 권총 두 자루가 발견됐다.

연상: '덮다'의 반대말
어원: un (~이 아니다) + cover (덮다)

○ **covert**
[kóuvərt]
형 숨겨진, 비밀의

overt
형 공공연한, 명백한

He was responsible for all covert operations outside of the US.
그는 미국 밖에서 벌어지는 모든 비밀 작전에 대해 책임이 있었다.

연상: 덮여서 숨겨짐
어원: cover (덮다) + t (~하게 되다)

○ **curfew**
[kə́ːrfjuː]
명 야간 통행금지령, 통행금지 시간
귀가 시간

Get back before curfew.
귀가 시간 전에 돌아오렴.

연상: 불을 끔
어원: cur (= cover 덮다) + few (= fire 불)

○ **coverage**
[kʌ́v(ə)ridʒ]
명 보상 범위, 방송 범위,
(신문 등의) 지면, 보도

Whenever the politician speaks, there is a lot of coverage in the press.
그 정치인은 연설할 때마다 언론에 크게 보도된다.

연상: 덮은 상태
어원: cover (덮다) + age (명 접미사)

019 cre, cru 낳다, 성장하다

track 19

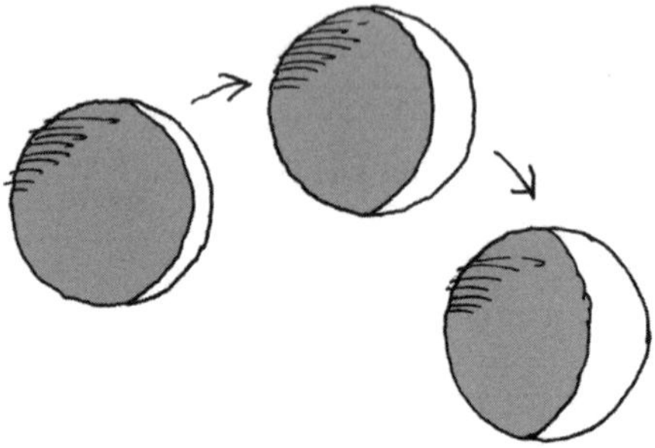

crescent

성장하면서 서서히 커지는 달을 초승달(crescent)이라고 한다. 프랑스어에서 온 크루아상(croissant)은 초승달 모양이라서 영어로 crescent roll이라고 부른다.

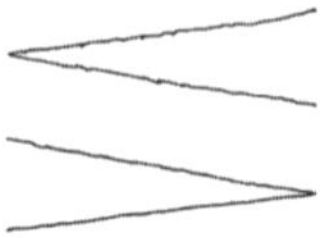

crescendo / decrescendo

음악 용어 중 crescendo는 '점점 세게'를, decrescendo는 '점점 여리게'를 뜻한다.

concrete

굳혀서 거대한 빌딩으로 만들어 나간다는 의미에서, concrete는 '굳히다, 구체적인'을 뜻하게 되었다.

휴양이나 기분 전환을 의미하는 recreation(레크리에이션)은 [re(다시)+create(창조하다)]로 이루어져, 원래는 '일을 끝낸 후에 하는 원기 회복'을 의미한다.

Guess the Words!

Q1 **in**(위에)+**crease**(성장하다) ➔ increase

The price of rice has increased by 20%.

쌀값이 20% 　　　　했다.

▶ **Hint** 점점 위로 성장하는 상태를 표현하는 말은?

Q2 **de**(아래에)+**crease**(성장하다) ➔ decrease

His salary decreased from $600 to $500.

그의 월급은 600달러에서 500달러로 　　　　했다.

▶ **Hint** 점점 아래로 성장하는 상태를 표현하는 말은?

Q3 **re**(다시)+**cruit**(성장하다) ➔ recruit

It's getting more difficult to recruit experienced staff.

경험 있는 직원을 　　　　하는 일은 점점 더 어려워지고 있다.

▶ **Hint** 직원을 늘리는 방법은 무엇일까?

Answers_ Q1. 상승 Q2. 감소 Q3. 채용

***increase

[동 inkríːs]
[명 ínkriːs]

동 증가하다, 커지다
명 증가, 증대

연상 위로 성장함
어원 in + crease
위에 성장하다

A good advertising campaign will increase our sales.
좋은 광고 캠페인은 판매량을 증가시킬 것이다.

*decrease

[동 dikríːs]
[명 díːkriːs]

동 감소하다, 줄다
명 감소, 감퇴

연상 아래로 성장함
어원 de + crease
아래에 성장하다

Average house prices decreased by 8% last year.
작년에 주택의 평균 가격이 8% 감소했다.

***recruit

[rikrúːt]

동 (신입 사원·신병 등을) 모집하다, 채용하다
명 신입 사원, 신병

연상 다시 인원을 늘림
어원 re + cruit
다시 성장하다

Many workers were recruited from the local colleges.
많은 직원들이 그 지방 대학에서 채용되었다.

***create

[kriéit]

동 창조하다, 만들어내다

*creation 명 창조, 창작
*creative 형 창조적인, 독창적인
*creature 명 생물, 창조물

연상 성장하게 함
어원 cre + ate
성장하다 동 접미사

God created the heaven and the earth.
신이 천지를 창조했다.

**crew

[kruː]

명 승무원, 선원

연상 배나 비행기를 발전시키는 사람
어원 crew
성장하다

None of the passengers and crew was injured.
탑승객과 승무원 중 아무도 다치지 않았다.

accrue

[əkrúː]

동 (권력·이익이) 생기다, 축적하다

연상 ~을 향해 점점 더 커짐
어원 a(c) + crue
~을 향해 성장하다

Interest accrues to my savings account monthly.
매달 내 예금 계좌에 이자가 붙는다.

020 cro, cru 십자, 구부리다

track 20

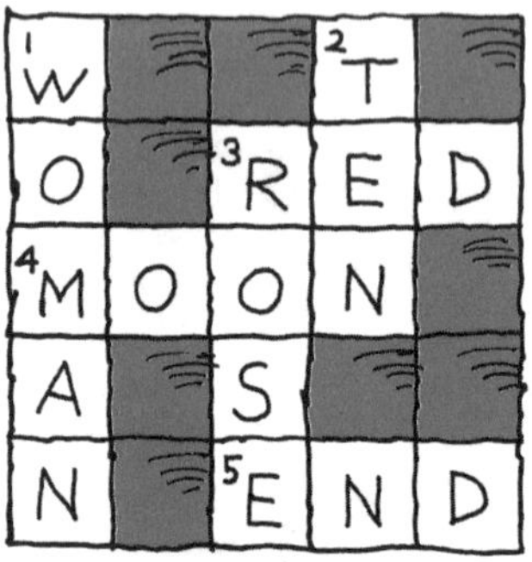

crossword puzzle

바둑판처럼 생긴 네모 칸에 십자로 글자를 채워 나가는 퍼즐을 crossword puzzle이라고 한다.

Southern Cross

별자리 중 남십자성을 Southern Cross라고 한다.

crouching start

crouching start는 양손을 땅에 대고 허리를 구부린 자세에서 출발하는 방법을 뜻한다.

across the street(길 건너편에)는 길을 '십자'로 가로지르는 건너편을 뜻하고, cross the street(길을 건너다)는 길을 '십자'로 가로지른다는 뜻에서 나왔다. creek은 구부러진 모양에서 연상되는 '만(灣)'을 뜻하는 명사이며, crooked는 '구부러진'이라는 의미의 형용사다.

Guess the Words!

Q1 **cross**(십자)+**road**(길) → crossroad

Turn right at the next crossroads.

다음 ______에서 오른쪽으로 도세요.

▶ **Hint** 길이 십자 모양으로 생긴 곳은 어디일까?

Q2 **cruc**(십자)+**ial**(형 접미사) → crucial

Winning this contract is crucial to the success of the company.

이 계약의 체결은 회사의 성공에 ______이다.

▶ **Hint** 십자가는 기독교 신자들에게 어떤 의미를 지닐까?

Q3 **cruc**(십자)+**ify**(동 접미사) → crucify

He crucified me for staying out till midnight.

그는 내가 자정까지 외출했다는 사실에 대해 ______했다.

▶ **Hint** 십자가에 못 박는다는 것은 어떤 의미일까?

Answers_ Q1. 교차로 Q2. 결정적 Q3. 질책

crossroad

[krɔ́(ː)sròud]

명 교차로, 사거리, (선택의) 기로

연상 십자 모양으로 생긴 길

어원 cross + road
십자 길

At age 60, she is at a crossroad about whether to retire or keep on working.
60세가 되어 그녀는 은퇴를 할 것인지 아니면 계속 일할 것인지에 대한 기로에 놓여 있다.

---

crucial

[krúːʃəl]

형 결정적인, 중대한

연상 예수가 십자가에 못 박힌 일에서 유래함

어원 cruc + ial
십자 형 접미사

It is crucial that we should deal with the problem immediately.
즉시 그 문제를 다루어야 한다는 점은 매우 중요하다.

---

crucify

[krúːsəfài]

동 십자가에 못 박다, 박해하다, 혹평하다

crucifixion 명 십자가에 매달아 죽이는 형벌, 책형

연상 십자가에 못 박음

어원 cruc + ify
십자 동 접미사

If the newspaper finds out, he'll be crucified.
만약 그 신문이 진상을 밝힌다면, 그는 규탄받을 것이다.

---

cruise

[kruːz]

동 순항하다, 유람선을 타고 다니다

연상 십자 모양을 그리며 돌아다님

어원 cru + ise
십자 동 접미사

They cruised down the Nile.
그들은 유람선을 타고 나일강을 내려갔다.

---

crusade

[kruːséid]

명 십자군, 개혁 운동, 캠페인

연상 십자가 표시가 붙은 것

어원 cru + ade
십자 상태

TThey have long been involved in a crusade for racial equality.
그들은 인종적 평등을 위한 운동에 오랫동안 관여해 왔다.

---

crouch

[krautʃ]

동 웅크리다, 구부리다

연상 허리를 구부림

어원 cro
구부리다

The lion was crouching in the bushes.
그 사자는 덤불 속에 웅크리고 있었다.

Exercises 1

A 다음 단어의 뜻을 아래 <보기>에서 고르세요.

1. cordial ( )
2. astronomical ( )
3. crucial ( )
4. capital ( )
5. alternate ( )
6. perennial ( )
7. disobedient ( )
8. overt ( )
9. eccentric ( )
10. centripetal ( )

보기					
	ⓐ 다정한	ⓑ 결정적인	ⓒ 순종하지 않는	ⓓ 별난	ⓔ 중요한
	ⓕ 구심적인	ⓖ 하나씩 거른	ⓗ 영속적인	ⓘ 명백한	ⓙ 천문학적인

B 다음 괄호 안에 들어갈 단어를 아래 <보기>에서 고르세요.

1. After lunch, the kids have ( ).
   점심 식사 후 아이들은 휴식을 취한다.
2. Get back before ( ).
   귀가 시간 전에 돌아오렴.
3. The old man receives a small ( ).
   그 노인은 소액의 연금을 받고 있다.
4. There is no ( ) from taxes.
   세금을 피할 길은 없다.
5. We offer only the best to our ( ).
   우리는 고객에게 최상의 제품만을 제공한다.
6. The cat was running with astonishing ( ).
   그 고양이는 놀랍도록 빠르게 달려가고 있었다.
7. The three species were evolved from a single ( ).
   그 세 가지 종(種)은 하나의 조상에서 진화했다.
8. It took quite a while to get to the ( ) of problem.
   문제의 핵심에 도달하기까지 시간이 꽤 걸렸다.
9. Don't drink to ( ).
   과음하지 마세요.
10. The ( ) for her resignation grew louder.
    그녀의 사임을 요구하는 외침이 점점 커졌다.

보기					
	ⓐ clamor	ⓑ excess	ⓒ annuity	ⓓ ancestor	ⓔ core
	ⓕ celerity	ⓖ recess	ⓗ escape	ⓘ clients	ⓙ curfew

Answers

A 1ⓐ 2ⓙ 3ⓑ 4ⓔ 5ⓖ 6ⓗ 7ⓒ 8ⓘ 9ⓓ 10ⓕ

B 1ⓖ 2ⓙ 3ⓒ 4ⓗ 5ⓘ 6ⓕ 7ⓓ 8ⓔ 9ⓑ 10ⓐ

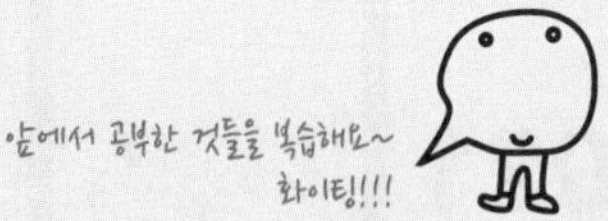

C 다음 단어의 의미를 아래 <보기>에서 고르세요.

1. disaster (   )
2. captive (   )
3. predecessor (   )
4. crossroad (   )
5. courage (   )
6. accord (   )
7. embargo (   )
8. armament (   )
9. battlefield (   )
10. inclination (   )

보기				
ⓐ 용기	ⓑ 교차로	ⓒ 일치	ⓓ 의향	ⓔ 전임자
ⓕ 전장	ⓖ 포로	ⓗ 군비	ⓘ 대참사	ⓙ 입출항 금지

D 다음 문장에 나오는 괄호 안의 단어를 완성하세요.

1. He had to (con □□□□) that he was wrong.
   그는 자신이 틀렸음을 인정해야 했다.
2. It was a deliberate attempt to (de □□□□□) the public.
   그것은 대중을 속이려는 의도적인 시도였다.
3. The President's aim was to (□□ cap □□□□ ed) the terrorist.
   대통령의 목표는 그 테러리스트의 목을 베는 것이었다.
4. They (pro □□□□□ ed) that he was a terrorist.
   그들은 그가 테러리스트라고 선언했다.
5. He (dis □□□□ ed) new information on the project.
   그는 그 계획에 관한 새로운 정보를 폭로했다.
6. A search of their luggage (un □□□□□ ed) two pistols.
   그들의 짐을 조사했더니 권총 두 자루가 발견됐다.
7. She (ex □□□□□ ed) with delight when she saw the baby.
   그녀는 아기를 보고 기뻐하며 소리쳤다.
8. The flood waters began to (re □□□□) from the field.
   홍수로 불어난 물이 밭에서부터 빠지기 시작했다.
9. Economic growth (de □□□□□□□□ d) sharply in August.
   8월에는 경제 성장세가 급격하게 둔화됐다.
10. She (□□□□□□ ed) at the door with her fists.
    그녀는 주먹으로 문을 계속 두드렸다.

○ Answers ○

C 1ⓘ 2ⓖ 3ⓔ 4ⓑ 5ⓐ 6ⓒ 7ⓙ 8ⓗ 9ⓕ 10ⓓ

D 1 (con)cede 2 (de)ceive 3 de(cap)itat(ed) 4 (pro)claim(ed) 5 (dis)clos(ed) 6 (un)cover(ed) 7 (ex)claim(ed) 8 (re)cede 9 (de)celerate(d) 10 batter(ed)

021 cur, cour, cor

track 21

흐르다, 달리다

concours

concours(콩쿠르)는 프랑스어로 함께 달리며 경쟁하는 일을 뜻한다. 영어에서는 일반적으로 contest나 competition을 쓴다.

hiking course

숲 속을 달리는 행로를 hiking course라고 한다.

concourse(역의 중앙광장)는 '유동' 인구가 많아 사람들이 모이는 장소를 뜻한다. 여기저기를 '뛰어다니며' 하는 강연이나 강의는 discourse라고 하며, 사람들 사이에 좋은 분위기가 '흐르고 있는' 상태, 즉 '교류'를 뜻하는 단어는 intercourse이다.

Guess the Words!

Q1 **ex**(밖에)+**curs**(달리다)+**ion**(명 접미사) → excursion

We're going on an excursion to Gyeongju tomorrow.

우리는 내일 경주로 ______을 갈 예정이다.

▶ **Hint** 학교 밖으로 나갔다 오는 행사를 가리키는 말은?

Q2 **cur**(흐르다)+**ency**(명 접미사) → currency

Tourism is the country's biggest foreign currency earner.

관광 산업은 그 나라에서 외국 ______를 버는 가장 큰 수단이다.

▶ **Hint** 경제 활동을 할 때 유통되는 것은?

Q3 **re**(뒤에)+**course**(흐르다) → recourse

His wife made a complete recovery without recourse to surgery.

그의 아내는 외과 수술에 ______하지 않고 완치됐다.

▶ **Hint** 뒤로 기대는 것을 무엇이라고 할까?

Answers _ Q1. 소풍 Q2. 화폐/통화 Q3. 의지

excursion
[ikskə́ːrʒən]

명 소풍, 짧은 여행

연상 밖으로 나가는 일

어원 ex + curs + ion
밖에 달리다 명 접미사

The tour includes a three-day excursion to Disneyland.
그 여행은 디즈니랜드로 가는 3일간의 짧은 여행을 포함하고 있다.

---

currency
[kə́ːrənsi]

명 통화, 유통

***current 형 현재의, 통용되고 있는
명 흐름, 경향

연상 흐르고 있는 것

어원 cur + ency
흐르다 명 접미사

They were rowing against the current.
그들은 강물의 흐름을 거슬러 노를 젓고 있었다.

---

recourse
[ríːkɔːrs]

명 의지, 의지가 되는 사람

연상 뒤로 기댐

어원 re + course
뒤에 흐르다

Surgery may be the only recourse.
수술밖에 의지할 게 없을지도 모르겠다.

**occur
[əkə́ːr]

동 일어나다, 발생하다

occurrence 명 발생, 사건

연상 흘러서 옴

어원 o(c) + cur
~을 향해 흐르다

The accident occurred at noon yesterday.
그 사고는 어제 정오에 일어났다.

---

concur
[kənkə́ːr]

동 일치하다, 동의하다, 동시에 일어나다

concurrence 명 일치, 동의, 동시 발생

연상 동시에 흐름

어원 con + cur
함께 흐르다

Three judges concurred that he was guilty.
세 명의 재판관은 그가 유죄라는 사실에 동의했다.

---

recur
[rikə́ːr]

동 재발하다, 되풀이되다

recurrence 명 재발

연상 다시 흐름

어원 re + cur
다시 흐르다

If the problem recurs, I'll see my doctor about it.
문제가 재발하면, 의사에게 진찰을 받겠다.

022

track 22

cur 주의, 돌봄

security check

security check는 안전성을
주의 깊게 검사하는 것을 말한다.

careless mistake

careless는 [care(주의)+less(~이 없다)]로
이루어진 단어로, careless mistake는
'부주의로 인한 실수'를 뜻한다.

Guess the Words!

Q1 **cur**(주의·돌봄)+**ate**(동 접미사)+**or**(사람) ➜ curator

Some curators go on to become directors of museums.

____ 중 몇몇은 박물관장이 되기도 한다.

▶ **Hint** 박물관을 관리하고 돌보는 일을 하는 사람은 누구일까?

Q2 **se**(떨어져)+**cure**(주의·돌봄) ➜ secure

Keep your passport in a secure place.

여권을 ____ 장소에 보관하세요.

▶ **Hint** 주의하거나 걱정하지 않아도 되는 장소는 어떤 곳일까?

Q3 **a(c)**(~을 향해)+**cur**(주의·돌봄)+**ate**(형 접미사) ➜ accurate

The witness tried to give an accurate description of what she had seen.

증인은 자신이 목격한 사실에 대해 ____ 진술을 하려고 노력했다.

▶ **Hint** 주의를 기울여 진술한다는 말은 어떤 의미일까?

Answers_ Q1. 큐레이터 Q2. 안전한 Q3. 정확한

curator [kju(ə)réitər]

명 큐레이터, 전시 책임자, 관리자

연상 관리하고 돌보는 일을 하는 사람

어원 cur + ate + or
주의·돌봄 형접미사 사람

My brother is the mammal curator at the Los Angeles Zoo.
우리 형은 로스앤젤레스 동물원의 포유류 관리자다.

---

*secure [sikjúər]

형 안전한, 안정된
동 안전하게 하다, 확보하다

***security

명 안전, 담보, 유가 증권

연상 걱정에서 멀어짐 (= 걱정하지 않음)

어원 se + cure
떨어져 주의·돌봄

The government has been working to secure the release of the hostages.
정부는 인질 석방을 확보하기 위해 노력하고 있다.

---

*accurate [ǽkjurət]

형 정확한, 정밀한

accuracy

명 정확, 정확도

연상 주의를 기울임

어원 a(c) + cur + ate
~을 향해 주의·돌봄 형접미사

My watch is more accurate than yours.
내 시계는 너의 시계보다 더 정확하다.

---

*cure [kjuər]

동 치료하다, 해결하다, (나쁜 버릇·악습을) 제거하다
명 치료, 치료법

연상 의사가 환자를 돌보는 것에서 유래함

어원

She was cured of her migraine headaches when she changed her diet.
그녀가 식단을 바꾸자 편두통이 치료되었다.

---

*curious [kjú(ə)riəs]

형 호기심 강한, 기이한

curiosity

명 호기심

연상 주의를 기울임

어원 cur + ous
주의 형접미사

He is such a curious boy, always asking questions.
그는 매우 호기심이 강한 소년이라서, 항상 질문을 한다.

---

procure [proukjúər]

동 손에 넣다, 입수해 주다

연상 타인을 위해 주의를 기울임

어원 pro + cure
~을 위해 주의·돌봄

Please procure me the first edition of the old book.
그 고서의 초판본을 저에게 구해 주세요.

023  custom, costum

track 23

익숙해지다, 자신의 것

customize

자동차를 자기 취향에 맞게 주문 제작할 때 customize라는 표현을 쓴다.

costume

인도 사람들이 즐겨 입어 익숙한 costume(의상)을 사리라고 한다.

Guess the Words!

Q1 **custom**(익숙해지다)+**er**(사람) ➜ customer

She is one of our regular customers.

그녀는 우리 가게의 ______ 중 한 명이다.

▶ **Hint** 가게에 자주 드나들어 익숙해진 손님을 가리키는 말은?

Q2 **custom**(자신의 것)+**ize**(동 접미사) ➜ customize

General Motors will customize Cadillac's for special clients.

General Motors는 특별 고객을 위해 캐딜락을 ______할 예정이다.

▶ **Hint** 자기 취향에 맞게 만드는 것을 무엇이라고 할까?

Q3 **custom**(익숙해지다)+**ary**(형 접미사) ➜ customary

It is customary for the man to propose to the woman.

남성이 여성에게 청혼하는 것이 ______이다.

▶ **Hint** 어떤 현상에 익숙해지는 것을 무엇이라고 할까?

Answers_ Q1. 단골손님 Q2. 주문 제작 Q3. 관례

***customer

명 고객, 단골손님

[kʌ́stəmər]

The company is trying to improve customer satisfaction.
그 회사는 고객 만족도를 높이기 위해 노력하고 있다.

연상 자주 만나서 익숙해진 사람

어원 custom + er
익숙해지다 사람

---

customize

동 주문 제작하다

[kʌ́stəmàiz]

You can customize the software in several ways.
너는 여러 방법으로 프로그램을 원하는 대로 바꿀 수 있다.

연상 자기 취향에 맞게 만듦

어원 custom + ize
자신의 것 동 접미사

---

customary

형 관습적인, 관례적인

[kʌ́stəmèri]

It is customary to offer a drink or a snack to guests.
고객에게 음료나 간식을 제공하는 것은 관습이다.

연상 익숙해짐

어원 custom + ary
익숙해지다 형 접미사

---

costume

명 의상, 복장

[kást(j)uːm]

Everyone wore historical costumes at the party.
파티에 참석한 모두가 역사적인 의상을 입고 있었다.

연상 즐겨 입어 익숙한 옷

어원 costum
자신의 것

---

*custom

명 관습, 습관, 풍습

[kʌ́stəm]

***customs** 명 관세, 세관

The custom dates back hundreds of years.
그 관습은 몇 백 년이나 이어져 왔다.

연상 익숙해진 것

어원 custom
익숙해지다

---

accustom

동 익숙하게 하다, 길들게 하다

[əkʌ́stəm]

He is not accustomed to political discussions.
그는 정치적 토론에 익숙하지 않다.

연상 익숙해지도록 노력함

어원 a(c) + custom
~을 향해 익숙해지다

024 dict 말하다, 보여 주다

track 24

dictionary

dictionary는 단어의 뜻을
보여 주는 사전이다.

dictation test

영어를 말하는 대로 받아쓰는 시험을
dictation test라고 한다.

diction은 '말투, 발성법'을 뜻한다. interdict는 [inter(사이에)+dict(말하다) → 사이에 끼어들어 못하도록 말하다]의 의미로, '명령, 금지령'을 뜻한다.

Guess the Words!

Q1 **contra**(반대)+**dict**(말하다) ➜ contradict

The two stories contradict each other.

두 이야기는 서로 ______된다.

▶ **Hint** 상반되는 것을 무엇이라고 할까?

Q2 **ver**(진실)+**dict**(말하다) ➜ verdict

The doctor's verdict was that the patient would not live until spring.

의사의 ______은 그 환자가 봄까지 살지 못하리라는 것이었다.

▶ **Hint** 진실이라고 생각하고 말하는 것을 무엇이라고 할까?

Q3 **a(d)**(~을 향해)+**dict**(말하다) ➜ addict

Those people are thought to be addicted to nicotine.

저 사람들은 니코틴에 ______되었다고 여겨진다.

▶ **Hint** 무의식이 말하는 대로 빠져드는 것을 무엇이라고 할까?

Answers_ Q1. 모순 Q2. 판단 Q3. 중독

contradict 동 모순되다, 부정하다, 반박하다
[kὰntrədíkt]

연상 반대 사실을 말함
어원 contra + dict
반대 말하다

contradiction 명 모순, 부정, 반박

contradictory 형 모순되는

The witness sometimes gave contradictory answers.
목격자는 때때로 모순되는 답을 했다.

---

verdict 명 평결, 판단, 결정
[və́ːrdikt]

연상 진실을 말함
어원 ver + dict
진실 말하다

The jury reached a unanimous verdict of guilty.
배심원단은 만장일치로 유죄 평결을 냈다.

---

addict 명 중독자
[ǽdikt]

연상 무의식이 ~하라고 말함
어원 a(d) + dict
~을 향해 말하다

addicted 형 중독된, 빠져 있는

addiction 명 중독, 탐닉

His son is a video game addict.
그의 아들은 비디오 게임 중독자다.

---

*__predict__ 동 예언하다, 예측하다
[pridíkt]

연상 앞서 말함
어원 pre + dict
앞에 말하다

prediction 명 예언, 예측

It was predicted that inflation would continue to fall.
인플레이션율이 계속 하락할 것이라고 예측되었다.

---

dictate 동 받아쓰게 하다, 명령하다, 지시하다
[díkteit]

연상 입으로 말함
어원 dict + ate
말하다 동접미사

dictation 명 받아쓰기, 명령, 지시

dictator 명 독재자, 지배자

The company dictates what the employees should wear.
그 회사는 직원들의 복장을 규정하고 있다.

---

indict 동 기소하다, 비난하다
[indáit]

연상 ~을 하라고 말함
어원 in + dict
~을 향해 말하다

indictment 명 기소, 고발, 비난

He was indicted for murder.
그는 살인죄로 기소당했다.

025  duct 이끌다

track 25

tour conductor

tour conductor는 관광객을
이끌고 여행안내를 하는 사람을 말한다.

conductor

정명훈은 한국이 자랑하는 세계적인 conductor(지휘자)다.
conductor는 [con(함께)+duct(이끌다)+or(사람)]으로
이루어진 단어로 '모두를 이끌고 가는 사람'이라는 의미에서
'지휘자, 안내자'라는 뜻을 지니게 됐다.

aqueduct는 [aque(물)+duct(이끌다)]로 이루어져, '송수로, 고가식 수로교'를 뜻한다.

Guess the Words!

Q1 **pro**(앞에)+**duct**(이끌다) → product

The new product will arrive on supermarket shelves next month.

새로운 ______이 다음 달에 슈퍼마켓 선반에 진열될 예정이다.

▶ **Hint** 소비자 앞에 내놓는 물건을 무엇이라고 할까?

Q2 **ab**(밖에)+**duct**(이끌다) → abduct

The child was abducted outside the store.

그 아이는 가게 밖에서 ______됐다.

▶ **Hint** 사람을 끌고 가는 범죄를 무엇이라고 할까?

Q3 **in**(안에)+**duct**(이끌다) → induct

He was formally inducted as president of the college.

그는 정식으로 대학 총장에 ______했다.

▶ **Hint** 총장으로 대학 안에 불러들이는 것은 무엇이라고 할까?

Answers_ Q1. 제품 Q2. 유괴 Q3. 취임

product ***
[prádʌkt]

명 제품, 상품, 생산물

연상 끌고 와서 앞에 내놓는 것

어원 pro + duct
앞에 이끌다

We spend a lot of money on product development.
우리는 제품 개발에 많은 자금을 쓰고 있다.

---

abduct
[æbdʌ́kt]

동 유괴하다, 납치하다

abduction 명 유괴, 납치

연상 밖으로 끌고 나옴

어원 ab + duct
밖에 이끌다

A Japanese tourist was abducted in Spain.
한 일본인 관광객이 스페인에서 납치됐다.

---

induct
[indʌ́kt]

동 취임시키다, 임명하다, 군대에 입대시키다

연상 안으로 끌고 들어감

어원 in + duct
안에 이끌다

His son was inducted into the army last week.
그의 아들은 지난주에 육군에 입대했다.

---

conduct **
[동 kəndʌ́kt]
[명 kándʌkt]

동 지도하다, 안내하다, 지휘하다
명 지도, 안내, 행위

연상 모두를 이끎

어원 con + duct
함께 이끌다

The concert was conducted by Myung-whun Chung.
그 콘서트는 정명훈이 지휘했다.

---

deduct
[didʌ́kt]

동 빼다, 공제하다

deduction 명 공제, 차감, 연역법
deductive 형 연역적인

연상 아래로 끌어내림

어원 de + duct
아래에 이끌다

The cost of my uniform was deducted from my wages.
제복의 비용은 임금에서 공제됐다.

---

by-product
[báipràdəkt]

명 부산물, 부작용

연상 주요 생산물 옆에 있는 것

어원 by + product
옆에 생산물

Law is the by-product of custom built up by habit.
법률은 습관으로 형성된 관습의 부산물이다.

026  duce 이끌다

track 26

producer

producer는 [pro(앞에서)+duc(이끌다)+er(사람)]으로 이루어진 단어로, '앞에 서서 모두를 이끄는 사람'이라는 뜻이다. 즉 영화나 연극 등의 제작 책임자를 가리킨다.

introduction

흔히 쓰는 인트로(intro)는 introduction의 줄임말로, 곡의 도입부를 뜻한다.

Guess the Words!

Q1 **pro**(앞에)+**duce**(이끌다) → produce

During the argument, one of the men produced a knife.

말다툼을 하다 남자들 중 한 명이 칼을 __________.

▶ **Hint** 앞에 내놓은 행위를 무엇이라고 할까?

Q2 **e(x)**(밖에)+**duc**(이끌다)+**ate**(동 접미사) → educate

The object is to educate people about road safety.

목적은 사람들에게 교통안전에 대해 __________하는 것이다.

▶ **Hint** 능력을 밖으로 이끌어내는 것을 무엇이라고 할까?

Q3 **re**(뒤에)+**duce**(이끌다) → reduce

The government is aiming to reduce unemployment by 20%.

정부는 실업률을 20% __________시키는 것을 목표로 하고 있다.

▶ **Hint** 수치를 뒤로 끌어당기는 것을 무엇이라고 할까?

Answers_ Q1. 꺼냈다 Q2. 교육 Q3. 감소

***produce

[동 prəd(j)úːs]
[명 prád(j)uːs]

동 생산하다, 야기하다, 꺼내 보이다
명 생산물, 농산물

**production
명 생산, 제조

productive
형 생산적인

연상 앞에 내놓음
어원 pro + duce
앞에 이끌다

The region produces over 50% of the country's wheat.
그 지역은 국가의 50% 이상의 밀을 생산하고 있다.

---

*educate

[édʒukèit]

동 교육하다, 양성하다

***education
명 교육, 훈련

연상 능력을 밖으로 이끌어냄
어원 e(x) + duc + ate
밖에 이끌다 동접미사

She was educated at Oxford.
그녀는 옥스퍼드에서 교육받았다.

**reduce

[rid(j)úːs]

동 축소하다, 감소하다,
축소시키다, 감소시키다

*reduction
명 감소, 삭감

연상 뒤로 끌어당김
어원 re + duce
뒤에 이끌다

The doctor advised me to reduce the amount of salt in my diet.
의사는 내 식단에서 소금의 양을 줄이라고 조언했다.

***introduce

[ìntrəd(j)úːs]

동 소개하다, 도입하다

*introduction
명 소개, 도입

연상 안으로 끌어들임
어원 intro + duce
안에 이끌다

Will you introduce me to your wife?
저를 당신 부인에게 소개해 줄 수 있나요?

---

seduce

[sid(j)úːs]

동 유혹하다, 부추기다

seduction
명 유혹, 매력

연상 이끌어냄
어원 se + duce
떨어져 이끌다

He was seduced by the offer of money into revealing the trade secrets.
그는 돈을 주겠다는 유혹에 넘어가 기업의 기밀을 유출했다.

---

induce

[ind(j)úːs]

동 설득하여 ~하게 하다,
~할 마음이 생기게 하다

induction
명 유도, 귀납법

연상 끌어들임
어원 in + duce
안에 이끌다

An advertisement induced her to buy the book.
광고는 그녀가 그 책을 사고 싶은 마음이 생기게 했다.

027 equ 평평한, 동등한

track 27

Ecuador

남아메리카에 있는 에콰도르는
적도(equator) 바로 아래에 위치해 있다.
그래서 스페인어로 적도를 의미하는
ecuador가 국가명이 되었다.

2×4=8

equal

2×4=8은 '2에 4를 곱하면 8과 같다'라는 의미다.

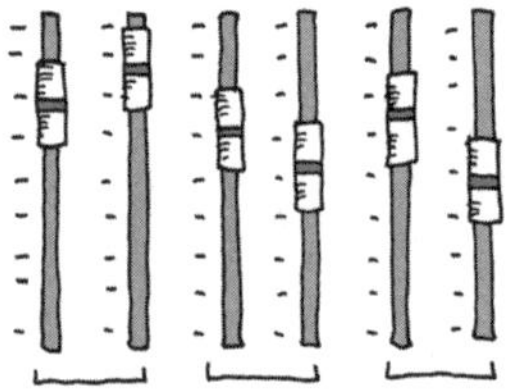

graphic equalizer

여러 개의 주파수 대역마다 신호 레벨을
조절하여 음질을 균등하게 보정하는 장치를
graphic equalizer라고 한다.

어근 equ-를 가진 그 밖의 단어에는 equation(방정식), equilibrium(평형), equinox(낮과 밤의 길이가 같아지는 춘분 또는 추분) 등이 있다.

Guess the Words!

Q1 **equ**(동등한)+**ate**(동 접미사)+**or**(사물) → equator

The nations located on the equator have very hot climates.

________ 상에 위치한 나라의 기후는 매우 덥다.

▶ **Hint** 지구의 남과 북을 동등하게 나누고 있는 것은 무엇일까?

Q2 **ad**(~을 향해)+**equ**(동등한)+**ate**(형 접미사) → adequate

They had adequate food for a week's journey.

그들은 일주일 동안 여행하기에 ________ 음식을 가지고 있었다.

▶ **Hint** 필요한 양과 현재 가지고 있는 양이 같은 상태를 표현하는 말은?

Q3 **equi**(동등한)+**voc**(음성)+**al**(형 접미사) → equivocal

There was nothing equivocal about her.

그녀에게는 ________ 부분이 없었다.

▶ **Hint** 목소리가 비슷해서 구별이 힘든 상태를 표현하는 말은?

Answers_ Q1. 적도 Q2. 충분한 Q3. 분명하지 않은/모호한

equator 명 적도
[i(:)kwéitər]

Singapore lies near the equator.
싱가포르는 적도 가까이에 있다.

연상 지구의 남과 북을 동등하게 나누고 있는 것
어원 equ + ate + or
동등한 동접미사 사물

---

adequate 형 충분한, 적당한, 그런대로 괜찮은
[ǽdikwət]
adequacy 명 적당함, 타당함

Her performance was adequate, though it lacked originality.
그녀의 연기는 독창성은 부족하지만 그런 대로 괜찮았다.

연상 적당한 상태
어원 ad + equ + ate
~을 향해 동등한 형접미사

---

equivocal 형 모호한, 분명하지 않은
[ikwívəkəl]

Her answer was rather equivocal.
그녀의 대답은 매우 모호했다.

연상 목소리가 비슷함
어원 equi + voc + al
동등한 음성 형접미사

** **equal** 형 동등한, 평등한, 감당할 수 있는 명 동등한 사람
[íːkwəl]
equality 명 평등, 대등

He is equal to the job.
그는 그 일을 감당할 수 있는 능력이 있다.

연상 동등한 상태
어원 equ + al
동등한 형접미사

---

equivalent 명 동등한 것, 등가물 형 동등한, 등가의
[ikwív(ə)lənt]

The word has no equivalent in English.
영어에는 그 단어와 동등한 의미를 지니는 단어가 없다.

연상 동등한 가치를 지닌 것
어원 equi + val + ent
동등한 가치 명접미사

---

equalize 동 동등하게 하다, 동일하게 하다, 동점골을 넣다
[íːkwəlàiz]

Neymar equalized early in the second half.
Neymar는 후반전 초반에 동점골을 넣었다.

연상 동등하게 함
어원 equ + al + ize
동등한 형접미사 동접미사

028 fa(m), fa(n), phe

track 28

말하다

infant

말하지 못하는 아기를 infant라고 한다.
일반적으로는 2세 정도까지의 유아를 가리킨다.
앙팡(enfant)은 infant와 같은 의미의 프랑스어다.

fable

사람들 사이에 말로 전해 내려온 이야기를 fable(우화)이라고 한다.

fatal

'신에게 죽음을 선고받으면 치명적(fatal)이다.'

famous(유명한)는 사람들의 입에 자주 오르내린다는 의미에서 생긴 말이며, infamous(악명 높은)는 사람들이 자주 언급하지 않는다는 의미에서 나왔다. 책의 서두에서 저자가 하고 싶은 말을 하는 부분을 preface(서문)라고 한다.

Guess the Words!

Q1 **in**(~이 아니다)+**fan**(말하다)+**ant**(사람)+**try**(명 접미사) → infantry

The infantry was guarding the bridge.

______는 다리를 지키고 있었다.

▶ **Hint** 군대에서 이야기도 할 수 없을 만큼 지위가 낮은 부대를 무엇이라고 할까?

Q2 **de**(아래에)+**fam**(말하다) → defame

Ken claimed the editorial had defamed him.

Ken은 그 사설이 자신을 ______했다고 주장했다.

▶ **Hint** 말로 사람을 깎아내리는 것을 무엇이라고 할까?

Q3 **pro**(앞에)+**phe**(말하다)+**et**(사람) → prophet

Daniel was one of the great prophets in the Bible.

Daniel은 성경에서 위대한 ______ 중 한 명이었다.

▶ **Hint** 앞일을 미리 말하는 사람을 가리키는 말은?

Answers_ Q1. 보병대 Q2. 비방 Q3. 예언자

infantry
[ínfəntri]
명 보병(대)

> The infantry was sent into battle.
> 그 보병대는 전장에 나가게 되었다.

연상 힘없는 사람
↑
어원 이야기를 하지 못하는 사람
↑
in + fan + ant + try
~이 아니다 말하다 사람 명접미사

---

defame
[diféim]
동 중상하다, 비방하다

defamation 명 중상, 비방, 명예 훼손

defamatory 형 중상적인, 명예 훼손의

> Religious leaders claim that the novel defames Islam.
> 종교 지도자들은 그 소설이 이슬람교를 비방하고 있다고 주장한다.

연상 말로 깎아내림
↑
어원 de + fam
아래에 말하다

---

prophet
[práfit]
명 예언자, 선지자

prophesy 동 예언하다

> He prophesied a Democratic defeat in the next election.
> 그는 다음 선거에서 민주당의 패배를 예언했다.

연상 앞일을 미리 말하는 사람
↑
어원 pro + phe + et
앞에 말하다 사람

---

fatal
[féitl]
형 운명을 결정하는, 치명적인

*__fate__ 명 운명, 운수

fatality 명 사망자, 재해

> There was a fatal flaw in the plan.
> 그 계획에는 치명적인 결함이 있었다.

연상 신이 말함
↑
어원 fa + al
말하다 형접미사

---

infant
[ínfənt]
명 유아

infancy 명 유년 시절, 유아기

> Her father died when she was an infant.
> 그녀가 어렸을 때 아버지가 돌아가셨다.

연상 말하지 못하는 사람
↑
어원 in + fan + ant
~이 아니다 말하다 사람

---

fabulous
[fǽbjuləs]
형 놀라운, 굉장히 멋진, 전설에 나오는

> His wife is a fabulous cook.
> 그의 아내는 굉장히 뛰어난 요리사다.

연상 이야기로 전해 내려옴
↑
fabul + ous
이야기 형접미사

029  fac(t) 만들다, 하다

track 29

factory

factory(공장)는 [fact(만들다)+ory(장소)]로 이루어진 단어다.

manufacture

manufacture는 '손으로(manu) 만든 제품(facture)'이라는 뜻이다.

facility

공항의 facility는 공항 안에 만들어진 시설을 의미한다.

fact(사실)는 '실제로 행위가 이루어진 일'이라는 뜻이다. 꾸며진 이야기를 뜻하는 fiction에 반해 nonfiction은 사실을 기반으로 한 다큐멘터리 작품을 가리킨다. artifact(공예품)은 '기술(art)로 만들었다(fact)'라는 의미다.

Guess the Words!

Q1 **fac**(만들다)+**ile**(~할 수 있다) ➡ facile

We were surprised at the dancer's facile movements.

우리는 그 무용수의 움직임에 깜짝 놀랐다.

▶ **Hint** 쉽게 만들 수 있는 것을 무엇이라고 할까?

Q2 **fac**(만들다)+**ile**(~할 수 있다)+**ate**(동 접미사) ➡ facilitate

The current structure does not facilitate efficient work flow.

현재 구조는 능률적인 작업 흐름을 하게 해 주지 않는다.

▶ **Hint** 능률적인 작업 흐름이 쉽게 이루어지도록 하는 것을 무엇이라고 할까?

Q3 **fact**(만들다)+**ion**(명 접미사) ➡ faction

One faction within the Liberal Party wants a tax freeze.

자유당 내의 한 은 세금 동결을 원한다.

▶ **Hint** 당내에서 사람들이 갈라져 만든 집단을 무엇이라고 할까?

Answers_ **Q1.** 능란한/경쾌한 **Q2.** 용이 **Q3.** 파벌

facile
[fǽsil]
형 용이한, 간단한, 능란한, 경쾌한

*facility 명 용이함, 능숙함, 재능, 시설

연상: 쉽게 만듦
어원: fac (만들다) + ile (~할 수 있다)

The sports facility at this club includes a swimming pool and a sauna.
이 클럽의 스포츠 시설에는 수영장과 사우나가 있다.

facilitate
[fəsílətèit]
동 촉진하다, 용이하게 하다

연상: 만들기 쉽게 함
어원: fac (만들다) + ile (~할 수 있다) + ate (동접미사)

The new trade agreement should facilitate more rapid economic growth.
새 무역 협정은 더 급격한 경제 성장을 촉진할 것이다.

**faction
[fǽkʃən]
명 파벌, 당파

factious 형 당파적인, 당쟁을 일삼는

연상: 소수의 사람들이 만든 집단
어원: fact (만들다) + ion (명접미사)

A rebel faction has split away from the main group.
반란 파벌이 주체 세력에서 분리됐다.

**factor
[factor]
명 요소, 요인

benefactor 명 은인, 후원자

연상: 사물을 이루고 있는 일부 ← 사물을 만드는 사람
어원: fact (만들다) + or (사람)

Unemployment is the most important factor in the growing crime rates.
실업은 증가하고 있는 범죄율의 가장 주요한 요인이다.

faculty
[fǽkəlti]
명 재능, 기능, 능력, 학부

연상: 사물을 만드는 능력
어원: fac (만들다) + ty (명접미사)

She has a great faculty for mathematics.
그녀는 수학에 뛰어난 재능을 가지고 있다.

factitious
[fæktíʃəs]
형 꾸며낸, 부자연스러운, 인위적인

연상: 만들고 있음
어원: fact (만들다) + ious (형접미사)

She has invented a wholly factitious story about her past.
그녀는 자신의 과거에 대해 완전히 꾸며낸 이야기를 만들어냈다.

030 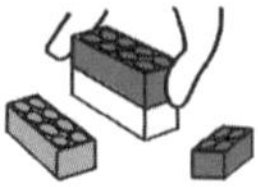 fect 만들다, 하다

track 30

perfect pitching

perfect pitching의 perfect는 [per(완전히)+fect(하다)]로 이루어진 단어로, '완벽한'이라는 뜻이다.

confectionery

confectionery는 과자 혹은 과자를 만드는 제조 공장, 과자점을 뜻한다. [con(함께)+fect(만들다)+ery(장소)]로 이루어졌다.

Guess the Words!

Q1 **de**(떨어져)+**fect**(만들다) ➜ defect

Don't buy that tie; there is a defect in the material.

그 넥타이는 사지 마세요. 천에 ______이 있어요.

▶ **Hint** 완전한 상태에서 멀어지게 만드는 것은 무엇일까?

Q2 **e(f)**(밖에)+**fect**(만들다) ➜ effect

Lowering taxes had a strong effect on taxpayers.

감세는 납세자에게 큰 ______을 끼쳤다.

▶ **Hint** 뭔가를 만듦으로써 외부에 나타나는 것을 무엇이라고 할까?

Q3 **a(f)**(~을 향해)+**fect**(만들다) ➜ affect

She affected a calmness she did not feel.

그녀는 속마음과 달리 평온함을 ______했다.

▶ **Hint** 보여 주기 위해 태도를 거짓으로 만드는 것을 무엇이라고 할까?

Answers_ Q1. 결함 Q2. 영향 Q3. 가장

defect 명 결점, 결함, 흠
[díːfekt]
defective 형 결함이 있는, 불완전한
defection 명 결점, 결함, 배반, 망명
defector 명 탈주자, 배반자, 망명자

Several defects were found in the design of the ship.
배의 설계에서 여러 가지 결함이 발견됐다.

연상 이상과 먼 것을 만듦
어원 de + fect
떨어져 만들다

*****effect** 명 결과, 효과, 영향
[ifékt]
****effective** 형 효과적인, 유효한
effectual 형 효과적인, 적절한

It's an extremely effective cure for a headache.
그것은 두통에 아주 효과적인 치료법이다.

연상 뭔가를 만듦으로써 외부에 나타나는 것
어원 e(f) + fect
밖에 만들다

****affect** 동 영향을 주다, 가장하다, ~인 체하다
[əfékt]
affection 명 애정, 애착
affectionate 형 애정이 넘치는, 따듯한
affectation 명 가장(假裝), 꾸밈

The new law will affect us, directly or indirectly.
새로운 법은 직접적이든 간접적이든 우리에게 영향을 줄 것이다.

연상 목적을 가지고 만듦
어원 a(f) + fect
~을 향해 만들다

---

infect 동 감염시키다, 감염되다
[infékt]
infection 명 감염, 전염
infectious 형 전염성인, 전염병의

This virus infected thousands of computers within days.
이 바이러스는 며칠 만에 수천 대의 컴퓨터를 감염시켰다.

연상 사람의 몸속에 들어가 만듦
어원 in + fect
안에 만들다

---

confectionery 명 제과점, 과자류
[kənfékʃənèri]

My father owns a confectionery in Seattle.
나의 아버지는 시애틀에서 제과점을 운영하신다.

연상 모두가 함께 만드는 곳
어원 con + fect + ery
함께 만들다 장소

***prefecture** 명 (일본·프랑스·이탈리아 등의) 현, 부(府)
[príːfektʃər]
prefect 명 (정부·경찰의) 관직, 도지사, 장관

He was born and brought up in Saitama Prefecture.
그는 사이타마현에서 태어나고 자랐다.

연상 사람들 앞에 나서서 일하는 사람
어원 pre + fect + ure
앞에 하다 명 접미사

031 fer 옮기다, 놓다 ❶

track 31

offer

offer는 [of(상대방을 향해)+fer(발을 옮기다)]가 결합된 단어로, 원래는 상대방에게 가서 자신의 의향이나 소망을 전한다는 뜻이다. '신청, 제안'을 의미한다.

ferryboat

ferryboat(연락선)는 사람이나 짐을 운반하는 배를 뜻한다.

referee

referee는 [refer(참고)+ee(~하게 되는 사람)]로 이루어진 단어로, 경기의 전체 흐름을 파악하고 경기 진행에 관한 기록을 보유하고 있는 사람을 말한다.

Guess the Words!

Q1 **o(f)**(~을 향해)+**fer**(옮기다) ➔ offer

I offered to help her with the dishes.

나는 그녀가 설거지하는 것을 도와주겠다고 ______했다.

▶ **Hint** 일부러 상대방 쪽으로 가서 의견을 말하는 행위를 무엇이라고 할까?

Q2 **fer**(낳다)+**ile**(~할 수 있다) ➔ fertile

The farmland in this region is very fertile.

이 지역의 농지는 매우 ______하다.

▶ **Hint** 많은 수확물을 생산할 수 있는 땅은 어떤 상태일까?

Q3 **con**(함께)+**fer**(옮기다)+**ence**(명 접미사) ➔ conference

The general opinion is that the conference was a success.

그 ______는 성공적이었다는 것이 일반적인 견해다.

▶ **Hint** 모두가 발길을 옮겨 모이는 것을 무엇이라고 할까?

Answers_ Q1. 제안 Q2. 비옥 Q3. 회의

offer***
[ɔ́(ː)fər]

명 청, 제안, 제의
동 제안하다, 신청하다

I was offered a job in London.
나는 런던에서 일자리를 제안받았다.

연상 상대방 쪽으로 발길을 옮김
어원 o(f) + fer
~을 향해 옮기다

---

fertile
[fə́ːrtl]

형 비옥한, 다산의

fertilize 동 비옥하게 하다

fertility 명 비옥, 다산

Our dog is no longer fertile.
우리 개는 더 이상 새끼를 낳지 못한다.

연상 생산할 수 있음
어원 fer + ile
낳다 ~할 수 있다

---

conference
[kánf(ə)rəns]

명 회의, 상의, 협의

confer 동 상의하다, 협의하다

He gave a talk at the conference last week.
그는 지난주에 열린 회의에서 강연을 했다.

연상 함께 발길을 옮김
어원 con + fer + ence
함께 옮기다 명접미사

---

refer**
[rifə́ːr]

동 참고하다, 언급하다, 인용하다

***reference** 명 참고, 언급, 참고문헌

We agreed never to refer to the matter again.
우리는 그 문제에 대해 다시는 언급하지 않기로 합의했다.

연상 원래 장소로 옮김
어원 re + fer
원래대로 옮기다

---

defer
[difə́ːr]

동 연기하다, 뒤로 미루다

They deferred their decision for a week.
그들은 일주일 동안 결정을 연기했다.

연상 떨어진 곳으로 옮김
어원 de + fer
떨어져 옮기다

---

circumference
[sərkʌ́mfərəns]

명 원주, 둘레, 주위

The earth is about 25,000 miles in circumference.
지구는 원주가 약 2만 5천 마일이다.

연상 주위로 옮김
어원 circum + fer + ence
주위에 옮기다 명접미사

032 fer 옮기다, 놓다 ❷

track 32

prefer

'좋아하는(prefer) 케이크를 자기 앞으로 가져가세요.'

suffer

무거운 짐을 옮길 때는 괴로운(suffer) 기분이 든다.

differ

'어느 병아리와 다른(differ) 병아리는 따로 떨어진 곳으로 옮기세요.'

Guess the Words!

Q1 **su(f)**(아래에)+**fer**(옮기다) → suffer

Children always suffer when their parents get divorced.

부모가 이혼하면 아이들이 항상 ______.

▶ **Hint** 무거운 짐을 지면 어떤 기분이 들까?

Q2 **pre**(앞에)+**fer**(옮기다) → prefer

She seems to prefer watching soap operas to talking to me.

그녀는 나와 이야기하는 것보다 드라마 보는 것을 더 ______ 것 같다.

▶ **Hint** 자기 앞으로 가져온다는 것은 어떤 의미일까?

Q3 **di(f)**(떨어져)+**fer**(옮기다) → differ

Scottish law has always differed from English law.

스코틀랜드의 법은 잉글랜드의 법과 항상 ______.

▶ **Hint** 무리에서 떼어내 떨어뜨려 놓는 이유는 무엇일까?

Answers_ Q1. 괴로워한다 Q2. 좋아하는 Q3. 다르다

***suffer
[sʌ́fər]

suffering

동 괴로워하다, 앓다, (고난·손해·패배 등을) 겪다

명 고통

She has been suffering from cancer for six months.
그녀는 6개월 동안 암을 앓고 있다.

연상 무거운 짐을 짊어짐
↑
아래에서 옮김
↑
어원 su(f) + fer
아래에 옮기다

***prefer
[prifə́ːr]

동 좋아하다, 선호하다

preferential 형 우선적인, 우대하는

preference 명 선호, 우선권

Which color do you prefer, red or yellow?
빨간색과 노란색 중 어떤 색을 좋아하세요?

연상 자기 앞으로 옮김
↑
어원 pre + fer
앞에 옮기다

---

differ
[dífər]

동 다르다, 의견이 다르다

***different 형 다른

***difference 명 차이, 다름

Life today is different than twenty years ago.
오늘날의 생활은 20년 전과는 다르다.

연상 옮겨서 떼어놓음
↑
어원 di(f) + fer
떨어져 옮기다

---

indifferent
[indíf(ə)rənt]

형 무관심한, 무심한, 개의치 않는

indifference 명 무관심, 무심

He is utterly indifferent to his clothes.
그는 자신의 옷차림에 대해 아주 무관심하다.

연상 차이가 생기지 않음
↑
어원 in + different
~이 아니다 다른

**transfer
[동 trænsfə́ːr]
[명 trǽnsfəːr]

동 이동시키다, 옮기다

명 이동, 환승

The patient was transferred to a private room.
그 환자는 개인 병실로 옮겨졌다.

연상 넘어서 옮김
↑
어원 trans + fer
넘어 옮기다

---

differentiate
[dìfərénʃièit]

동 구별하다, 식별하다

differential 형 차별적인, 차등을 두는

Medical examiners differentiate between accidental death and homicide.
검시관은 사고사인지 살인인지를 구별한다.

연상 떨어진 장소에 옮겨서 구별함
↑
어원 di(f) + fer + ate
떨어져 옮기다 동 접미사

033 fic 만들다, 하다

track 33

SF(Science Fiction)

fiction(픽션)이란 작가가 창조한 허구의 이야기를 뜻하는 말로,
science fiction을 줄여서 일컫는 SF는 공상과학소설을 뜻한다.
허구가 아닌 실화를 바탕으로 만든 작품은 nonfiction(논픽션)이라고 한다.

office

office는 일을 하는 장소를 말한다.

official record

official record는 공인된 조건 하에 생성된 기록, 즉 '공식 기록'을 의미한다.

factitious와 마찬가지로 fictitious도 '꾸며낸, 가공의'를 의미한다. difficult(어려운)는 '하기(fic)가 불가능하다(di)'라는 뜻에서 나온 단어다. [tra(ns)(넘어)+fic(하다)]로 이루어진 traffic은 '교통량'을 가리킨다.

Guess the Words!

Q1 **de**(~이 아니다)+**fic**(만들다)+**ient**(형 접미사) ➜ **deficient**

Her diet is deficient in vitamins.

그녀의 식단에는 비타민이 　　　　하다.

▶ **Hint** 만들지 못하면 어떤 상태가 될까?

Q2 **sacri**(신성한)+**fice**(하다) ➜ **sacrifice**

The minister emphasized the need for economic sacrifice.

그 장관은 경제적 　　　　의 필요성을 강조했다.

▶ **Hint** 자신을 바치는 신성한 행위를 무엇이라고 할까?

Q3 **su(f)**(아래에서)+**fic**(만들다)+**ent**(형 접미사) ➜ **sufficient**

The money should be sufficient for one month's travel.

돈은 한 달 동안 여행하기에 　　　　할 것이다.

▶ **Hint** 아래에서 많이 만들어 둔 상태를 무엇이라고 할까?

Answers_ Q1. 부족 Q2. 희생 Q3. 충분

deficient 형 부족한, 결함 있는
[difíʃənt]

*__deficit__ 명 적자, 부족
deficiency 명 결핍, 부족

If the government does nothing, deficits expand rapidly.
정부가 아무것도 하지 않으면, 적자는 급격하게 늘어난다.

연상 만들지 못하는 상태
어원 de + fic + ient
~이 아니다 만들다 형접미사

---

*__sacrifice__ 동 희생시키다, 제물로 바치다
[sǽkrəfàis] 명 희생, 제물

She sacrificed everything for her children.
그녀는 아이들을 위해서 모든 것을 희생했다.

연상 신성한 행위를 함
어원 sacri + fice
신성한 하다

---

*__sufficient__ 형 충분한
[səfíʃənt]

sufficiency 명 충분함, 충분한 수[양]
suffice 동 충분하다

Ten thousand dollars will suffice for the purpose.
그 목적을 달성하는 데 1만 달러면 충분할 것이다.

연상 아래에서 많이 만들어 둠
어원 su(f) + fic + ent
아래에서 만들다 형접미사

---

*__efficient__ 형 유능한, 효율적인
[ifíʃənt]

efficiency 명 능률, 효율

My new computer's much more efficient than the old one.
새 컴퓨터는 낡은 컴퓨터보다 훨씬 더 효율적이다.

연상 완벽하게 함
어원 e(x) + fic + ent
완전히 만들다 형접미사

---

proficient 형 숙달된, 능숙한
[prəfíʃənt]

proficiency 명 숙달, 숙련

My daughter is proficient in German.
우리 딸은 독일어에 능숙하다.

연상 사람을 위해 할 수 있음
어원 pro + fic + ent
~을 위해 만들다 형접미사

---

artificial 형 인위적인, 부자연스러운
[àːrtəfíʃəl]

Our teacher wears an artificial leg.
우리 선생님은 의족을 착용하고 계신다.

연상 기술을 써서 만듦
어원 art + fic + ial
기술 만들다 형접미사

034 fin(e) 끝나다, 경계

track 34

finale

finale는 '마지막 악장, 최후의 막, 대단원'을 뜻한다.

finalist

마지막 경기, 즉 결승전(final(s))에 진출한 선수를 finalist라고 한다.

finish

체조의 마지막 마무리, 즉 착지하는 동작을 finish라고 한다. 골프나 테니스에서는 스윙의 마지막 자세를, 육상 경기에서는 최종 결승점(goal)을 가리킨다.

'최후의 답변'은 final answer, '마지막으로, 마침내'는 finally라고 한다.

Guess the Words!

Q1 **fine**(끝나다) → fine

I was fined 50 dollars for speeding.

나는 속도위반으로 50달러의 ______을 냈다.

▶ **Hint** 소송을 끝내기 위해 필요한 것은 무엇일까?

Q2 **fin**(끝나다)+**ance**(명 접미사) → finance

There still remain the problems of finance.

여전히 ______ 문제가 남아 있다.

▶ **Hint** 거래를 마무리 짓기 위해 돈을 관리하고 이용하는 경제 활동을 무엇이라고 할까?

Q3 **in**(~이 아니다)+**fin**(끝나다)+**ite**(형 접미사) → infinite

There is an infinite number of stars in the night sky.

밤하늘에는 ______ 별이 있다.

▶ **Hint** 끝이 없는 상태를 뜻하는 말은?

Answers_ Q1. 벌금 Q2. 재정 Q3. 무수히 많은

fine *** [fain]

동 벌금을 부과하다
명 벌금
형 훌륭한, 우수한, 건강한, 가느다란

연상: 소송이 결착·완료됨
어원: fine (끝나다)

Fine needles were inserted in the arm.
가느다란 바늘이 팔에 박혔다.

---

finance ** [finǽns, fáinæns]

명 재원, 재정, 금융

financial *** 형 재정상의, 재무의

연상: 청산함
어원: fin (끝나다) + ance (명 접미사)

A baby would be a heavy financial burden.
아기는 무거운 재정적 부담이 될 것이다.

---

infinite [ínfinət]

형 무수히 많은, 무한한, 헤아릴 수 없는

finite 형 유한한, 한정된

연상: 끝이 없음
어원: in (~이 아니다) + fin (끝나다) + ite (형 접미사)

I make a point of driving at a finite speed.
나는 반드시 제한 속도로 운전한다.

---

refine [rifáin]

동 정제하다, 세련되게 하다

refined 형 정제된, 세련된

연상: 다시 미세하게 만듦
어원: re (다시) + fine (미세한)

Refined sugar is white.
정제된 설탕은 하얗다.

---

define * [difáin]

동 정의하다, 범위를 한정하다, 규정하다

definition * 명 정의
definite 형 명확한, 일정한, 확정된
definitely * 부 명확하게, 절대로

연상: 완전히 경계선을 그음
어원: de (완전히) + fine (경계)

It is difficult to define the border between love and friendship.
사랑과 우정 사이의 경계를 정의하기란 어렵다.

---

confine [kənfáin]

동 제한하다, 한정하다, 감금하다

confinement 명 감금, 구금

연상: 함께 경계선 안에 남음
어원: con (함께) + fine (경계)

Land fever is not confined to the U.S.
토지 확장열은 미국에 한정된 이야기가 아니다.

035  fit 만들다, 하다

track 35

feature

대자연의 이미지를 만들어 그것을 특색으로 삼은(feature) 전람회.

fitness club

fitness club에서 이상적인 신체를 만든다.

Guess the Words!

Q1 **bene**(좋은)+**fit**(만들다) ➜ benefit

Child benefit has been frozen for the last three or four years.

아동 ________은 지난 3~4년 동안 동결된 상태다.

▶ **Hint** 아이를 키우기 좋은 환경을 만드는 데 필요한 것은 무엇일까?

Q2 **pro**(앞에)+**fit**(만들다) ➜ profit

All the profits from the auction will go to cancer research.

그 경매에서 얻은 모든 ________은 암 연구 기금으로 쓰일 것이다.

▶ **Hint** 경매에서 발생하는 것은 무엇일까?

Q3 **out**(밖에)+**fit**(만들다) ➜ outfit

I bought a new outfit for the party.

나는 그 파티를 위해 새 ________을 샀다.

▶ **Hint** 신체의 외면을 감싸기 위해 만든 것을 무엇이라고 할까?

Answers_ Q1. 수당 Q2. 수익 Q3. 옷

** benefit

[bénəfit]

beneficial

명 이익, 혜택, 자선, 은혜, 수당

동 ~에 이익을 주다, 이익을 얻다

형 이익이 되는, 유익한

연상 좋게 만듦

어원 **bene** + **fit**
좋은 만들다

The relationship between the two companies has been mutually beneficial.
두 기업의 관계는 서로에게 이익이 된다.

** profit

[práfit]

profitable

명 이익, 수익

동 이익을 얻다

형 이익이 되는, 수익성이 좋은, 유익한

연상 긍정적으로 만듦

어원 **pro** + **fit**
앞에 만들다

It has developed into a highly profitable business.
그것은 상당히 수익성이 좋은 사업으로 발전했다.

outfit

[áutfit]

명 옷, 의상, 장비, 도구,

동 (복장·장비를) 갖추어 하다

연상 외면에 착용하기 위해 만듦

어원 **out** + **fit**
밖에 만들다

What a beautiful outfit you're wearing!
정말 아름다운 의상을 입고 계시군요!

** defeat

[difíːt]

동 패배시키다, 물리치다, 꺾다

명 패배

연상 멀리 떼어놓음

어원 **de** + **feat**
떨어져 하다

They narrowly avoided defeat.
그들은 간신히 패배를 면했다.

counterfeit

[káuntərfit]

형 위조의, 가짜의

동 위조하다, 가장하다

연상 진품과 반대로 만듦

어원 **counter** + **feit**
반대로 만들다

Are you aware these notes are counterfeit?
이 지폐가 위조된 걸 알고 있나요?

** feature

[fíːtʃər]

명 특징, 용모

동 ~의 특징을 이루다, 특종으로 삼다, 특집으로 다루다

연상 만들어진 것

어원 **feat** + **ure**
만들다 명 접미사

It was featured on the seven o'clock news.
그것은 7시 뉴스에서 특집으로 다뤄졌다.

036 flo, flu 흐르다

track 36

influenza

바이러스가 이 사람에게서 저 사람으로 흘러
감염시키는 병을 influenza, 줄여서 flu라고 한다.
즉 '유행성 감기'를 뜻한다.

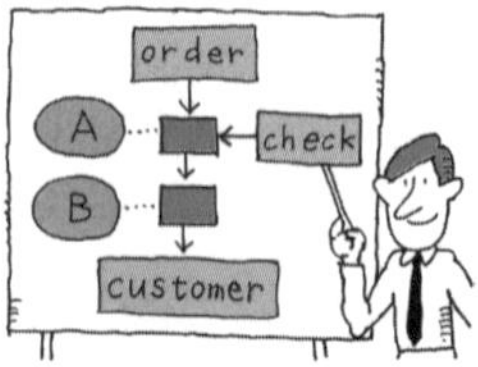

flow chart

과정이나 논리의 흐름을 그림으로 나타낸 것을
flow chart(흐름도)라고 한다.

fluent

'그녀의 이탈리아어 실력은 물 흐르듯이 유창하다(fluent).'

flu를 어근으로 가지는 단어에는 fluid(수분, 유동체), flux(유동, 유전, 불안정), confluence(합류), effluence (유출), flush(물로 씻어내다) 등이 있다.

Guess the Words!

Q1 **in**(안에)+**flu**(흐르다)+**ence**(명 접미사) → influence

The banks had too much influence over government policy.

은행은 정부 정책에 아주 큰 ________을 행사한다.

▶ **Hint** 안으로 흘러 들어가서 발휘하는 힘을 무엇이라고 할까?

Q2 **super**(위에)+**flu**(흐르다)+**ous**(형 접미사) → superfluous

Much of the school day is wasted on superfluous activities.

학교에서 보내는 시간의 대부분은 ________ 활동을 하면서 보낸다.

▶ **Hint** 흘러넘친다는 말은 어떤 상태를 표현할까?

Q3 **fluct**(흐르다)+**ate**(동 접미사) → fluctuate

Share prices on the New York Stock Exchange often fluctuate wildly.

뉴욕 증권거래소의 주가는 종종 급격하게 ________한다.

▶ **Hint** 주가가 일정하지 않고 흘러 움직이는 것은 어떤 상태일까?

Answers_ Q1. 영향력 Q2. 불필요한 Q3. 변동

**influence

[ínfluəns]

명 영향, 영향력

influential 형 영향을 주는, 영향력 있는

연상: 안으로 흘러 들어감

어원: in (안에) + flu (흐르다) + ence (명 접미사)

He is one of the most influential politicians in this town.
그는 이 마을에서 가장 영향력 있는 정치인 중 한 사람이다.

---

superfluous

[s(j)u(:)pə́rfluəs]

형 여분의, 과잉의, 불필요한

연상: 위로 흘러넘침

어원: super (위에) + flu (흐르다) + ous (형 접미사)

She worked so well that my help was superfluous.
그녀는 너무 일을 잘해서 내 도움이 불필요했다.

---

fluctuate

[flʌ́ktʃuèit]

동 변동하다, 동요하다, 오르내리다

fluctuation 명 변동, 불안정

연상: 일정하지 않고 흘러 움직임

어원: fluct (흐르다) + ate (동 접미사)

During the crisis, oil prices fluctuated between $20 and $40 a barrel.
위기 상황 동안, 유가가 1배럴당 20달러에서 40달러 사이를 오르내렸다.

**flood

[flʌd]

명 홍수, 쇄도, 충만
동 물에 잠기게 하다, 쇄도하다, 가득하게 하다

연상: 흐름

어원: flo (흐르다)

The flood caused great damages.
그 홍수는 큰 손해를 가져왔다.

---

fluent

[flú:ənt]

형 유창한, 거침없는

fluency 명 유창함

연상: 물이 흐르는 듯함

어원: flu (흐르다) + ent (형 접미사)

Applicants should be fluent in German.
지원자는 독일어가 유창해야 한다.

---

affluent

[ǽfluənt]

형 부유한, 유복한, 풍부한

affluence 명 풍부함, 유복

연상: 돈이 있는 쪽으로 흐름

어원: a(f) (~을 향해) + flu (흐르다) + ent (형 접미사)

We live in an affluent neighborhood.
우리는 부유한 지역에 살고 있다.

037 flour, flor 꽃

track 37

flower arrangement

flower arrangement는 서양식 꽃꽂이를 뜻한다.

Florida

미국의 플로리다(Florida) 주는 '꽃 축제'를 뜻하는 스페인어에서 따온 이름이다.

Guess the Words!

Q1 **flor**(꽃)+**ist**(사람) ➡ florist

She stopped at the florist on the way home.

그녀는 집에 가는 길에 ______에 들렀다.

▶ **Hint** 꽃을 다루는 사람이 있는 곳은 어디일까?

Q2 **flour**(꽃)+**ish**(동 접미사) ➡ flourish

Few businesses are flourishing in the present economic climate.

지금의 경제 정세에서 ______하고 있는 기업은 거의 없다.

▶ **Hint** 기업이 꽃을 피운다는 것은 어떤 의미일까?

Q3 **flor**(꽃)+**id**(형 접미사) ➡ florid

He writes in a florid style.

그는 ______ 스타일로 글을 쓴다.

▶ **Hint** 꽃이 만발한 것 같은 느낌을 주는 글은 어떤 글일까?

Answers_ Q1. 꽃집 Q2. 번창 Q3. 화려한

florist
[flɔ́(ː)rist]

명 꽃집 주인, 꽃집

I've ordered some flowers from the florist's.
나는 꽃집에 꽃을 주문했다.

연상 꽃을 다루는 사람
어원 flor + ist
꽃 사람

---

flourish
[flə́ːriʃ]

동 번창하다, 활약하다, 잘 자라다
명 과장된 동작, 미사여구

These plants flourish in a damp climate.
이 식물들은 습한 기후에서 잘 자란다.

연상 꽃을 피움
어원 flour + ish
꽃 동 접미사

---

florid
[flɔ́(ː)rid]

형 (얼굴이) 발그레한, 화려한

He had a florid complexion from clearing the snow off the road.
그는 길에 쌓인 눈을 치우느라 얼굴이 불그레해졌다.

연상 꽃이 있는 상태
어원 flor + id
꽃 형 접미사

---

floral
[flɔ́ːrəl]

형 꽃의, 꽃무늬의, 꽃으로 만든

flora 명 식물군, 식물상(-相)

There's a beautiful floral display in front of the station.
역 앞에는 아름다운 꽃이 전시되어 있다.

연상 꽃의
어원 flor + al
꽃 형 접미사

---

flour
[fláuər]

명 밀가루

Beat the flour and milk together.
밀가루와 우유를 함께 휘저으세요.

연상 밀 중에서 가장 양질의 부분
밀의 꽃
어원 flour
꽃

---

fluorescent
[flù(ə)rés(ə)nt]

형 형광성의, 현란한

fluorescence 명 형광, 형광성

These fluorescent pink socks are not suitable for a job interview.
이 형광 분홍색 양말은 구직 면접에는 어울리지 않는다.

연상 꽃처럼 빛남
어원 fluor + ent
꽃 빛을 내다

038 forc, fort 힘, 강하다

track 38

forte

음악 용어 중 forte는
'점점 세게 연주하라'는 뜻이다.

comfort shoes

발 건강에 유의해서 만든 comfort shoes를
신으면 건강해질 수 있다.

Guess the Words!

Q1 **en**(안에)+**force**(힘) ➜ enforce

The police are strict here about enforcing the speed limit.

경찰은 이곳에서 제한 속도 준수를 엄격하게 ______ 한다.

▶ **Hint** 제한 속도 준수에 힘을 행사한다는 것은 어떤 의미일까?

Q2 **fort**(힘)+**ify**(동 접미사) ➜ fortify

They fortified the area against attack.

그들은 공격에 대비하여 그 지역의 ______ 를 ______ 했다.

▶ **Hint** 적의 공격에 대비하여 그 지역에 힘을 부여하는 것을 무엇이라고 할까?

Q3 **re**(다시)+**in**(안에)+**force**(힘) ➜ reinforce

The dam was reinforced with 20,000 sandbags.

그 댐은 2만 개의 모래주머니로 ______ 했다.

▶ **Hint** 한층 더 힘을 키우는 것을 무엇이라고 할까?

Answers_ Q1. 시행 Q2. 방비, 강화 Q3. 보강

enforce
[infɔ́ːrs]

동 (법률 등을) 시행하다, 집행하다, 실시하다

enforcement 명 강제, 시행

United Nations troops enforced a ceasefire in the area.
UN군은 그 지역에 휴전을 실시했다.

연상 힘을 행사함
어원 en + force
안에 힘

fortify
[fɔ́ːrtəfài]

동 강화하다, 보강하다, 방비를 강화하다

fortitude 명 불굴의 정신

He showed remarkable fortitude in hospital.
그는 입원 중에 놀랄 만한 불굴의 정신을 보여 줬다.

연상 힘을 부여함
어원 fort + ify
힘 동접미사

reinforce
[rìːinfɔ́ːrs]

동 보강하다, 강화하다

This building was reinforced to withstand earthquakes.
그 빌딩은 지진에 견디기 위해 보강되었다.

연상 다시 힘을 부여함
어원 re + in + force
다시 안에 힘

**comfortable
[kʌ́mfərtəbl]

형 쾌적한, 기분 좋은, 편안한

****comfort** 명 쾌적함, 편안함
동 기운을 북돋우다, 위로하다

He didn't feel comfortable with his friends.
그는 친구들과 함께 있으면 편안함을 느끼지 못했다.

연상 완전히 마음이 든든한 상태가 됨
어원 com + fort + able
완전히 힘 ~할 수 있다

discomfort
[diskʌ́mfərt]

명 불쾌, 불안, 고통

uncomfortable 형 불쾌한, 불안한

The patient suffered discomfort in his arm.
그 환자는 팔에서 느껴지는 고통에 시달렸다.

연상 쾌적하지 않음
어원 dis + com + fort
~이 아니다 완전히 힘

fortress
[fɔ́ːrtris]

명 요새 (도시), 견고한 곳
동 요새를 쌓다

fort 명 요새, 성

The army attacked the fortress high on a hill.
그 군대는 언덕 위에 있는 요새를 공격했다.

연상 튼튼하게 만든 곳
어원 fort + tress
힘 명접미사

039 form 형태

track 39

batting form

batting form은 배트를 휘두를 때의 자세를 말한다.

uniform

모두 '같은(uni) 형태(form)'의 옷을 입는다는 뜻에서 uniform이라고 한다. 제복, 군복, 교복 등 모양이나 디자인이 통일성을 갖춘 옷을 의미한다.

formal wear

'파티에 참석하실 때는 정해진 격식에 맞는 형태를 갖춘 formal wear(정장)를 입고 오세요.'

축구, 농구, 미식축구 등에서 공격과 수비 대형을 formation이라고 한다. 원래의 형태를 변형하여 표현한 작품을 일컫는 프랑스어 '데포르마시옹'에 해당하는 영어 단어는 deformation이다.

Guess the Words!

Q1 **re**(다시)+**form**(형태) ➜ reform

He said that the law needs to be reformed.

그는 그 법을 ______ 필요가 있다고 말했다.

▶ **Hint** 형태를 바꾸는 것을 무엇이라고 할까?

Q2 **in**(안에)+**form**(형태) ➜ inform

Please inform us of any changes of address.

주소가 바뀌면 저희에게 ______ 주세요.

▶ **Hint** 머릿속에 생각을 형성하게 하는 것을 무엇이라고 할까?

Q3 **con**(함께)+**form**(형태) ➜ conform

The company conforms to government regulations on worker safety.

그 회사는 노동자 안전에 대한 정부 규제를 ______ 있다.

▶ **Hint** 모두 함께 만들어 가는 것을 무엇이라고 할까?

Answers_ **Q1.** 개정할 **Q2.** 알려 **Q3.** 따르고

reform** [rifɔ́ːrm] 동 개선하다, 개혁하다, 개정하다
reformation 명 개혁, 개선, 쇄신

연상 형태를 바꿈
어원 re(다시) + form(형태)

The working conditions need to be reformed in this company.
이 회사의 노동 조건은 개선되어야 할 필요가 있다.

---

inform** [infɔ́ːrm] 동 알리다, 통보하다
***information** 명 정보

연상 머릿속에 생각을 형성함
어원 in(안에) + form(형태)

My daughter informed me that she was pregnant.
딸은 자신의 임신 사실을 나에게 알렸다.

---

conform [kənfɔ́ːrm] 동 따르다, 순응하다, 순응시키다
conformity 명 일치, 복종

연상 모두 함께 만들어 나감
어원 con(함께) + form(형태)

He refused to conform to the local customs.
그는 그 지방의 관습을 따르기를 거부했다.

---

formulate [fɔ́ːrmjulèit] 동 공식화하다, 구성하다, 조직하다
formula 명 공식, 정형화된 문구
formulation 명 공식화

연상 형태를 만듦
어원 form(형태) + ate(동 접미사)

He has many good ideas, but he can't formulate them well.
그는 좋은 아이디어를 많이 가지고 있지만, 그것들을 잘 조직하지 못한다.

---

perform*** [pərfɔ́ːrm] 동 실행하다, 연기하다, 상연하다
performance 명 공연, 연주, 실행, 성과

연상 완전한 형태를 만듦
어원 per(완전히) + form(형태)

The play has never been performed in this country.
그 연극은 이 나라에서 한 번도 상연된 적이 없다.

---

transform* [trænsfɔ́ːrm] 동 바꾸다, 변형시키다
transformation 명 변화, 변형

연상 현재 형태를 뛰어넘음
어원 trans(넘어) + form(형태)

It was an event that would transform my life.
그것은 내 인생을 바꾼 사건이었다.

040 frig, frost 차갑다

track 40

freezer

냉장고의 freezer(냉동실)는 냉장실보다 더 차갑다.

frozen yogurt

frozen yogurt는 차갑게 해서 얼린 요구르트를 말한다.

Guess the Words!

Q1 **frost**(성에)+**bite**(물다) ➜ frostbite

I nearly got frostbite.

나는 거의 ______에 걸릴 뻔했다.

▶ **Hint** 몸에 성에가 얼어붙은 듯 차가운 상태를 무엇이라고 할까?

Q2 **re**(완전히)+**frig**(차갑다)+**ate**(동 접미사) ➜ refrigerate

Cover the bowl and refrigerate the dough overnight.

그릇의 뚜껑을 덮어서 반죽을 하룻밤 동안 ______하세요.

▶ **Hint** 완전히 차가운 상태로 만드는 것을 무엇이라고 할까?

Q3 **de**(떨어져)+**frost**(성에) ➜ defrost

It is best to defrost frozen goose slowly in the refrigerator for 1 to 2 days.

냉동된 거위 고기는 하루에서 이틀 동안 냉장고에서 천천히 ______하는 것이 가장 좋다.

▶ **Hint** 냉동된 거위 고기에 붙은 성에를 없애는 작업을 무엇이라고 할까?

Answers_ Q1. 동상 Q2. 냉장 Q3. 해동

frostbite [fró(:)stbàit] 명 동상

frostbitten 형 동상에 걸린, 냉담한

연상: 성에가 얼어붙은 듯한 상태
어원: frost(성에) + bite(물다)

> He got frostbite in his toes.
> 그는 발가락이 동상에 걸렸다.

---

refrigerate [rifrídʒərèit] 동 냉각시키다, 냉장하다, 냉동하다

refrigerator 명 냉장고(= fridge)

연상: 완전히 차갑게 만듦
어원: re(완전히) + frig(차갑다) + ate(동접미사)

> Will you put the milk back in the refrigerator?
> 우유를 냉장고에 다시 넣어 주시겠어요?

---

defrost [difró(:)st] 동 해동하다, 성에를 제거하다

연상: 성에를 없앰
어원: de(떨어져) + frost(성에)

> Defrost the chicken thoroughly before cooking.
> 조리하기 전에 닭고기를 완전히 해동하세요.

***freeze** [fri:z] 동 얼다, 얼리다, 꼼짝 못하게 되다

freezing 형 얼어붙은, 혹한의, 냉담한

연상/어원: 얼어붙을 정도로 추움

> Water freezes into ice at 0℃.
> 물은 0도에서 얼어 얼음이 된다.

---

frost [frɔ(:)st] 명 서리, 냉담함 / 동 서리가 내리다

frosty 형 서리가 내리는, 서리로 뒤덮인, 차가운

연상/어원: 얼어붙음

> There were a lot of hard frosts that winter.
> 그해 겨울에는 서리가 심하게 내렸다.

---

frigid [frídʒid] 형 몹시 추운, 냉담한, 딱딱한

frigidity 명 한랭, 냉담, 냉혹

연상: 차가운 성질을 가짐
어원: frig(차가운) + id(형접미사)

> Few plants can grow in such a frigid environment.
> 그렇게 한랭한 환경에서 자랄 수 있는 식물은 거의 없다.

Exercises 2

A 다음 단어의 뜻을 아래 <보기>에서 고르세요.

1. customary (　)
2. beneficial (　)
3. fluorescent (　)
4. comfortable (　)
5. frigid (　)
6. fluent (　)
7. superfluous (　)
8. contradictory (　)
9. equivocal (　)
10. equivalent (　)

보기					
	ⓐ 모순되는	ⓑ 동등한	ⓒ 모호한	ⓓ 습관적인	ⓔ 여분의
	ⓕ 몹시 추운	ⓖ 형광성의	ⓗ 유익한	ⓘ 쾌적한	ⓙ 유창한

B 다음 괄호 안에 들어갈 단어를 아래 <보기>에서 고르세요.

1. **The company is trying to improve (　) satisfaction.**
   그 회사는 고객 만족도를 높이기 위해 노력하고 있다.
2. **I bought a new (　) for the party.**
   나는 그 파티를 위해 새 옷을 샀다.
3. **The army attacked the (　) high on a hill.**
   그 군대는 언덕 위에 있는 요새를 공격했다.
4. **He got (　) in his toes.**
   그는 발가락이 동상에 걸렸다.
5. **The banks had too much (　) over government policy.**
   은행은 정부 정책에 아주 큰 영향력을 행사한다.
6. **The (　) caused great damages.**
   그 홍수는 큰 손해를 가져왔다.
7. **She has a great (　) for mathematics.**
   그녀는 수학에 뛰어난 재능을 가지고 있다.
8. **Surgery may be the only (　).**
   수술밖에 의지할 것이 없을지도 모르겠다.
9. **He gave a talk at the (　) last week.**
   그는 지난주에 열린 회의에서 강연을 했다.
10. **The earth is about 25,000 miles in (　).**
    지구는 원주가 약 2만 5천 마일이다.

보기					
	ⓐ recourse	ⓑ fortress	ⓒ faculty	ⓓ frostbite	ⓔ influence
	ⓕ outfit	ⓖ customer	ⓗ flood	ⓘ conference	ⓙ circumference

Answers

A 1ⓓ 2ⓗ 3ⓖ 4ⓘ 5ⓕ 6ⓙ 7ⓔ 8ⓐ 9ⓒ 10ⓑ

B 1ⓖ 2ⓕ 3ⓑ 4ⓓ 5ⓔ 6ⓗ 7ⓒ 8ⓐ 9ⓘ 10ⓙ

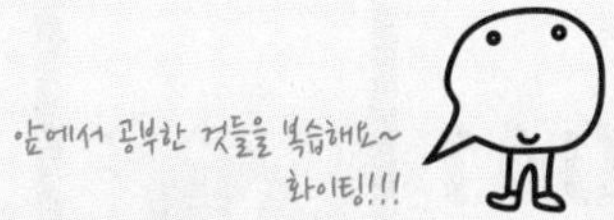

C 다음 단어의 의미를 아래 <보기>에서 고르세요.

1. infantry (　　)
2. costume (　　)
3. profit (　　)
4. feature (　　)
5. florist (　　)
6. preference (　　)
7. indifference (　　)
8. deficit (　　)
9. excursion (　　)
10. addict (　　)

보기					
	ⓐ 선호	ⓑ 중독자	ⓒ 보병대	ⓓ 소풍	ⓔ 이익
	ⓕ 적자	ⓖ 무관심	ⓗ 의상	ⓘ 꽃집	ⓙ 특징

D 다음 문장에 나오는 괄호 안의 단어를 완성하세요.

1. It is difficult to (de ____) the border between love and friendship.
사랑과 우정 사이의 경계를 정의하기란 어렵다.
2. During the crisis, oil prices (____ tuated) between $20 and $40 a barrel.
위기 상황 동안, 유가가 1배럴당 20달러에서 40달러 사이를 오르내렸다.
3. The working conditions need to be (re ____ ed) in this company.
이 회사의 노동 조건은 개선되어야 할 필요가 있다.
4. Which color do you (pre ___), red or yellow?
빨간색과 노란색 중 어떤 색을 좋아하세요?
5. The new trade agreement should (_____ itate) more rapid economic growth.
새 무역 협정은 더 급격한 경제 성장을 촉진할 것이다.
6. The doctor advised me to (re ____) the amount of salt in my diet.
의사는 내 식단에서 소금의 양을 줄이라고 조언했다.
7. This virus (in ____ ed) thousands of computers within days.
이 바이러스는 며칠 만에 수천 대의 컴퓨터를 감염시켰다.
8. He (_____ esied) a Democratic defeat in the next election.
그는 다음 선거에서 민주당의 패배를 예언했다.
9. A Japanese tourist was (ab ____ ed) in Spain.
한 일본인 관광객이 스페인에서 납치됐다.
10. It was (pre ____ ed) that inflation would continue to fail.
인플레이션율이 계속 하락할 것이라고 예측되었다.

Answers

C 1 ⓒ 2 ⓗ 3 ⓔ 4 ⓙ 5 ⓘ 6 ⓐ 7 ⓖ 8 ⓕ 9 ⓓ 10 ⓑ

D 1 (de)fine 2 fluc(tuated) 3 (re)form(ed) 4 (pre)fer 5 facil(itate) 6 (re)duce 7 (in)fect(ed) 8 proph(esied) 9 (ab)duct(ed) 10 (pre)dict(ed)

041 fuse, fut 쏟다, 녹다

track 41

fusion

재즈와 록을 혼합한 것처럼 각기 다른 장르를 융합한 음악을 fusion이라고 한다.

fuse

화가 정점에 달했을 때 종종 '퓨즈가 끊기다'라고 표현하는데, 원래 fuse는 과도한 전류가 흐를 때 전기회로를 열로부터 보호해 주는 장치를 말한다.

그 밖에 fuse를 어근으로 하는 단어에는 diffuse[di(f)(떨어져)+fuse(쏟다) → 발산하다, 퍼뜨리다], effusive[e(f)(밖으로)+fuse(쏟다) → 감정을 토로한), infuse[in(안에)+fuse(쏟다) → 불어넣다, 주입하다] 등이 있다.

Guess the Words!

Q1 **re**(원래대로)+**fuse**(쏟다) → refuse

I refused because of a prior engagement.

나는 선약이 있어서 ______했다.

▶ **Hint** 쏟은 것을 원래대로 되돌리는 것을 무엇이라고 할까?

Q2 **pro**(앞에)+**fuse**(쏟다) → profuse

He was sent to the hospital with profuse bleeding.

그는 ______의 출혈로 병원으로 옮겨졌다.

▶ **Hint** 앞으로 쏟아질 만큼 양이 많은 상태를 무엇이라고 할까?

Q3 **con**(함께)+**fuse**(쏟다) → confuse

His comments only confused the issue.

그의 논평은 그 문제를 ______스럽게 할 뿐이었다.

▶ **Hint** 여러 개를 함께 쏟아부어서 구별하기 어려운 상태를 무엇이라고 할까?

Answers_ Q1. 거절 Q2. 다량 Q3. 혼란

** refuse

[rifjúːz]

동 거절하다, 거부하다

refusal 명 거절, 거부

She politely refused my invitation.
그녀는 나의 초대를 정중하게 거절했다.

연상 쏟은 것을 되돌림

어원 re + fuse
원래대로 쏟다

---

profuse

[prəfjúːs]

형 풍부한, 마음이 후한, 아낌없는

profusion 명 풍부함, 대량

I've never seen flowers in such profusion.
나는 그렇게 많은 꽃을 본 적이 없다.

연상 여기저기 흩뿌릴 만큼 많음

어원 pro + fuse
앞에 쏟다

---

confuse

[kənfjúːz]

동 혼동하다, 혼란스럽게 하다, 불명확하게 하다

confusion 명 혼동, 혼란

The new rules have caused a lot of confusion.
새 규정은 많은 혼란을 유발했다.

연상 여러 개를 함께 쏟아부어서 구별하기 어려움

어원 con + fuse
함께 쏟다

---

transfusion

[trænsfjúːʒən]

명 수혈, 주입, 이입

transfuse 동 수혈하다, 주입하다

This project needs a transfusion of cash.
이 계획은 현금 투입을 필요로 한다.

연상 쏟아 넣음

어원 trans + fuse + ion
넘어 쏟다 명접미사

---

refute

[rifjúːt]

동 논박하다, 반박하다

refutation 명 논박, 반박

He made an attempt to refute Darwin's theories.
그는 다윈의 이론에 반박하려고 시도했다.

연상 상대방의 말에 응수함
쏟은 것을 되돌림

어원 re + fute
원래대로 쏟다

---

futile

[fjúːtl]

형 쓸데없는, 소용없는

Our efforts to revive the dog were futile.
그 개를 되살리기 위한 우리의 노력은 소용없었다.

연상 엎지르기 쉬움

어원 fut + ile
쏟다 ~할 수 있다

042  gen 태어나다, 종(種) ❶

track 42

gender

gender(성별)는 태어날 때 정해진다.

gentleman

gentleman(신사)은 원래 타고난 성품이 친절한 사람을 뜻한다.

genre

프랑스어에서 온 genre(장르)는 같은 종류의 기원을 가진 '유형'을 뜻한다.

kind는 gene과 마찬가지로 원래 '태생이나 성질을 같게 함'을 뜻하여, 남녀를 구분하는 '종류'나 태어날 때부터 지닌 '친절한' 성격을 의미하게 됐다. kind의 동의어에 해당하는 단어가 gentle(온화한, 친절한)이다. be akin to ~(~와 닮다), kin(혈연, 친족), kindred(친족, 일족) 등도 알아 두자.

Guess the Words!

Q1 **gene**(종)+**tic**(형 접미사) → genetic

Some diseases are caused by genetic defects.

______ 결함으로 인해 생기는 여러 질병이 있다.

▶ **Hint** 종의 형질을 가지고 있는 것을 무엇이라고 할까?

Q2 **gene**(종)+**ate**(동 접미사) → generate

The minister said that the reforms would generate new jobs.

그 장관은 개혁을 통해 새로운 일자리를 ______ 것이라고 말했다.

▶ **Hint** 씨앗이 자라 열매를 맺는다는 것은 어떤 의미일까?

Q3 **gene**(종)+**al**(형 접미사) → general

There will be a general election next year.

내년에는 ______ 선거가 있을 예정이다.

▶ **Hint** 같은 종류의 선거를 한 번에 하는 것을 무엇이라고 할까?

Answers_ Q1. 유전적 Q2. 창출할 Q3. 총

*genetic
[dʒənétik]

형 유전적인, 유전학의

genetics 명 유전학

***gene** 명 유전자

The illness is believed to be caused by a defective gene.
그 병은 유전자 결함에 의해 발생한다고 알려져 있다.

연상: 종의 형질을 가지고 있음
어원: gene(종) + tic(형 접미사)

---

generate
[dʒénərèit]

동 발생시키다, 일으키다

generator 명 발전기

****generation** 명 세대, 발생

This custom has been handed down from generation to generation.
이 관습은 세대에서 세대로 이어져 내려왔다.

연상: 씨앗이 자라 열매를 맺음
어원: gene(종) + ate(동 접미사)

***general
[dʒén(ə)rəl]

형 일반적인, 전반적인

*****generally** 부 일반적으로, 대개

generalize 동 일반화하다

She tends to generalize from her husband to all men.
그녀는 남편을 통해 모든 남성을 일반화하는 경향이 있다.

연상: 같은 유전자를 가지고 있음
어원: gene(종) + al(형 접미사)

---

*generous
[dʒén(ə)rəs]

형 관대한, 아끼지 않는, 풍부한

generosity 명 너그러움, 관대함, 아량

He is always generous to his daughters.
그는 항상 딸들에게 관대하다.

연상: 태어날 때의 선량한 마음씨를 가지고 있음
어원: gene(태어나다) + ous(형 접미사)

---

regenerate
[ridʒénərèit]

동 재건하다, 재생시키다, 개심시키다

regeneration 명 재건, 재생, 개심

The election regenerated people's belief in government.
그 선거로 정부에 대한 사람들의 신뢰가 다시 살아났다.

연상: 다시 태어나게 함
어원: re(다시) + gene(종) + ate(동 접미사)

---

degenerate
[didʒénərèit]

동 퇴화하다, 퇴보하다, 악화하다

degeneration 명 퇴화, 퇴보, 악화

Standards in the administration of justice have degenerated.
사법의 집행 기준이 퇴보했다.

연상: 태어나기 전으로 돌아감
어원: de(~이 아니다) + gene(종) + ate(동 접미사)

043 gen 태어나다, 종(種) ❷

track 43

homogeneous

같은 인종으로 구성된 일본인을 일반적으로 homogeneous라고 표현한다. homogeneous는 [home(같은)+gene(유전자)+ous(형용사 접미사)]로 이루어진 단어로, '동종의, 동질의, 균질의'이라는 뜻을 지닌다. 반대로 '이질의, 잡다한'이라는 의미의 heterogeneous는 [hetero(다른 other)+gene(유전자)+ous(형용사 접미사)]로 되어 있다.

genius

뛰어난 재능을 타고난 사람을 가리키는 genius는 '천재, 재능'을 뜻한다.

그 밖에 gen을 어근으로 하는 단어에는 hydrogen(수소), oxygen(산소), Genesis(창세기), eugenics(우생학), engine(엔진) 등이 있다.

Guess the Words!

Q1 **indi**(안에)+ **gen**(태어나다)+ **ous**(형 접미사) ➡ indigenous

The kangaroo is indigenous to Australia.

캥거루는 오스트레일리아가 ________ 지다.

▶ **Hint** 그 나라 안에서만 태어나는 것을 무엇이라고 할까?

Q2 **gen**(태어나다)+ **ine**(형 접미사) ➡ genuine

I have a friend who is a genuine cockney.

나에게는 ________ 런던내기 친구가 있다.

▶ **Hint** 태어난 그대로의 상태는 어떨까?

Q3 **con**(함께)+ **gen**(태어나다)+ **tal**(형 접미사) ➡ congenital

He died of congenital heart disease at 18.

그는 ________ 심장병으로 18살 때 사망했다.

▶ **Hint** 태어난 순간부터 가지고 있는 것을 무엇이라고 할까?

Answers_ Q1. 원산 Q2. 순수한 Q3. 선천적

indigenous
[indídʒənəs]

형 고유의, 원산의, 타고난

Who are the indigenous people of this island?
이 섬의 원주민은 누구일까?

연상: 그 안에서만 태어남
어원: indi + gen + ous
안에 / 태어나다 / 형접미사

---

genuine
[dʒénjuin]

형 진짜의, 순종의, 순수한, 진실한

You are too genuine to believe what he says.
그가 말한 사실을 믿다니 너는 너무 순수하다.

연상: 태어난 그대로의 상태
어원: gen + ine
태어나다 / 형접미사

---

congenital
[kəndʒénətl]

형 선천적인, 타고난

genital 형 생식의, 생식기의

He is notorious for a congenital liar.
그는 타고난 거짓말쟁이로 악명이 높다.

연상: 태어난 순간부터 가지고 있음
어원: con + gen + tal
함께 / 태어나다 / 형접미사

---

genial
[dʒíːniəl]

형 상냥한, 온화한

She is always genial and welcoming.
그녀는 항상 상냥하고 따뜻하게 맞아 준다.

연상: 태어난 순간과 같은 상태
어원: gen + ial
태어나다 / 형접미사

---

ingenious
[indʒíːnjəs]

형 독창적인, 정교한

ingenuity 명 발명의 재능, 창의력

The plan you put forward was certainly ingenious.
네가 제출한 계획은 분명 독창적이다.

연상: 타고난 재능이 있음
태어날 때부터 안에 지니고 있음
어원: in + gen + ious
안에 / 태어나다 / 형접미사

---

congenial
[kəndʒíːnjəl]

형 마음이 맞는, 같은 성질의, 성미가 맞는

I found my new boss congenial to me.
새 상사가 나와 마음이 맞는다는 사실을 알았다.

연상: 상냥한 성격을 함께 가지고 있음
어원: con + genial
함께 / 상냥한

044 grad 단계

track 44

gradation
색채가 단계적으로 변화하는 것을
gradation이라고 한다.

upgrade
신차의 upgrade는 차의 질을
한 단계 향상시키는 것을 말한다.

Guess the Words!

Q1 **grad**(단계)+**al**(형 접미사) → gradual

There has been a gradual change in climate.

기후가 ______ 변화를 보이고 있다.

▶ **Hint** 단계적으로 변하는 것을 무엇이라고 할까?

Q2 **grad**(단계)+**ate**(동 접미사) → graduate

She graduated in physics from Cambridge University.

그녀는 케임브리지 대학교에서 물리학을 전공하고 ______ 했다.

▶ **Hint** 대학에서 정해진 단계를 거쳐 수료하는 것을 무엇이라고 할까?

Q3 **de**(아래에)+**grade**(단계) → degrade

Don't degrade yourself by telling such a lie.

그런 거짓말로 자신의 가치를 ______ 마라.

▶ **Hint** 아래 단계로 끌어내리는 것을 무엇이라고 할까?

Answers_ Q1. 점진적인 Q2. 졸업 Q3. 떨어뜨리지

○ **gradual

[grǽdʒuəl]

gradually

형 점진적인, 단계적인

부 서서히, 점진적으로

연상 단계적으로 변함

어원 grad + al

단계 형 접미사

| Heat gradually destroys vitamin C.
| 열은 비타민 C를 서서히 파괴한다.

○ **graduate

[grǽdʒuèit]

graduation

동 졸업하다, 졸업시키다

명 졸업생

명 졸업

연상 단계를 거쳐 학위를 받음

어원 grad + ate

단계 동 접미사

| He graduated from New York University last year.
| 그는 작년에 뉴욕 대학교를 졸업했다.

○ degrade

[digréid]

degradation

동 품위를 떨어뜨리다, 좌천시키다, 저하시키다

명 좌천, 하락, 악화

연상 아래 단계로 끌어내림

어원 de + grad

아래에 단계

| Don't degrade yourself by accepting such a poor job offer.
| 그런 보잘것없는 자리를 받아들여서 자신의 품위를 떨어뜨리지 마세요.

○ postgraduate

[pòus(t)grǽdʒuət]

형 대학원(생)의

명 대학원생

연상 학부를 졸업한 후의

어원 post + grad + ate

후의 단계 동 접미사

| He is postgraduate student at the university of California.
| 그는 캘리포니아 대학교의 대학원생이다.

○ undergraduate

[ʌ̀ndərgrǽdʒuət]

명 대학생, 학부 재학생

연상 졸업하지 않은 학생

어원 under + grad + ate

아래의 단계 동 접미사

| We met when we were undergraduates at Oxford.
| 우리는 옥스퍼드에서 학부생 때 만났다.

○ retrograde

[rétrəgrèid]

동 후퇴하다, 역행하다

형 후퇴하는, 역행하는

연상 단계를 떨어뜨림

어원 retro + grade

뒤에 단계

| The closure of the factory was considered a retrograde step.
| 그 공장의 폐쇄는 역행하는 조치라고 여겨졌다.

045 graph 쓰다, 그래프

track 45

mammography

mammography는 [mamm(유방)+graphy(그래프)]로 이루어져, 유방암을 검사하는 X선 촬영을 말한다.

polygraph

거짓말 탐지기로 사용되는 polygraph는 감정에 따른 심리 변화를 많은 선으로 나타낸 그래프다.

paragraph

paragraph는 내용이 나뉘는 부분에서 선을 '옆에(para) 쓰다(graph)'라는 뜻에서 '단락, 짧은 문장'을 의미한다.

Guess the Words!

Q1 **tele**(멀리)+**graph**(쓰다) → **telegraph**

The kite has caught on a telegraph wire.

연이 ______선에 걸렸다.

▶ **Hint** 메시지를 써서 멀리 있는 사람에게 보내는 것을 무엇이라고 할까?

Q2 **auto**(스스로)+**graph**(쓰다) → **autograph**

Can I have your autograph?

당신의 ______을 받을 수 있을까요?

▶ **Hint** 자신의 이름을 쓰는 것을 무엇이라고 할까?

Q3 **photo**(빛)+**graph**(쓰다) → **photograph**

He hates having his photograph taken.

그는 ______ 찍히는 것을 싫어한다.

▶ **Hint** 빛을 이용하여 물체를 찍은 것을 무엇이라고 할까?

Answers_ Q1.전 Q2. 사인 Q3. 사진

telegraph
[téləgræ̀f]

명 전보, 전신 장치

The truck crashed into telegraph pole.
그 트럭은 전신주와 충돌했다.

연상 메시지를 써서 멀리 보냄
어원 **tele** + **graph**
멀리 쓰다

---

autograph
[ɔ́:təgræ̀f]

명 서명, 사인
동 서명하다, 사인하다

Can you autograph this T-shirt for me?
이 티셔츠에 사인해 주실 수 있나요?

연상 자신이 직접 씀
어원 **auto** + **graph**
스스로 쓰다

***photograph
[fóutəgræ̀f]

명 사진
동 사진을 찍다

***photographer** 동 사진사, 사진작가
photography 명 사진 촬영술

We were photographed kissing in the park.
우리가 공원에서 키스하고 있는 모습이 사진에 찍혔다.

연상 빛을 이용하여 기록함
어원 **photo** + **graph**
빛 쓰다

---

graphic
[grǽfik]

형 생동감 있는, 생생한, 사실적인

The descriptions of abuse were graphic.
학대에 대한 묘사가 사실적이었다.

연상 그래프처럼 사실적인
어원 **graph** + **ic**
그래프 형접미사

---

phonograph
[fóunəgræ̀f]

명 축음기

Our old phonograph doesn't play any more.
우리의 낡은 축음기는 더 이상 작동하지 않는다.

연상 소리를 기록함
어원 **phono** + **graph**
소리 쓰다

---

autobiography
[ɔ̀:təbaiágrəfi]

명 자서전

His latest work cannot be categorized either as a novel or an autobiography.
그의 최신작은 소설로도 자서전으로도 분류할 수 없다.

연상 자신의 인생을 쓴 글
어원 **auto** + **bio** + **graph** + **y**
스스로 살다 그래프 명접미사

046 gress, gree 나아가다

track 46

aggressive

aggressive는 목표를 향해 적극적인 태도로 나아가는 모습을 표현한다.

progress

progress는 일이 목표한 방향대로 나아가고 있음, 즉 '진척, 진행'을 의미한다.

Guess the Words!

Q1 **con**(함께)+**gress**(나아가다) ➡ congress

The President has lost the support of Congress.

대통령은 ______의 지지를 잃었다.

▶ **Hint** 국민이 선출한 사람들이 함께 일하는 곳을 무엇이라고 할까?

Q2 **a(g)**(~을 향해)+**gress**(나아가다)+**ive**(형 접미사) ➡ aggressive

You have to be aggressive to be successful.

성공하기 위해서는 ______ 태도를 취해야 한다.

▶ **Hint** 목표를 향해 나아가는 모습은 어떤 인상을 줄까?

Q3 **pro**(앞에)+**gress**(나아가다) ➡ progress

As the meeting progressed, he became more and more bored.

회의가 ______될수록 그는 점점 더 지루해졌다.

▶ **Hint** 회의가 앞으로 나아가는 것을 무엇이라고 할까?

Answers_ Q1. 국회 Q2. 적극적인 Q3. 진행

** congress
[káŋgres]

명 의회, 국회

congressman 명 국회의원, 하원 의원

congressional 형 회의의, 집회의, 국회의

Congress can impose strict conditions on the bank.
국회는 그 은행에 엄격한 조건을 부과할 수 있다.

연상 모여서 함께 나아감
어원 con + gress
함께 나아가다

---

aggressive
[əgrésiv]

형 공격적인, 적극적인, 활동적인

aggression 명 공격, 침략, 침해

His behavior toward her is becoming more and more aggressive.
그녀에 대한 그의 태도는 점점 더 공격적으로 변하고 있다.

연상 목표를 향해 나아감
어원 a(g) + gress + ive
~을 향해 나아가다 형접미사

*** progress
[prágres]

동 전진하다, 진행되다, 진보하다
명 진행, 진척, 진보

We have made no progress in controlling inflation.
인플레이션을 통제하는 데 전혀 진척이 없다.

연상 앞으로 나아감
어원 pro + gress
앞에 나아가다

---

regress
[rigrés]

동 후퇴하다, 퇴보하다, 역행하다
명 후퇴, 퇴화, 악화

His health has regressed to the point that he may die.
그의 건강은 죽을 수도 있는 상황에 이를 만큼 악화되었다.

연상 뒤로 감
어원 re + gress
뒤에 나아가다

---

digress
[daigrés]

동 딴 길로 새다, 탈선하다, (주제에서) 벗어나다

digression 명 벗어남, 탈선, 여담

After several digressions, he finally got to the point.
몇 가지 여담을 나눈 후, 그는 마침내 본론에 들어갔다.

연상 떨어진 곳을 향해 나아감
어원 di + gress
떨어져 나아가다

*** degree
[digríː]

명 정도, 도, 단계

I agree with you to a certain degree.
나는 너의 의견에 어느 정도는 찬성한다.

연상 한 걸음 아래로 내려감
어원 de + gree
아래에 나아가다

047 guard, war(d) 지켜보다

track 47

Guardian Angels

국제적 자경단인 Guardian Angels는 청소년들을 범죄로부터 지키기 위해 거리의 방범을 맡고 있다.

guard

경비나 수위를 맡아보는 사람을 guard라고 한다.

steward / stewardess

steward(남성)/stewardess(여성)는 원래 '돼지우리(sty)의 파수꾼(ward(ess))'을 의미했다. 실제로는 attendant를 쓰는 것이 더 좋다.

Guess the Words!

Q1 **a**(~을 향해)+**ward**(지켜보다) → award

He was awarded the first prize in the piano contest.

그는 피아노 경연대회에서 일등상을 ______.

▶ **Hint** 대회에서 참가자의 실력을 지켜보고 주는 행위를 무엇이라고 할까?

Q2 **re**(뒤를)+**ward**(지켜보다) → reward

You will be properly rewarded for your hard work.

열심히 일하면 그에 적절한 ______를 받을 것이다.

▶ **Hint** 일하는 모습을 지켜본 후 주는 것은 무엇일까?

Q3 **re**(뒤를)+**gard**(지켜보다) → regard

Everyone regards her scholarship very highly.

모두 그녀의 학식을 상당히 높게 ______한다.

▶ **Hint** 다시 돌아보면서 판단하는 행위를 무엇이라고 할까?

Answers_ Q1. 받았다 Q2. 보수 Q3. 평가

** award

[əwɔ́ːrd]

동 주다, 수여하다

명 상, 상품, 상금

The award ceremony will be held at the Hilton Hotel.
시상식은 Hilton 호텔에서 열릴 예정이다.

연상 한 일에 대해 뭔가를 줌
↑
어원 지켜봄
↑
a + ward
~을 향해 지켜보다

* reward

[riwɔ́ːrd]

동 보답하다, 보상하다

명 보수, 보상

I have no reward for all the hard work I did.
내가 열심히 일한 것에 대한 보수는 전혀 없다.

연상 한 일에 대해 보상함
↑
어원 뒤를 지켜봄
↑
re + ward
뒤를 지켜보다

*** regard

[rigáːrd]

동 ~으로 생각하다, 평가하다

명 존경, 배려 점

She regards her job as the most important thing in her life.
그녀는 자신의 일을 인생에서 가장 중요한 것으로 생각한다.

연상 뒤돌아봄
↑
어원 re + gard
뒤를 지켜보다

regardless

[rigáːrdlis]

형 상관하지 않는, 개의치 않는

Everyone has the right to good medical care regardless of their ability to pay.
지불 능력에 상관없이 누구든 좋은 치료를 받을 권리가 있다.

연상 뒤를 지켜보지 않음
↑
어원 re + gard + less
뒤를 지켜보다 ~이 아니다

ward

[wɔːrd]

명 병동, 구(區)

She is working as a nurse on the maternity ward.
그녀는 산부인과 병동의 간호사로 일하고 있다.

연상 지키는 장소
↑
어원 ward
지키다

warden

[wɔ́ːrdn]

명 감시인, 관리인, 교도소장

The prison guards don't like their boss, the warden.
교도관들은 그들의 상사인 교도소장을 좋아하지 않는다.

연상 지켜보는 사람
↑
어원 ward + en
지켜보다 사람

048 ior 비교

track 48

interior

interior는 집의 바깥쪽에 비해
안쪽을 꾸미는 실내 장식을 뜻한다.

Junior

아버지와 아들이 같은 이름을 쓰는 경우,
아버지와 비교해서 아들에게 Junior를 붙인다.

Guess the Words!

Q1 **super**(위에)+**ior**(더 ~한) → superior

The enemy is superior to us in numbers.

적은 우리보다 수적으로 ________하다.

▶ **Hint** 수준이 더 위에 있는 것을 무엇이라고 할까?

Q2 **infer**(아래에)+**ior**(더 ~한) → inferior

Their performance was inferior to that of our team.

그들의 연기는 우리 팀보다 ________했다.

▶ **Hint** 수준이 더 아래에 있는 것을 무엇이라고 할까?

Q3 **exter**(밖의)+**ior**(더 ~한) → exterior

The store deals in both interior and exterior home goods.

그 가게는 집의 실내와 ________ 상품 모두를 취급하고 있다.

▶ **Hint** 집의 바깥쪽은 무엇이라고 할까?

Answers_ Q1. 우세 Q2. 열등 Q3. 실외

superior [*]
[s(j)u(:)pí(ə)riər]
superiority

형 우수한, 상급의, 고급의
명 뛰어난 사람, 상사, 선배
명 우월, 우세, 상위

연상 더 위에 있음
어원 super + ior
위에 더 ~한

Your computer is much superior to mine.
너의 컴퓨터는 내 것보다 훨씬 더 좋다.

---

inferior
[infí(ə)riər]
inferiority

형 하위의, 질 낮은, 열등한
명 열등한 사람, 후배
명 열등, 하위

연상 더 아래에 있음
어원 infer + ior
아래에 더 ~한

That country exports a lot of products of a rather inferior quality.
그 나라는 꽤 품질이 낮은 제품을 많이 수출하고 있다.

---

exterior
[ikstí(ə)riər]

형 외부의, 옥외의
명 외부, 외관, 외장

연상 더 바깥쪽의
어원 exter + ior
밖의 더 ~한

The filming of the exterior scenes was done on the moors.
옥외 장면 촬영은 습지에서 이루어졌다.

---

junior [**]
[dʒúːnjər]
senior [**]

형 손아래의, 나이가 어린, (~보다) 늦은
명 손아랫사람, (대학) 3학년생
형 손위의, 나이가 많은, (~보다) 앞의
명 손윗사람, (대학) 4학년생

연상 더 어린 사람
어원 jun + ior
어린 더 ~한

That firm is junior to ours by five years.
그 회사는 우리 회사보다 5년 늦게 창립했다.

---

deteriorate
[dití(ə)riərèit]
ameliorate

동 악화되다
동 개선하다

연상 더 나쁜 상태가 됨
어원 deterior + ate
더 나쁜 동접미사

His health deteriorated rapidly, and he died shortly afterward.
그의 건강은 급격히 악화되어 얼마 후 사망했다.

---

prior
[práiər]
priority

형 전의, 먼저의, 우선하는
명 우선권, 우선 사항, 중요한 것

연상 더 앞에 있는 것
어원 pr(e) + ior
앞에 더 ~한

I had to refuse the invitation because of a prior engagement.
나는 선약 때문에 그 초대를 거절해야만 했다.

049 is, insul 섬

track 49

island
하와이 섬은 여름 날씨가 계속되는 island다.
island는 '사방이 물로 둘러싸인 육지'를 뜻한다.

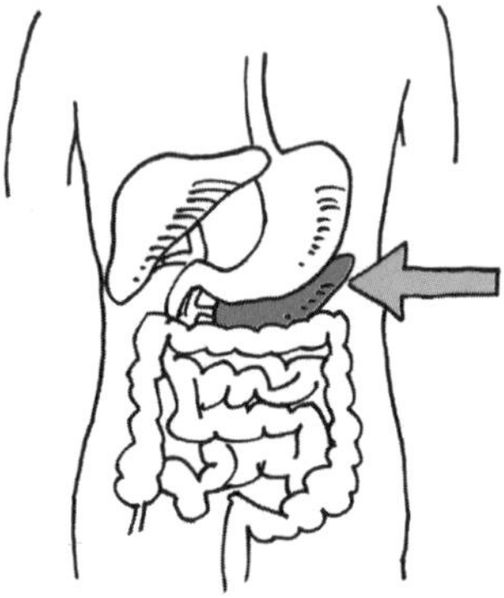

insulin
insulin은 췌장의
랑게르한스섬에서 분비된다.

Guess the Words!

Q1 **isol**(섬)+**ate**(동 접미사) → isolate

The town was isolated by the floods.
그 마을은 홍수로 _______ 되었다.

▶ **Hint** 홍수로 섬처럼 되는 것은 어떤 상태를 의미할까?

Q2 **insul**(섬)+**ar**(형 접미사) → insular

It's a small, insular community in the Midwest.
그곳은 중서부의 작고 _______ 사회다.

▶ **Hint** 사고방식이 섬과 같다는 것은 어떤 의미일까?

Q3 **insul**(섬)+**ate**(동 접미사) → insulate

He insulated his room from noise.
그는 방에 _______ 처리를 했다.

▶ **Hint** 방을 섬처럼 소리로부터 차단하는 것을 무엇이라고 할까?

Answers_ Q1. 고립 Q2. 편협한 Q3. 방음

isolate
[áisəlèit]

isolation

동 고립시키다, 격리하다

명 고립, 격리

연상 섬을 만듦

어원 **isol** + **ate**
섬 동접미사

No one lives totally alone, isolated from the society around them.
누구도 주변 사회로부터 격리되어 완전히 혼자가 되어 살아갈 수는 없다.

insular
[íns(j)ulər]

insularity

형 섬의, 섬나라 근성의, 편협한

명 섬나라 근성, 편협

연상 섬의 성질을 지님

어원 **isol** + **ar**
섬 형접미사

The British are often accused of being insular.
영국인들은 종종 편협하다는 비난을 받는다.

insulate
[íns(j)ulèit]

insulation

동 격리하다, 절연하다, 방음하다, 단열하다

명 격리, 고립, 절연

연상 섬을 만듦

어원 **insul** + **ate**
섬 동접미사

A lot of parents insulate their children by sending them to private schools.
많은 부모들이 아이들을 사립학교에 보내서 격리시키고 있다.

islander
[áiləndər]

명 섬사람, 도민

연상 섬에서 사는 사람

어원 **island** + **er**
섬 사람

Many islanders came to the port to see me off.
많은 섬사람들이 나를 배웅하기 위해 항구까지 왔다.

isle
[ail]

islet

명 섬, 작은 섬

명 작은 섬, 작은 섬 모양의 것

연상 작은 섬

어원 **isl** + **(c)le**
섬 작은 것

His family moved to the Isle of Wight.
그의 가족은 와이트 섬으로 이주했다.

peninsula
[pənínsələ]

peninsular

명 반도

형 반도의

연상 거의 섬과 같음

어원 **pen** + **insula**
거의 섬

It took about an hour to walk around the peninsula.
그 반도를 걸어서 한 바퀴 도는 데 약 1시간이 걸렸다.

050  it 가다

track 50

circuit

주위를 돌아다닌다는 의미에서 생겨난 circuit은 [circu(주위에)+it(가다) → 일주]를 뜻한다. 고리처럼 생긴 자동차 경주로를 가리킬 때도 쓰인다.

visitor

visitor는 '관람하러(vis) 온(it) 사람(or)'이다.

initial

initial은 단어로 들어가는 머리글자를 의미한다.

perish와 issue에서 ish와 iss도 it이 변형된 형태로, perish는 [per(완전히)+ish(가다)]로 이루어져 '소멸하다, 죽다'를 의미한다. issue는 exit와 마찬가지로 '밖으로 나가다'라는 뜻에서 명사로는 '발행, 발포, 배포'를, 동사로는 '발행하다, 출판하다, 지급하다, 나오다'를 의미하게 되었다. 또한 issue는 회의 자리나 화제에 오른다는 의미에서 '문제(점)'을 가리킬 때도 쓰인다.

Guess the Words!

Q1 **ex**(밖에)+**it**(가다) ➡ exit

Leave the expressway at the next exit.

다음 ______에서 고속도로를 빠져나가세요.

▶ **Hint** 밖으로 나가는 곳을 무엇이라고 할까?

Q2 **trans**(넘어)+**it**(가다) ➡ transit

The question is whether road transit is cheaper than rail.

도로로 ______하는 것이 철도로 하는 것보다 싼지 아닌지가 문제다.

▶ **Hint** 한 지점을 넘어서 다른 지점까지 가는 것을 무엇이라고 할까?

Q3 **orb**(원형)+**it**(가다) ➡ orbit

The satellite is now in a stable orbit.

그 위성은 현재 안정된 ______에 올라 있다.

▶ **Hint** 지구 주변을 돌면서 그리는 길을 무엇이라고 할까?

Answers_ Q1. 출구 Q2. 수송 Q3. 궤도

exit
[égzit]

명 출구, 퇴거
동 퇴거하다, 물러나다

연상: 밖으로 나가는 곳
어원: ex(밖에) + it(가다)

We exited via a fire door.
우리는 방화문을 통해 나갔다.

transit
[trǽnsit, trǽnzit]

명 통과, 운송, 수송
동 통과하다, 횡단하다

transition 명 추이, 과도기
transient 형 일시적인, 단기 체류의

연상: 넘어서 지나감
어원: trans(먼저) + it(가다)

It was damaged in transit.
그것은 수송 중에 손상되었다.

orbit
[ɔ́ːrbit]

명 궤도, (인생의) 행로
동 ~의 주위를 돌다

연상: 지구의 주위를 돌아다님
어원: orb(원형) + it(가다)

Meteors transit the earth's orbit occasionally.
유성은 때때로 지구의 궤도를 통과한다.

initiate
[iníʃièit]

동 입회시키다, 시작하다
형 처음의, 시작의

initiative 명 개시, 주도권, 자발성

연상: 안에 들어감
어원: in(안에) + it(가다) + ate(동 접미사)

The peace talks were initiated by a special envoy.
평화 회담은 특사에 의해 개시되었다.

*ambition
[æmbíʃən]

명 야심, 염원, 꿈

ambitious 형 야심적인, 갈망하는

연상: 여기저기 돌아다님
어원: amb(주위) + it(가다) + ion(명 접미사)

※ 고대 로마 시대, 선거를 위해 각지를 걸어서 돌아다닌 데서 유래함

She realized her ambition to become a doctor.
그녀는 의사가 되겠다는 꿈을 실현시켰다.

obituary
[əbítʃuèri]

명 사망 기사

연상: 반대 세계로 떠남
어원: ob(반대로) + it(가다) + ary(명 접미사)

I read your father's obituary in the *Times*.
나는 <타임스> 신문에서 너의 아버지의 사망 기사를 읽었다.

051 ject, jet 던지다

track 51

projector

projector는 영상을 앞쪽에(pro) 던지는(투사하는) 기계를 뜻한다.

jet plane

jet plane(제트기)은 원래 '하늘을 향해 던져지다'라는 의미로 만들어진 단어다.

project

project는 미래로 던져진 계획을 의미한다.

abject는 [ab(떨어져)+ject(던지다) → 내던져진]에서 '비참한, 절망적인'을, dejected는 [de(아래에)+ject(던지다) → 아래로 던져진]에서 '낙담한'을 의미하게 됐다. adjective는 [ad(~을 향해)+ject(던지다) → 명사를 향해 던져진]이라는 뜻에서 비롯해 '형용사'를 뜻하게 되었다.

Guess the Words!

Q1 **re**(뒤에)+**ject**(던지다) → reject

He was rejected by the army because of his bad eyesight.

그는 시력이 나빠서 군대에서 ______당했다.

▶ **Hint** 되돌려 보내지는 것을 무엇이라고 할까?

Q2 **e(x)**(밖에)+**ject**(던지다) → eject

Press the stop button again to eject the tape.

테이프를 ______ 위해서는 정지 버튼을 한 번 더 누르세요.

▶ **Hint** 테이프가 밖으로 내던져진다는 것은 어떤 의미일까?

Q3 **in**(안에)+**ject**(던지다) → inject

The doctor injected penicillin into the patient's arm.

의사는 환자의 팔에 페니실린을 ______했다.

▶ **Hint** 안으로 던져 넣는 것을 무엇이라고 할까?

Answers_ Q1. 거부 Q2. 꺼내기 Q3. 주입

** reject

[ridʒékt]

동 거부하다, 거절하다, 기각하다

rejection 명 거부, 거절

I sent him a rejection letter.
나는 그에게 거절 편지를 보냈다.

연상 뒤로 던짐

어원 re + ject
뒤에 던지다

---

eject

[idʒékt]

동 내쫓다, 꺼내다, 물러나게 하다

ejection 명 추방, 방출

He was ejected from the restaurant.
그는 레스토랑에서 쫓겨났다.

연상 밖으로 내던짐

어원 e(x) + ject
밖에 던지다

---

inject

[indʒékt]

동 주입하다, 주사하다

injection 명 주입, 주사

Children hate having injections.
아이들은 주사 맞는 것을 싫어한다.

연상 안으로 던져 넣음

어원 in + ject
안에 던지다

*** subject

[동 səbdʒékt]
[형 명 sʌ́bdʒikt]

동 지배하다, 종속시키다
형 지배 받는, 종속하는, 받기 쉬운
명 주제, 화제, 과목

subjective 형 주관적인

The king subjected all the surrounding countries to his rule.
왕은 주변국을 모두 그의 지배 하에 두었다.

연상 아래로 던짐

어원 sub + ject
아래에 던지다

※ 자신의 아래에 던져졌다는 데서 유래함

*** object

[명 ɑ́bdʒikt]
[동 əbdʒékt]

명 물체, 대상, 목적(물)
동 반대하다

objection 명 반대, 이의

objective 명 목적, 목표
형 목표의, 객관적인

The majority objected to our plan.
대다수가 우리의 계획에 반대했다.

연상 ~을 향해 던짐 혹은 던진 물건

어원 ob + ject
~을 향해 던지다

---

conjecture

[kəndʒéktʃər]

동 억측하다, 추측하다
명 억측, 추측

The judge dismissed the evidence as pure conjecture.
재판관은 그 증거를 단순한 억측이라고 일축했다.

연상 내기판에 모두 함께 돈을 던짐

어원 con + ject + ure
함께 던지다 명 접미사

052  just, jur, jud 올바른

track 52

just

<just+시간>은 정확하게 그 시간을 가리킨다. just가 형용사로 쓰일 때는 '공평한, 정당한'을 의미한다.

judge

운동 경기에서 올바른 판단을 내리는 사람을 judge(심판)라고 한다. 또한 judge는 '재판관'을 의미하기도 한다. 동사로 쓰일 때는 '재판하다, 판단하다'를 뜻하며, 명사형은 judgement(재판, 판단)이다.

그 밖에 jur, jud를 어근으로 하는 단어에는 judicial(재판의, 사법의), jurisdiction(사법권) 등이 있다.

Guess the Words!

Q1 **ad**(~을 향해)+**just**(올바른) ➜ **adjust**

Pull the lever toward you to adjust the speed.

속도를 ______하기 위해서는 레버를 당기세요.

▶ **Hint** 속도를 올바른 방향으로 이끄는 것을 무엇이라고 할까?

Q2 **just**(올바른)+**ify**(동 접미사) ➜ **justify**

The law justifies killing someone to defend oneself.

법에 의하면 자신을 지키기 위한 살인은 ______하고 있다.

▶ **Hint** 정당성이 없는 것을 둘러대어 정당하게 만드는 행위는?

Q3 **in**(~이 아니다)+**jure**(올바른) ➜ **injure**

He was badly injured in the car accident.

그는 자동차 사고로 크게 ______.

▶ **Hint** 몸이 바르지 못한 상태가 되는 것을 무엇이라고 할까?

Answers_ Q1. 조절 **Q2.** 정당화 **Q3.** 다쳤다

***adjust** [ədʒʌ́st] 동 조정하다, 조절하다, 적합하게 맞추다

adjustment 명 조정, 조절

연상: 올바른 방향으로 이끎
어원: ad + just
~을 향해 / 올바른

It took a while for my eyes to adjust to the dimness.
내 눈이 어둠에 적응하는 데 시간이 잠시 걸렸다.

***justify** [dʒʌ́stəfài] 동 정당화하다

justification 명 정당화

연상: 올바른 것으로 만듦
어원: just + ify
올바른 / 동 접미사

He is justified in protesting against it.
그가 그것에 저항하는 것은 정당하다.

---

injure [índʒər] 동 상처를 입히다, 다치게 하다

****injury** 명 상해, 손해

injurious 형 해로운, 유해한

연상: 올바르지 않은 상태가 됨
어원: in + jure
~이 아니다 / 올바른

I injured my right knee when I ran in a long race.
나는 장거리 경주에 참가하여 오른쪽 무릎을 다쳤다.

****justice** [dʒʌ́stis] 명 정의, 공정, 정당성, 재판

injustice 명 부정, 부당

연상: 올바른 것
어원: just + ice
올바른 / 명 접미사

Justice has been done.
정의가 실현되었다.

---

jury [dʒú(ə)ri] 명 배심(원단)

juror 명 배심원

연상: 올바름을 유지해야 하는 일
어원: jur + y
올바른 / 명 접미사

The case will be decided by a jury.
그 사건은 배심원단에 의해 판결이 내려질 것이다.

---

prejudice [prédʒədis] 명 편견, 선입관 / 동 편견을 가지게 하다

연상: 미리 올바르다고 판단함
어원: pre + jud + ice
앞에 / 올바른 / 명 접미사

His judgement was warped by prejudice.
그의 판단은 편견으로 왜곡되었다.

053

track 53

labor 노동

collaboration

collaboration은 여러 사람이 함께하는 작업을 뜻한다.

language laboratory

Language Laboratory는 언어를 익히려고 노력할 때 이용하는 연구실이다.

Guess the Words!

Q1 **labor**(노동)+**ate**(동 접미사)+**ory**(장소) → laboratory

I am in charge of accounting at this laboratory.

나는 이 ____ 에서 회계를 맡고 있다.

▶ **Hint** 일하는 장소를 무엇이라고 할까?

Q2 **e(x)**(밖에)+**labor**(노동)+**ate**(동 접미사) → elaborate

Their elaborate designs capture the hearts of women.

그들의 ____ 디자인은 여심을 사로잡고 있다.

▶ **Hint** 노력을 기울여 만들면 어떻게 될까?

Q3 **co(l)**(함께)+**labor**(노동)+**ate**(동 접미사) → collaborate

Turkey collaborated with Germany during the First World War.

터키는 제1차 세계대전 때 독일에 ____ 했다.

▶ **Hint** 함께 일하는 것을 무엇이라고 할까?

Answers_ Q1. 연구소 Q2. 정교한 Q3. 협력

*laboratory

[lǽb(ə)rətɔ̀ːri]

명 연구실, 실험실, 연구소

연상 일하는 장소

어원 labor + ate + ory
노동 동접미사 장소

Laboratory and field tests have been conducted.
실험실 테스트와 실지 테스트가 실시되었다.

---

elaborate

[동 ilǽbərèit]
[형 ilǽbərit]

동 정성 들여 만들어 내다, 자세하게 설명하다
형 공들인, 정교한

연상 일해서 만들어 냄

어원 e(x) + labor + ate
밖에 노동 동접미사

He elaborated on the plan to expand the business.
그는 사업을 확대하는 계획에 대해 자세하게 설명했다.

---

collaborate

[kəlǽbərèit]

동 협력하다, 공동으로 작업하다, 공동으로 연구하다

collaboration 명 협력, 공동 제작, 공동 연구

연상 함께 일함

어원 co(l) + labor + ate
함께 노동 동접미사

Many scientists are collaborating to develop a new vaccine.
많은 과학자들이 새 백신을 개발하기 위해 공동으로 연구하고 있다.

***labor

[léibər]

명 노동, 노고, 일

laborer 명 노동자
labored 형 힘든, 괴로운, 어색한
labor pains 명 진통

연상 일함

어원 labor
노동

The company wants to keep down labor costs.
그 회사는 노동 임금을 삭감하기를 원한다.

---

laborious

[ləbɔ́ːriəs]

형 근면한, 어려운, 시간이 걸리는

연상 일을 잘함

어원 labor + ous
노동 형접미사

Removing pre-installed software is often laborious.
사전 설치된 소프트웨어를 제거하는 일은 때때로 시간이 걸린다.

---

labor-saving

[léibərsèiviŋ]

형 노동력 절약의, 인력을 줄이는

연상 노동을 절약함

어원 labor + saving
노동 절약

He created a labor-saving device for mixing bread dough.
그는 빵 반죽을 섞을 때 노동력을 절약할 수 있는 장치를 만들어 냈다.

054 late, lay 옮기다, 놓다

track 54

baton relay

baton relay는 할당된 구간에서 배턴을 넘겨 다음 선수가 이어서 달리는 경기를 말한다.

delayed steal

움직이지 않는 것처럼 보이게 하여 순간적인 틈을 타서 하는 도루를 delayed steal이라고 한다.

Guess the Words!

Q1 **trans**(넘어)+**late**(옮기다) → translate

Con you translate this sentence into French?

이 문장을 프랑스어로 ______ 수 있나요?

▶ **Hint** 언어를 뛰어넘어 다른 언어로 옮기는 것을 무엇이라고 할까?

Q2 **de**(완전히)+**lay**(놓다) → delay

The opening of the new bridge may be delayed for several months.

새 다리의 개통은 몇 개월 ______ 것이다.

▶ **Hint** 다리의 개통 날짜를 뒤에 두는 것을 무엇이라고 할까?

Q3 **re**(원래대로)+**lat**(옮기다)+**ive**(형 접미사) → relative

Are your relatives from Denmark coming to the wedding?

덴마크에 계신 당신의 ______은 결혼식에 오시나요?

▶ **Hint** 원래의 장소로 옮김 → 거슬러 올라가서 조상이 같은 관계를 무엇이라고 할까?

Answers_ Q1. 번역할 Q2. 연기될 Q3. 친척

○ *translate
[trǽnsleit]

translation

동 번역하다, 전환하다

명 번역, 전환

I'll translate this contract into English.
나는 이 계약서를 영어로 번역할 예정이다.

연상 언어를 뛰어넘어 의사를 전달함
어원 trans + late
넘어 옮기다

○ **delay
[diléi]

동 연기하다

My plane was delayed by an hour because of the fog.
내가 탄 비행기는 안개 때문에 한 시간 연착되었다.

연상 오롯이 그대로 놓아 둠
어원 de + lay
완전히 놓다

○ **relative
[rélətiv]

형 관계가 있는, 비교상의, 상대적인
명 친척

The result of the exams was a relative success.
시험 결과는 비교적 성공적이었다.

연상 원래 장소로 옮겨 관계를 맺음
어원 re + lat + ive
원래대로 옮기다 형접미사

○ **relate
[riléit]

동 관련짓다, 관계가 있다

**related

형 관련성이 있는, 관련된

relation

명 관계, 친척 관계

We discussed inflation, unemployment, and related issues.
우리는 인플레이션과 실업, 그와 관련된 문제에 대해 논의했다.

연상 원래 장소로 옮김
어원 re + late
원래대로 옮기다

○ ***lay
[lei]

동 놓다, 눕히다

She laid the baby on the bed.
그녀는 아기를 침대 위에 눕혔다.

연상 가로로 놓음
어원 lay
놓다

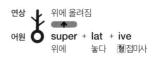

○ superlative
[s(j)upə́ːrlətiv]

형 최상급의, 최고의
명 최상급, 과장된 표현

'Happiest' is the superlative of 'happy.'
happiest는 happy의 최상급이다.

연상 위에 올려짐
어원 super + lat + ive
위에 놓다 형접미사

055 lav, laund, lug, lut, lot 씻다, 흐르다

track 55

laundromat / launderette

동전을 넣고 사용하는 자동세탁기가 있는 빨래방은 미국에서는 laundromat, 영국에서는 launderette라고 한다.

lotion

원래 얼굴이나 몸을 씻어내는 데 쓰는 lotion은 알코올 성분이 들어간 화장수의 총칭이다.

Guess the Words!

Q1 **lav**(씻다)+**ory**(장소) ➡ lavatory

The public lavatories are situated on the other side of the beach.

공공 ______은 해변의 반대쪽에 있다.

▶ **Hint** 손을 씻는 장소를 가리키는 말은?

Q2 **lav**(흐르다)+**ish**(형 접미사) ➡ lavish

The restaurant has a lavish dessert menu.

그 레스토랑에는 ______ 디저트 메뉴가 있다.

▶ **Hint** 씻어냄 → 물처럼 사용한다는 것은 어떤 의미일까?

Q3 **de**(떨어져)+**luge**(흐르다) ➡ deluge

Viewers sent a deluge of complaints about the show.

시청자들은 그 프로그램에 대해 ______ 불만을 표출했다.

▶ **Hint** 씻어낼 만큼의 양은 어느 정도일까?

Answers_ Q1. 화장실 **Q2.** 풍성한 **Q3.** 많은

lavatory

[lǽvətɔ̀ːri]

명 화장실

연상 씻는 장소

어원 lav + ory
씻다 장소

Smoking is not permitted in the plane's lavatories.
비행기 안의 화장실에서는 담배를 피울 수 없다.

lavish

[lǽviʃ]

형 마음이 후한, 풍성한, 호화로운
동 아낌없이 주다

연상 물처럼 씀

어원 lav + ish
흐르다 형 접미사

He lavishes affection on his wife.
그는 아내에게 애정을 아낌없이 준다.

deluge

[délјuːdʒ]

명 대홍수, 쇄도, 범람, 대량
동 쇄도하다, 밀어닥치다

연상 씻어냄

어원 de + luge
떨어져 흐르다

The professor was deluged with questions.
그 교수에게 질문이 쇄도했다.

dilute

[dailúːt]

동 묽게 하다, 희석하다, 효과를 약화시키다

dilution 명 묽게 하기, 희석

연상 씻어내서 묽게 함

어원 di + lute
떨어져 흐르다

You can dilute your tea with some water.
차에 물을 타서 희석시켜도 된다.

lava

[láːvə]

명 용암(층)

연상 대지를 씻어내는 것

어원

Lava flowed down the sides of the volcano.
화산의 옆면에 용암이 흘러내렸다.

laundry

[lɔ́ːndri]

명 세탁실, 세탁소, 세탁물

연상 씻는 장소

어원 laund + ry
씻다 장소

I helped my mother with the laundry.
나는 어머니의 세탁을 도와드렸다.

056 lax, lack, loose, lease 느슨해지다

track 56

relax

온천에 들어가 긴장을 풀면
마음이 편안해진다(relax).

slacks

품이 낙낙한 바지를 slacks라고 한다.
slack은 '느슨한, 게으른'이라는 뜻이다.

loose-leaf notebook

바인더를 풀어 종이를 꺼낼 수 있는 노트를
loose-leaf notebook이라고 한다.

release

신곡을 자신의 손에서 놓아 대중에게
내보일 때, release라는 표현을 쓴다.

Guess the Words!

Q1 **re**(완전히)+**lease**(느슨해지다) ➜ release

Her new album will be released at the end of the month.

그녀의 새 앨범은 월말에 ______ 예정이다.

▶ **Hint** 앨범을 풀어놓는 것을 무엇이라고 할까?

Q2 **re**(완전히) + **lax**(느슨해지다) ➜ relax

I want to sit down and relax.

나는 앉아서 ______ 싶다.

▶ **Hint** 몸의 긴장을 푸는 것을 무엇이라고 할까?

Q3 **lax**(느슨해지다)+**tive**(형 접미사) ➜ laxative

Cascara is a laxative herb.

카스카라는 ______을 용이하게 해 주는 약초다.

▶ **Hint** 배가 편안해지려면 어떻게 해야 할까?

Answers_ Q1. 발표될 Q2. 쉬고 Q3. 배변

○ ***release
[rilíːs]

동 발표하다, 해방하다, 발매하다
명 공개, 발표, 해방, 면제

연상: 닫혀 있던 것을 열어서 풀어 줌
어원: re (완전히) + lease (느슨해지다)

They called for the immediate release of the hostages.
그들은 인질의 즉각 석방을 요구했다.

○ **relax
[rilǽks]

동 휴식을 취하다, 마음을 편하게 하다, 긴장을 풀다, 느슨해지다

relaxing 형 마음을 편안하게 해 주는

relaxation 명 휴식, 완화

연상: 긴장을 풂
어원: re (완전히) + lax (느슨해지다)

I'm going to spend the weekend just relaxing.
주말은 그저 휴식을 취하면서 보낼 예정이다.

○ laxative
[lǽksətiv]

형 하제(下劑)의
명 완하제(배변을 돕는 약이나 음식), 설사약

연상: 배변을 편하게 함
어원: lax (느슨해지다) + tive (형 접미사)

The doctor recommended an effective laxative to me.
의사는 나에게 효과적인 설사약을 추천해 줬다.

○ relish
[réliʃ]

명 맛, 풍미, 흥미, 기쁨
동 좋아하다, 즐기다, 음미하다

연상: 내면을 편안하게 함
어원: re (완전히) + lish (느슨해지다)

I have no relish for fishing.
나는 낚시를 좋아하지 않는다.

○ lease
[liːs]

명 임대차 계약, 임대차, 임차권
동 임대하다

연상/어원: 풀어서 허가해 줌

The lease plainly states that damage must be paid for.
임대차 계약서에는 손상에 대해 배상해야 한다고 분명히 적혀 있다.

○ *loose
[luːs]

형 느슨한, 묶여 있지 않은, 헐렁한
부 헐겁게, 헐렁하게
동 풀어놓다, 자유롭게 하다, 느슨하게 하다

loosen 동 풀다, 완화하다

연상/어원: 느슨해짐

The tomatoes were sold loose, not in bags.
토마토는 봉지 단위가 아니라 낱개로 팔렸다.

057 lea(g), li(g), ly 묶다

track 57

league

league는 모두가 한 경기로 묶인 '동맹, 연맹'을 의미한다.

League of Nations

여러 나라가 손을 잡고 만든 국제연맹(The League of Nations)은 현재 국제연합의 전신이다.

rally

테니스에서 rally는 공을 주고받음으로써 상대 선수와 다시 이어준다는 의미로, [r(e)(다시)+lly(묶다)]로 이루어져 있다. 동사로서는 '재결집하다, 회복하다', 명사로서는 '집회, 대회, 회복'이라는 뜻으로 쓰인다.

Guess the Words!

Q1 **re**(다시)+**lig**(묶다)+**ion**(명 접미사) ➜ religion

Buddhism is one of the world's major religions.

불교는 세계의 주요 ________ 중 하나다.

▶ **Hint** 신과 다시 이어 주는 매개가 되는 것은 무엇일까?

Q2 **re**(확실히)+**ly**(묶다) ➜ rely

You can rely on us to help you.

도움이 필요하면 우리에게 ________ 좋다.

▶ **Hint** 단단히 묶인 관계는 어떤 관계일까?

Q3 **a(l)**(~을 향해)+**ly**(묶다) ➜ ally

Germany was once allied with Italy.

독일은 한때 이탈리아와 ________했다.

▶ **Hint** 다른 나라와 묶인 관계였다는 의미는 무엇일까?

Answers_ Q1. 종교 Q2. 기대도 Q3. 동맹

**religion [**]

[rilídʒən]

명 종교

religious [**] 형 종교적인

연상: 신과 다시 이어짐
어원: re + lig + ion (다시 / 묶다 / 명 접미사)

Religious education is compulsory in all English schools.
종교 교육은 영국의 모든 학교에서 필수다.

**rely [**]

[rilái]

동 기대다, 의지하다

reliance 명 신뢰, 의존

reliable 형 신뢰할 수 있는, 확실한

연상: 단단히 묶음
어원: re + ly (확실히 / 묶다)

In this area, cell phones are the only reliable way of communicating.
이 지역에서는 휴대전화가 유일하고도 확실한 연락 방법이다.

**ally [*]

[동 əlái]
[명 ǽlai]

동 동맹하다, 연합하다
(be allied to ~와 동류이다)

명 동맹국, 동맹자

연상: 묶어서 연결함
어원: a(l) + ly (~을 향해 / 묶다)

Cats are allied to tigers.
고양이는 호랑이와 동류다.

---

alliance

[əláiəns]

명 동맹, 제휴, 협조

연상: 묶어서 연결함
어원: a(l) + li + ance (~을 향해 / 묶다 / 명 접미사)

The company entered into an alliance with a hotel chain.
그 회사는 호텔 체인과 제휴했다.

---

liable

[láiəbl]

형 법적 책임이 있는, ~하기 쉬운

liability 명 책임, 의무

연상: 묶을 수 있음
어원: li + ale (묶다 / ~할 수 있다)

He is liable to pay a debt.
그는 빚을 갚을 책임이 있다.

---

oblige

[əbláidʒ]

동 의무를 부과하다, 강요하다, 은혜를 베풀다

obligation 명 의무, 책임, 은혜

obligatory 형 의무적인, 필수의

연상: 붙들어 매어 놓음
어원: ob + lig (~을 향해 / 묶다)

Parents are obliged by law to send their children to school.
부모가 아이들을 학교에 보내는 것은 법률상 의무로 지정되어 있다.

058 lect, leg, lig 모으다, 선택하다

track 58

collector

collector는 '함께(col) 모으는(lect) 사람(or)', 즉 '수집가'를 뜻한다.

elegant

elegant는 [e(밖에)+leg(선택하다)+ant(형용사 접미사)]로 이루어진 단어로, an elegant woman은 '선발된 여성'이라는 의미다.

college

college(단과 대학)는 함께(col) 선택된(leg) 사람들이 공부하는 곳이다.

selection은 많은 것 중에 엄선하는 행위를 의미한다. colleague는 전문직이나 공직의 동료를 뜻하며, 일반 회사나 공장 등의 동료를 가리킬 때는 coworker를 쓴다.

Guess the Words!

Q1 **re**(다시)+**collect**(모으다) → recollect

As far as I can recollect, she wasn't present at the meeting.

내가 ______하는 한, 그녀는 회의에 참석하지 않았다.

▶ **Hint** 과거의 일을 머릿속에서 다시 모아 본다는 것은 어떤 의미일까?

Q2 **neg**(~이 아니다)+**lect**(선택하다) → neglect

It seems he's neglected his studies this week.

그는 이번 주 공부를 ______ 한 것처럼 보인다.

▶ **Hint** 공부를 선택하지 않고 미룬다는 것은 어떤 의미일까?

Q3 **e(l)**(밖에)+**lig**(선택하다)+**ible**(~할 수 있다) → eligible

When are you eligible to vote in your country?

당신의 나라에서는 언제부터 투표할 ______이 되나요?

▶ **Hint** 투표에 참여하기 위해 필요한 것은 무엇일까?

Answers_ Q1. 기억 Q2. 소홀히 Q3. 자격

recollect [rèkəlékt] 동 생각해 내다, 기억하다, 회상하다

recollection 명 기억, 회상

연상: 과거의 기억을 다시 모아 봄
어원: re(다시) + collect(모으다)

I cannot recollect the details of the report any more.
나는 보고서의 세부 사항을 더 이상 기억하지 못한다.

---

neglect [niglékt] 동 무시하다, 방치하다, 소홀히 하다, 게을리하다

negligent 형 태만한, 부주의한

negligence 명 태만, 부주의

연상: 선택하지 않음
어원: neg(~이 아니다) + lect(선택하다)

She accuses me of negligence if I don't call her every day.
내가 매일 전화를 하지 않으면, 그녀는 내가 무관심하다고 비난한다.

---

eligible [élidʒəbl] 형 자격이 있는, 적격인

연상: 선출할 수 있음
어원: e(l)(밖에) + lig(선택하다) + ible(~할 수 있다)

He is eligible to run for party leader.
그는 당 대표에 입후보할 자격이 있다.

** **elect** [ilékt] 동 선거하다, 선출하다

*** **election** 명 선거

연상: 선출함
어원: e(x)(뒤에) + lect(선택하다)

He was elected mayor of this city.
그는 이 도시의 시장으로 선출되었다.

---

intellect [íntəlèkt] 명 지성, 사고력

intellectual 형 지적인, 지성을 지닌

연상: 사이에 개입하여 판별할 수 있음
어원: intel(사이에) + lect(선택하다)

His intellect is known all over the village.
그의 지성은 온 마을에서 유명하다.

** **intelligence** [intélədʒəns] 명 지능, 이해력, 정보

** **intelligent** 형 높은 지능을 갖춘, 머리가 좋은, 총명한

연상: 사이에 개입하여 판별할 수 있음
어원: intel(사이에) + lig(선택하다) + ence(명 접미사)

A child's intelligence develops rapidly between the ages of four and five.
아이의 지능은 4살에서 5살 사이에 급격히 발달한다.

059 lev 가벼운, 들어 올리다

track 59

lever

lever는 원래 무거운 물건 아래에 끼워 넣어
들어 올리는 '지렛대'를 말한다.

elevator

elevator는 사람이나 짐을 들어 올리거나
내릴 때 사용하는 장치다.

Guess the Words!

Q1 **re**(다시)+ **lieve**(가벼운) → relieve

I was relieved to see him happy.

나는 그의 행복한 모습을 보고 ______했다.

▶ **Hint** 불안한 기분을 가볍게 하는 것을 무엇이라고 할까?

Q2 **a(l)**(~을 향해)+ **levi**(가벼운)+ **ate**(동 접미사) → alleviate

Heavy rains in March alleviated the drought conditions.

3월의 호우가 가뭄 상태를 ______시켰다.

▶ **Hint** 가뭄 상태를 가볍게 만드는 것을 무엇이라고 할까?

Q3 **levi**(가벼운)+ **ate**(동 접미사) → levitate

Followers claim that she has levitated frequently during prayer.

신자들은 그녀가 기도하는 동안에 가끔 ______한다고 주장한다.

▶ **Hint** 몸을 가볍게 만드는 것을 무엇이라고 할까?

Answers_ Q1. 안심 Q2. 완화 Q3. 부양

relieve
[rilíːv]

동 완화시키다, 안심시키다, 구제하다

| Massage is used to relax muscles and relieve stress.
| 마사지는 근육을 풀어 주고 스트레스를 완화시키는 데 활용된다.

연상 다시 가볍게 함
어원 re + lieve
다시 가벼운

alleviate
[əlíːvièit]

동 경감하다, 완화하다

alleviation 명 경감, 완화

| A lot of measures were taken to alleviate the problem.
| 문제를 완화하기 위해서 많은 조치가 취해졌다.

연상 가벼움을 지향함
어원 a(l) + levi + ate
~을 향해 가벼운 동접미사

levitate
[lévitèit]

동 공중에 떠오르다[떠오르게 하다]

| A magician levitated a chair on the stage by waving his hands.
| 마술사는 그의 손을 흔들면서 무대 위의 의자를 공중에 띄웠다.

연상 몸을 가볍게 함
어원 가볍게 함
levi + ate
가벼운 동접미사

elevate
[éləvèit]

동 올리다, 높이다, 승진시키다

elevator 명 엘리베이터, 승강기

| He was elevated to the post of prime minister.
| 그는 수상직에 올랐다.

연상 들어 올림
어원 e(x) + lev + ate
밖에 가벼운 동접미사

levy
[lévi]

명 징수, 징수액, 징집
동 부과하다, 징수하다, 징집하다

| America levied economic sanctions against the country.
| 미국은 그 나라에 경제적 제재를 가했다.

연상 시민의 지갑을 가볍게 만들거나 빼앗는 일
어원 lev + y
가벼운 명접미사

relevant
[réləvənt]

형 관계가 있는, 적절한

relevance 명 관련성, 적절함

irrelevant 형 관련성이 없는, 부적절한

| That is not relevant to the present problem.
| 그것은 당면 과제와 관련이 없다.

연상 적절한 상황에서 들어 올림
어원 re + lev + ant
원래대로 가벼운 형접미사

060 loc 장소

track 60

local

지방 신문은 a local newspaper라고 한다.

location

'이번 촬영에서 최고의 location(야외 촬영지)은 항구 도시의 야경이 한눈에 보이는 장소였다.'

locomotive

증기기관차(steam locomotive)의 locomotive를 살펴보면 [loc(장소)+motive(움직이다)]로, 장소를 이동하는 기관차라는 뜻이다.

Guess the Words!

Q1 **a(l)**(~을 향해)+**loc**(장소)+**ate**(동 접미사) → allocate

The company has allocated $1,000 to the team to get the project started.

그 회사는 프로젝트를 시작하게 하기 위해서 그 팀에 천 달러를 ____했다.

▶ **Hint** 팀 몫으로 천 달러를 놓아두는 것을 무엇이라고 할까?

Q2 **dis**(떨어져)+**loc**(장소)+**ate**(동 접미사) → dislocate

He dislocated his shoulder playing baseball.

그는 야구를 하다가 어깨가 ____되었다.

▶ **Hint** 어깨뼈가 원래 장소에서 벗어나는 것을 무엇이라고 할까?

Q3 **re**(다시)+**loc**(장소)+**ate**(동 접미사) → relocate

Many factories are relocating to this area.

많은 공장들이 이 지역으로 ____하고 있다.

▶ **Hint** 공장이 장소를 옮기는 것을 무엇이라고 할까?

Answers_ **Q1.** 할당 **Q2.** 탈구 **Q3.** 이전

allocate [æləkèit] 통 할당하다, 배분하다
allocation 명 할당, 배분

연상 각 장소에 놓음
어원 a(l) + loc + ate
~을 향해 장소 통접미사

The house allocated to us was pleasant and spacious.
우리에게 할당된 집은 쾌적하고 넓었다.

---

dislocate [dísloukèit] 통 탈구시키다, 혼란스럽게 하다
dislocation 명 탈구, 혼란

연상 원래 장소에서 벗어남
어원 dis + loc + ate
떨어져 장소 통접미사

Communications were temporarily dislocated by the bad weather.
통신 수단은 악천후 때문에 일시적으로 혼란 상태에 빠졌다.

---

relocate [riːlóukeit] 통 이전하다, 이전시키다, 재배치하다
relocation 명 이전, 이주

연상 장소를 바꿈
어원 re + loc + ate
다시 장소 통접미사

A lot of companies are relocating to the suburbs of London.
많은 회사들이 런던 교외로 이전하고 있다.

***** **local** [lóukəl] 형 그 고장의, 지방의, 완행의
locality 명 지역, 장소

연상 장소의
어원 loc + al
장소 형접미사

We put an ad in the local paper.
우리는 지방 신문에 광고를 냈다.

---

locate [lóukeit] 통 놓다, 설치하다, 위치를 알아내다
*****location** 명 장소, 위치, 야외 촬영(지)

연상 어떤 장소에 놓음
어원 loc + ate
~이 아니다 통접미사

Paris is located in the north-central part of France.
파리는 프랑스의 북쪽 중앙부에 위치해 있다.

---

collocation [kàləkéiʃən] 명 연어, (단어들의) 결합

연상 같은 장소에 나열함
어원 co(l) + loc + tion
함께 장소 명접미사

'Commit a crime' is a typical collocation in English.
'commit a crime'이라는 표현은 영어의 전형적인 연어다.

Exercises 3

A 다음 단어의 뜻을 아래 <보기>에서 고르세요.

1. deluge (   )
2. relative (   )
3. election (   )
4. obligation (   )
5. religion (   )
6. adjustment (   )
7. objective (   )
8. obituary (   )
9. reward (   )
10. transfusion (   )

보기					
	ⓐ 수혈	ⓑ 친척	ⓒ 목표	ⓓ 조정	ⓔ 의무
	ⓕ 사망 기사	ⓖ 보수	ⓗ 선거	ⓘ 종교	ⓙ 대홍수

B 다음 문장에 나오는 괄호 안의 단어를 완성하세요.

1. She tends to (□□□□□□ lize) from her husband to all men.
   그녀는 남편을 통해 모든 남성을 일반화하는 경향이 있다.
2. She (re □□□□ s) her job as the most important thing in her life.
   그녀는 자신의 일을 인생에서 가장 중요한 것으로 생각한다.
3. It took a while for my eyes to (ad □□□□) to the dimness.
   내 눈이 어둠에 적응하는 데 시간이 잠시 걸렸다.
4. I (in □□□□ d) my right knee when I ran in a long race.
   나는 장거리 경주에 참가하여 오른쪽 무릎을 다쳤다.
5. A lot of companies are (re □□□□□ ing) to the suburbs of London.
   많은 회사들이 런던 교외로 이전하고 있다.
6. He was (ele □□□□ d) to the post of prime minister.
   그는 수상직에 올랐다.
7. I'll (trans □□□□) this contract into English.
   나는 이 계약서를 영어로 번역할 예정이다.
8. Many scientists are (coll □□□□□□ ing) to develop a new vaccine.
   많은 과학자들이 새 백신을 개발하기 위해 공동으로 연구하고 있다.
9. She politely (re □□□□ d) my invitation.
   그녀는 나의 초대를 정중하게 거절했다.
10. He (gra □□□□□ d) from graduate school last year.
    그는 작년에 대학원을 졸업했다.

Answers

A **1** ⓙ **2** ⓑ **3** ⓗ **4** ⓔ **5** ⓘ **6** ⓓ **7** ⓒ **8** ⓕ **9** ⓖ **10** ⓐ

B **1** genera(lize) **2** (re)gard(s) **3** (ad)just **4** (in)jure(d) **5** (re)locat(ing) **6** (ele)vate(d) **7** (trans)late **8** (coll)aborat(ing) **9** (re)fuse(d) **10** (gra)duate(d)

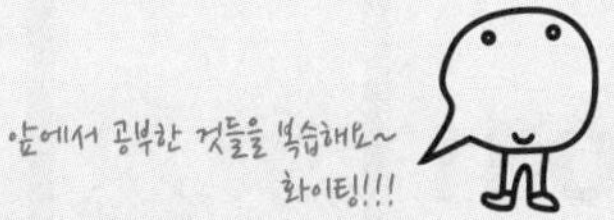

C 다음 단어의 의미를 아래 <보기>에서 고르세요.

1. aggressive ( )
2. intellectual ( )
3. reliable ( )
4. congenial ( )
5. congenital ( )
6. general ( )
7. profuse ( )
8. relevant ( )
9. loose ( )
10. inferior ( )

보기				
ⓐ 풍부한	ⓑ 선천적인	ⓒ 느슨한	ⓓ 마음이 맞는	ⓔ 신뢰할 수 있는
ⓕ 지적인	ⓖ 관계가 있는	ⓗ 열등한	ⓘ 공격적인	ⓙ 일반적인

D 다음 괄호 안에 들어갈 단어를 아래 <보기>에서 고르세요.

1. You are too ( ) to believe what he says.
   그가 말한 사실을 믿다니 너는 너무 순수하다.
2. He is ( ) to pay a debt.
   그는 빚을 갚을 책임이 있다.
3. He is ( ) to run for party leader.
   그는 당 대표에 입후보할 자격이 있다.
4. The filming of the ( ) scenes was done on the moors.
   옥외 장면 촬영은 습지에서 이루어졌다.
5. The British are often accused of being ( ).
   영국인들은 종종 편협하다는 비난을 받는다.
6. Their ( ) designs capture the hearts of women.
   그들의 정교한 디자인은 여심을 사로잡고 있다.
7. Removing pre-installed software is often ( ).
   사전 설치된 소프트웨어를 제거하는 일은 때때로 시간이 걸린다.
8. We put an ad in the ( ) paper.
   우리는 지방 신문에 광고를 냈다.
9. Our efforts to revive the dog were ( ).
   그 개를 되살리기 위한 우리의 노력은 소용없었다.
10. He is always ( ) to his daughters.
    그는 항상 딸들에게 관대하다.

보기				
ⓐ futile	ⓑ eligible	ⓒ genuine	ⓓ generous	ⓔ exterior
ⓕ liable	ⓖ local	ⓗ laborious	ⓘ elaborate	ⓙ insular

Answers

C 1ⓘ 2ⓕ 3ⓔ 4ⓓ 5ⓑ 6ⓙ 7ⓐ 8ⓖ 9ⓒ 10ⓗ

D 1ⓒ 2ⓕ 3ⓑ 4ⓔ 5ⓙ 6ⓘ 7ⓗ 8ⓖ 9ⓐ 10ⓓ

061 magn, max 큰

track 61

magnitude

magnitude는 지진의 크기를 나타내는 척도다.

Magna Carta

Magna Carta(마그나 카르타)는 1215년 영국에서 승인된 대헌장을 뜻한다.

Guess the Words!

Q1 **magn**(큰)+**ify**(동 접미사) → magnify

Don't magnify the danger.

위험성을 ______하지 마세요.

▶ **Hint** 위험성을 크게 부풀려서 말하는 것을 무엇이라고 할까?

Q2 **magn**(큰)+**fic**(만들다)+**ent**(형 접미사) → magnificent

Wolves are magnificent and beautiful animals.

늑대는 ______하고 아름다운 동물이다.

▶ **Hint** 크고 떳떳한 모습을 무엇이라고 표현할까?

Q3 **max**(큰)+**imum**(최상급) → maximum

Forty is the maximum number of passengers this bus is allowed to carry.

40명이 이 버스에 탈 수 있는 승객의 ______치다.

▶ **Hint** 가장 큰 값을 무엇이라고 할까?

Answers_ Q1. 과장 Q2. 당당 Q3. 최대

magnify

[mǽgnəfai]

동 확대하다, 과장하다

magnifier 명 확대경

The report tends to magnify the risks involved.
이 보고서는 수반되는 위험성을 과장한 경향이 있다.

연상: 크게 만듦
어원: magn + ify
~이 큰 / 동접미사

magnificent

[mægnífəsnt]

형 장대한, 당당한, 훌륭한

magnificence 명 장대함, 화려함

The location of the town along the river is magnificent.
강을 따라 만들어진 마을은 장대하다.

연상: 크게 만듦
어원: magn + fic + ent
큰 / 만들다 / 형접미사

*maximum

[mǽksəməm]

명 최대한도, 최대량
형 최대한의, 최고의

maximize 동 최대로 하다

maximal 형 최대한의

maxim 명 금언, 격언

Diamonds are cut to maximize the stone's beauty.
다이아몬드는 돌의 아름다움을 최대한으로 증대하기 위해 깎인다.

연상: 가장 큼
어원: max + imum
큰 / 최상급

magnitude

[mǽgnət(j)ùːd]

명 크기, 규모, 중요성, 매그니튜드 (지진의 규모를 나타내는 단위)

They don't seem to grasp the magnitude of the problem.
그들은 그 문제의 중요성을 파악하지 못한 듯하다.

연상: 큰 것
어원: magn + tude
큰 / 명접미사

magnate

[mǽgneit]

명 유력자, 거물급 사업가, 거물

She married a Texan oil magnate.
그녀는 텍사스의 석유 사업가와 결혼했다.

연상: 영향력이 큰 사람
어원: magn + ate
큰 / 명접미사

magnanimous

[mægnǽnəməs]

형 도량이 큰, 배포가 큰

He was magnanimous in defeat and praised his opponent's skill.
그는 져도 도량이 커서 상대방의 기술을 칭찬했다.

연상: 큰마음을 지님
어원: magn + anim + ous
큰 / 마음 / 형접미사

062 man(i), man(u) 손

track 62

manual

기어를 손으로 바꾸면서 조작하는 수동식(manual) 자동차.

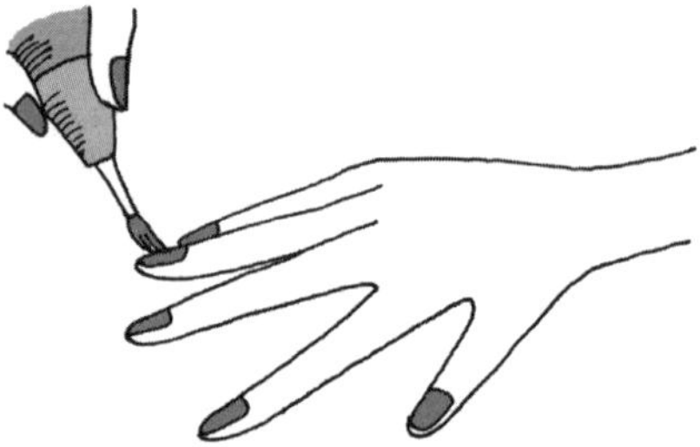

manicure

손톱을 보살피는 것을 manicure라고 한다.

manifesto

manifesto를 손에 넣은 정치가.
'손(mani)으로 쓴 것을 표현한다(festo)'라는
의미에서 '성명(서), 선언(문)'을 뜻하게 되었다.

table manners의 manner는 문자 그대로 '손으로 다루다'라는 의미에서 '방법, 방식, 태도, 예의, 풍습'을 뜻하게 되었다. mannerism은 '손을 대서 생기는 부자연스러움, 틀에 박힌 수법'이라는 의미로 쓰인다.

Guess the Words!

Q1 **manu**(손)+**script**(쓰다) ➜ manuscript

This is the oldest Hebrew manuscript in existence.

이것은 현존하는 가장 오래된 히브리어 ______이다.

▶ **Hint** 손으로 쓴 것을 무엇이라고 할까?

Q2 **mani**(손)+**fest**(붙잡다) ➜ manifest

The problems were made manifest in the conference.

그 회의에서 문제들이 ______해졌다.

▶ **Hint** (보이지 않는 것을) 손으로 붙잡는다면 어떤 상태가 될까?

Q3 **man**(손)+**cle**(작은) ➜ manacle

He manacled the criminal so that he couldn't escape.

그는 범인이 탈출할 수 없도록 ______을 채웠다.

▶ **Hint** 손의 움직임을 작게 만드는 도구를 무엇이라고 할까?

Answers_ Q1. 사본 Q2. 명백 Q3. 수갑

manuscript
[mǽnjuskrìpt]

명 원고, 사본, 편지

연상 손으로 쓴 것

어원 manu + script
손 쓰다

I read her poems in manuscript.
나는 그녀의 시를 원고로 읽었다.

manifest
[mǽnəfèst]

형 명백한, 분명한
동 명백히 하다, 명시하다

연상 손으로 붙잡은 상태

어원 mani + fest
손 붙잡다

The anger he felt is manifest in his paintings.
그가 느낀 분노는 그의 그림에서 분명히 나타난다.

manacle
[mǽnəkl]

명 수갑, 족쇄
동 수갑을 채우다, 족쇄를 채우다, 속박하다

연상 손의 움직임을 작게 만드는 것

어원 man + cle
손 작은

They had manacled her legs together.
그들은 그녀의 두 다리를 속박했다.

*** manage
[mǽnidʒ]

동 경영하다, 관리하다, 간신히 해내다, 어떻게든 ~하다

** **management** 명 경영, 관리

*** **manager** 명 경영자, 관리자, 감독

연상 (말을) 손으로 다룸

어원 manage
손수 하다

His father manages some restaurants in Tokyo.
그의 아버지는 도쿄에서 레스토랑을 여러 개 경영하신다.

manipulate
[mənípjulèit]

동 다루다, 조작하다(= maneuver)

manipulation 명 시장 조작, 조종

연상 손으로 처리함

어원 man + pul + ate
손 형접미사 ~하게 하다

The government manipulated statistics.
정부는 통계 수치를 조작했다.

manure
[mən(j)úər]

명 (동물의 배설물로 만든) 거름, 천연 비료

연상 경작하기 위한 것

어원 manure
손으로 경작하다

Farmers use cow manure as fertilizer.
농부들은 소의 거름을 비료로 사용한다.

063  mark, merc 거래

track 63

Mercury

로마 신화에 나오는 Mercury는 상업의 신이다.

flea market

flea market은 개인이 참가하여 쓰지 않는 물건을 매매하는 벼룩시장을 뜻한다.

merit

거래할 수 있을 정도로 가치 있는 것, 즉 merit는 '가치, 장점'을 뜻한다.

Guess the Words!

Q1 **com**(함께)+**merc**(거래)+**ial**(형 접미사) ➡ commercial

The British Empire was established for commercial as well as political reasons.

대영제국은 정치적 이유뿐만 아니라 ________ 이유로 세워졌다.

▶ **Hint** 서로 거래하는 일을 무엇이라고 할까?

Q2 **merc**(거래)+**ant**(사람) ➡ merchant

She was the daughter of a wealthy London merchant.

그녀는 부유한 런던 ________의 딸이었다.

▶ **Hint** 거래를 하는 사람을 무엇이라고 할까?

Q3 **merc**(거래)+**ary**(형 접미사) ➡ mercenary

German mercenary soldiers sacked Rome in 1527.

독일인 ________은 1527년에 로마를 약탈했다.

▶ **Hint** 돈으로 거래되는 병사를 무엇이라고 할까?

Answers_ Q1. 상업적 Q2. 상인 Q3. 용병

○ **commercial 형 상업의, 무역의, 영업용의

[kəmə́ːrʃ(ə)l]

commerce 명 상업, 무역

Commerce between the USA and Asia is good.
미국과 아시아 간의 무역은 양호하다.

연상 함께 거래를 함
어원 com + merc + ial
함께 거래 형 접미사

○ *merchant 명 상인, 소매상인,

[mə́ːrtʃənt]

Venice was once a city of rich merchants.
베니스는 한때 부유한 상인들의 도시였다.

연상 거래를 하는 사람
어원 merc + ant
거래 사람

○ mercenary 형 보수가 목적인, 돈만 바라는 명 용병

[mə́ːrsənèri]

She's interested in him for purely mercenary reasons.
그녀는 순전히 금전적인 이유로 그에게 관심이 있었다.

연상 거래됨
어원 merc + ary
거래 형 접미사

○ mercy 명 자비, 관용, 인정

[mə́ːrsi]

merciful 형 자비로운, 인정 많은

merciless 형 무자비한

They showed no mercy to their hostages.
그들은 인질들에게 자비를 보여 주지 않았다.

연상 노동의 결과로 얻은 임금이나 보수
어원

○ mercantile 형 상업의, 장사의, 중상주의의

[mə́ːrkəntìːl, mə́ːrkəntàil]

Cotton, wheat, corn, etc. were traded on the mercantile exchange.
면, 밀, 옥수수 등이 상업거래소에서 매매되었다.

연상 거래의
어원 merc + ant + ile
거래 사람 형 접미사

○ merchandise 명 상품, 물품

[mə́ːrtʃəndàiz]

This store has a wide selection of merchandise for sale.
이 가게에서는 상품을 폭넓게 선택할 수 있다.

연상 거래되는 것
어원

064 ○●○ med(i), mid 중간

track 64

medium

스테이크의 굽기 정도를 medium이라고 하면,
중간 정도로 적당하게 굽는 것을 뜻한다.
참고로 rare는 설익은 정도를 뜻하며,
well-done은 고기의 속까지 잘 구워진 정도를 의미한다.

medium size

M 사이즈는 medium size를 말한다.
'중간 정도의 크기'를 뜻한다.

media

media는 정보를 전달할 때 중간자 역할을 하는 매체를 가리킨다.

middle-aged는 '중년의'를 뜻한다. '한밤중'은 midnight, '한낮'은 midday, '한여름'은 midsummer, '한겨울'은 midwinter라고 한다.

Guess the Words!

Q1 **medi**(중간)+**ate**(동 접미사) → mediate

Former President Bill Clinton agreed to mediate the peace talks.

전 대통령 Bill Clinton은 평화회담을 ______하는 데 동의했다.

▶ **Hint** 당사자들 사이에 들어가는 것을 무엇이라고 할까?

Q2 **inter**(사이에)+**medi**(중간)+**ate**(형 접미사) → intermediate

He is an intermediate learner of English.

그는 ______의 영어 학습자다.

▶ **Hint** 학습 수준이 중간 단계인 것을 무엇이라고 할까?

Q3 **im**(~이 아니다)+**medi**(중간)+**ate**(형 접미사) → immediate

His immediate reaction was shock and horror.

그의 ______적인 반응은 충격과 공포였다.

▶ **Hint** 중간에서 엉거주춤하지 않고 빨리 반응하는 것을 무엇이라고 할까?

Answers_ Q1. 조정 Q2. 중급 Q3. 즉각

mediate
[míːdièit]

동 조정하다, 중재하다, 중개하다

mediation 명 조정, 중재, 중개

연상: 사이에 들어감
어원: medi (중간) + ate (동 접미사)

Negotiators were called in to mediate between the two sides.
양측을 중재하기 위해 교섭자들이 불려 왔다.

intermediate
[ìntərmíːdiət]

형 중간의, 중급의
명 중급자

연상: 중간의
어원: inter (사이에) + medi (중간) + ate (형 접미사)

The ski school coaches beginners, intermediates, and advanced skiers.
스키 교실은 초급자, 중급자, 상급자를 지도하고 있다.

**immediate
[imíːdiət]

형 즉시의, 즉각의, 직접적인

***__immediately__ 부 즉시, 당장, 바로

연상: 중간에서 엉거주춤하지 않음
어원: im (~이 아니다) + medi (중간) + ate (형 접미사)

She shed tears immediately after she heard the news.
그녀는 그 소식을 듣고 바로 눈물을 흘렸다.

mean
[miːn]

형 평균의, 중간의, 보통의, 열등한, 비열한
명 중간(점), 중도, 수단

meantime 명 짬, 중간 시간, 그동안

****meanwhile** 부 ~하는 동안, 한편으로는

연상: 중간의
어원: mean (중간)

He was incapable of doing such a mean thing.
그는 그런 비열한 짓은 할 수 없었다.

medieval
[mìːdiíːv(ə)l]

형 중세의, 중세풍의

연상: 중간 시대의
어원: medi (중간) + ev (시대) + al (형 접미사)

The college dates back to medieval times.
그 대학의 설립은 중세 시대까지 거슬러 올라간다.

mediocre
[mìːdióukər]

형 보통의, 평범한, 이류의

연상: 언덕의 중간
어원: medi (중간) + ocre (언덕)

The team gave another mediocre performance last night.
그 팀은 지난밤에 또 다른 평범한 경기를 치렀다.

065 memo, min 기억, 상기하다

track 65

memo

기억에 남기기 위해 하는 memo(기록, 메모)는 memorandum에서 나온 말이다.

memorial park

전쟁을 기억하는 평화기념공원은 memorial park라고 한다. 원래는 고인들을 추모하기 위해 만든 공원, 즉 공동묘지다.

sweet memory

컴퓨터의 메모리는 기억 장치다. sweet memory는 사람의 기억 속에 남아 있는 달콤한 추억을 말한다.

프랑스어에서 온 memoirs(자서전, 회상록, 체험담)는 memory와 같은 어원에서 나왔다.

Guess the Words!

Q1 **im**(~이 아니다)+**memo**(기억)+**ial**(형 접미사) ➡ immemorial

This castle has remained unchanged from time immemorial.

이 성은 아주 오랜 _____부터 변하지 않은 상태로 남아 있다.

▶ **Hint** 기억을 떠올릴 수 없을 정도로 오래된 시대는 언제일까?

Q2 **com**(함께)+**memo**(기억)+**ate**(동 접미사) ➡ commemorate

In the USA, they commemorate the Independence Day on July 4th.

미국에서는 7월 4일에 독립기념일을 _____한다.

▶ **Hint** 기념일을 모두 함께 떠올리면서 기뻐하는 것을 무엇이라고 할까?

Q3 **re**(다시)+**min**(기억)+**ent**(형 접미사) ➡ reminiscent

The way he laughs is reminiscent of his father.

그가 웃는 모습은 그의 아버지를 _____시킨다.

▶ **Hint** 기억을 다시 떠올리게 하는 것을 무엇이라고 할까?

Answers_ Q1. 옛날 Q2. 축하 Q3. 연상

immemorial

형 태고의, 먼 옛날의

[ìməmɔ́ːriəl]

My family has lived in this area from time immemorial.
옛날부터 우리 가족은 이 지역에서 살았다.

연상 기억을 떠올릴 수 없음

어원 im + memo + ial
~이 아니다 기억 형접미사

---

commemorate

[kəmémərèit] 동 기념하다, 축하하다

commemorative 형 기념의

commemoration 명 기념품

명 기념, 기념식, 기념 축전

The town commemorated its 150th anniversary.
그 마을은 150주년을 축하했다.

연상 함께 기억을 떠올림

어원 com + memo + ate
함께 기억 동접미사

---

reminiscent

형 생각나게 하는, 연상시키는, 옛날을 그리워하는

[rèmənís]

reminisce 동 추억에 잠기다, 추억하다

I enjoyed reminiscing about my life in Brazil.
나는 브라질에서 보낸 생활을 추억하는 것을 좋아한다.

연상 기억을 떠올림

어원 re + min + ent
다시 기억 형접미사

---

memorize

동 기억하다, 암기하다

[méməràiz]

The actor had to memorize all the lines in a day.
그 배우는 하루에 모든 대사를 암기해야 했다.

연상 기억함

어원 memo + ize
기억 동접미사

*** remember

동 생각해 내다, 상기하다, 기억하다

[rimémbər]

remembrance 명 기억, 회상

Remember to send me e-mail when you arrive.
당신이 도착하면 나에게 이메일 보내는 걸 잊지 마세요.

연상 모두 기억에 남김

어원 re + mem
모두 기억

** remind

동 생각나게 하다, 일깨워 주다

[rimáind]

The music reminds me of my childhood.
그 음악은 나의 어린 시절을 생각나게 한다.

연상 다시 생각남

어원 re + mind
다시 기억

066 meter, metr 가늠하다, 재다

track 66

symmetry

symmetry는 좌우가 자로 잰 듯이 균형 잡힌 것을 뜻한다.

barometer

체중계는 건강을 가늠하는 barometer(지표)가 된다.

meter

meter는 길이를 재는 단위다.

Guess the Words!

Q1 **thermo**(열)+**meter**(재다) → thermometer

What does the thermometer say?

________가 몇 도로 나오나요?

▶ **Hint** 열을 재는 것을 무엇이라고 할까?

Q2 **dia**(통해)+**meter**(재다) → diameter

The diameter of the Earth is about 13,000km.

지구의 ________은 약 13,000킬로미터다.

▶ **Hint** 지구의 중심을 지나는 직선의 길이를 무엇이라고 할까?

Q3 **sym**(함께)+**metr**(재다)+**ical**(형 접미사) → symmetrical

The leaves of most trees are symmetrical in shape.

대부분의 나뭇잎은 모양이 ________이다.

▶ **Hint** 좌우를 함께 자로 잰 듯 똑같은 것을 무엇이라고 할까?

Answers_ Q1. 온도계 Q2. 지름 Q3. 대칭

thermometer

명 온도계, 체온계

[θərmámətər]

thermostat 명 자동 온도 조절기

The thermometer has fallen to zero.
온도계가 0℃까지 내려갔다.

연상 열을 재는 도구

어원 **thermo** + **meter**
열 재다

diameter

명 직경, 지름

[daiǽmətər]

diametric 형 직경의

We need a pipe with a diameter of about five centimeters.
우리는 지름이 약 5센티미터인 파이프가 필요하다.

연상 원의 중심을 지나는 선의 길이를 잼

어원 **dia** + **meter**
통해 재다

symmetrical

형 대칭적인, 균형이 잡힌

[simétrikəl]

symmetry 명 대칭, 균형, 조화

The layout of the garden was perfectly symmetrical.
정원의 배치가 완벽하게 대칭이다.

연상 좌우를 함께 자로 잰 듯 똑같음

어원 **sym** + **metr** + **ical**
함께 재다 형 접미사

barometer

명 기압계, 지표, 척도

[bərámitər]

This survey is considered to be a reliable barometer of public opinion.
이 조사는 여론에 대한 신뢰할 만한 척도라고 생각된다.

연상 공기의 압력을 재는 도구

어원 **baro** + **meter**
공기의 무게 재다

geometry

명 기하학

[dʒiámətri]

geometric 형 기하학의, 기하학적인

Creating a geometric pattern is a very difficult task for an artist.
기하학적인 무늬를 만들어 내는 것은 예술가에게 매우 어려운 일이다.

연상 대지를 재는 학문

어원 **geo** + **metry**
대지 재다

perimeter

명 주위, 주변, 둘레, 시야계

[pərímitər]

Calculate the perimeter of the rectangle.
직사각형의 둘레를 계산하세요.

연상 주위를 잼

어원 **peri** + **meter**
주위 재다

067  mini 작은

track 67

miniature
miniature는 '축소 모형'을 뜻한다.

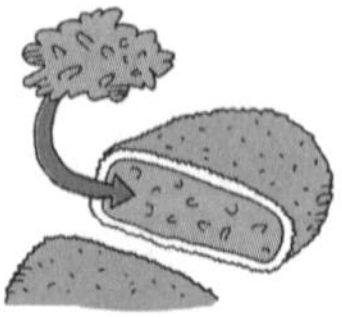

mincemeat
mince는 '작게 썰다'라는 의미로,
mincemeat는 '잘게 다진 고기'를 의미한다.

minimum weight
minimum weight는 프로 복싱에서 가장 작은 계급을 가리킨다.

레스토랑에서 나오는 메뉴(menu)는 가게에 있는 요리를 하나의 표에 작게 정리한 것을 말한다. '숫자를 뺀다'는 의미의 마이너스(minus)도 mini에서 나온 말이다.

Guess the Words!

Q1 **min**(작은)+**or**(비교급) ➡ minor

She suffered some minor injuries in the accident.
그녀는 그 사고로 ______상을 입었다.
▶ **Hint** 크지 않은 상처를 무엇이라고 할까?

Q2 **di**(떨어져)+**min**(작은)+**ish**(동 접미사) ➡ diminish

The time I spent with my children gradually diminished.
아이들과 보내는 시간이 점점 ______ 있었다.
▶ **Hint** 시간이 적어지는 것을 무엇이라고 할까?

Q3 **mini**(작은)+**ster**(사람) ➡ minister

The Russian foreign minister was also present at the meeting.
러시아의 외무부 ______도 그 회의에 참석했다.
▶ **Hint** 국민을 위해 일하는 작은 존재는 누구일까?

Answers_ Q1. 경 Q2. 줄어들고 Q3. 장관

***minor** [máinər]
형 작은, 소수파의, 중요하지 않은
명 미성년자

***minority** 명 소수(파)

Only a minority of people support the new law.
소수의 사람들만이 새 법률을 지지한다.

연상: 더 작은 쪽
어원: min (작은) + or (비교급)

---

diminish [dimíniʃ]
동 줄이다, 줄다, 작게 하다, 작아지다

The world's resources are rapidly diminishing.
세계의 자원은 급속도로 줄어들고 있다.

연상: 떨어져서 작아짐
어원: di (떨어져) + min (작은) + ish (동 접미사)

*****minister** [mínəstər]
명 장관, 대신, 공사(公使), 성직자

****ministry** 명 내각, 장관의 임기, 성직자, 목사의 직무

The Prime Minister is to make a statement to the press this evening.
수상은 오늘 저녁 언론에 성명서를 낼 것이다.

연상: 국민을 위해 일하는 사람
어원: mini (작은) + ster (사람)

*****minute** [명 mínit] [형 main(j)uːt]
명 (시간 단위의) 분, 잠깐
형 미세한, 상세한, 극히 작은

Her handwriting's so minute that it's difficult to read.
그녀의 글씨는 너무 작아서 읽기 어렵다.

연상: 더 작은 것
어원: minute (작아진 것)

---

administer [ədmínistər]
동 다스리다, 시행하다, 관리하다

***administration** 명 행정, 관리

administrative 형 행정의, 관리의

The test was administered fairly and impartially.
그 시험은 공정하고 공평하게 시행되었다.

연상: 장관이 되어 하는 일
어원: ad (~을 향해) + minister (장관)

---

mince [mins]
동 잘게 썰다, 다지다

Mince the garlic and add to the onion.
마늘을 다져서 양파에 넣으세요.

연상: 작게 만듦
어원: mince (작은)

068 miss, mise, mit

track 68

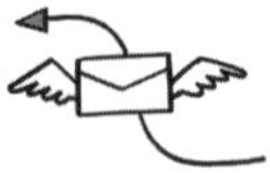

보내다 ❶

message

부재중일 때 전화의 자동응답기가 송신하는 message를 자동응답 메시지라고 한다.

missile

적지로 보내는 탄도탄을 missile이라고 한다.

messenger

명령이나 문서를 전하기 위해서 보내는 전령을 messenger라고 한다.

mission school이란 그리스도교의 교리를 바탕으로 교육하는 학교를 말하는데, 여기서 mission은 '사절단, 포교, 사명'을 뜻하며, missionary는 '선교사'를 의미한다. 그 밖에도 어근 mis(e)를 가지고 있는 단어에는 surmise[sur(위에)+mise(보내다) → 추측], premise[pre(앞에)+mise(보내다) → 전제], emissary[e(밖에)+mis(보내다)+ary(명사 접미사) → 사자, 밀정], demise[de(떨어져)+mise(보내다) → 소멸, 종결] 등이 있다.

Guess the Words!

Q1 **dis**(떨어져)+**miss**(보내다) → dismiss

Let's not dismiss the idea without discussing it.

논의도 하지 않고 그 아이디어를 ________ 맙시다.

▶ **Hint** 아이디어를 먼 곳으로 보낸다는 것은 어떤 의미일까?

Q2 **pro**(앞에)+**mise**(보내다) → promise

I can't promise anything, but I'll do what I can.

나는 아무것도 ________할 수 없지만, 내가 할 수 있는 일을 하겠다.

▶ **Hint** 상대방 앞에서 내보이는 다짐을 무엇이라고 할까?

Q3 **com**(함께)+**promise**(약속) → compromise

They finally reached a compromise.

그들은 마침내 ________에 이르렀다.

▶ **Hint** 함께 약속하는 것을 무엇이라고 할까?

Answers_ **Q1.** 버리지 **Q2.** 약속 **Q3.** 타협

○ *dismiss

[dismís]

통 해산시키다, 물러나게 하다, 물리치다, 해고하다, 버리다

dismissal 명 해산, 해고

연상 먼 곳으로 보냄

어원 dis + miss
떨어져 보내다

It's time to dismiss the class now.
이제는 학생들을 하교시킬 시간이다.

○ ***promise

[prámis]

통 약속하다, 가망이 있다
명 약속, 가망

promising 형 전도유망한, 가망 있는

연상 상대방 앞에서 하는 말

어원 pro + miss
앞에 보내다

His new venture looks quite promising.
그의 새 벤처사업은 꽤 유망해 보인다.

○ compromise

[kámprəmàiz]

명 타협, 양보, 타협안
통 타협하다

연상 함께 약속함

어원 com + promise
함께 약속

Their refusal to compromise will invite more criticism from the UN.
그들이 타협안에 대해 거부하면 UN의 더 큰 비난을 불러올 것이다.

○ **admit

[ədmít]

통 인정하다, 시인하다, (입장이나 입학을) 허락하다

admission 명 입장, 가입, 입학

연상 자기 쪽으로 받아들임

어원 ad + mit
~을 향해 보내다

He admitted that he had made a mistake.
그는 자신이 실수했음을 인정했다.

○ omit

[oumít]

통 생략하다, 빠뜨리다

omission 명 생략, 누락

연상 아래에 밀쳐놓음

어원 o + mit
아래에 보내다

We were surprised that Ken was omitted from the team.
우리는 Ken이 팀에서 빠졌다는 사실에 깜짝 놀랐다.

○ **permit

[통 pərmít]
[명 pə́:rmit]

통 허락하다, 용인하다
명 허가(증), 면허(장)

연상 통과시킴

어원 per + mit
통해 보내다

I will paly golf tomorrow, weather permitting.
내일 날씨가 허락하면(좋으면), 나는 골프를 치러 갈 것이다.

069 miss, mise, mit

track 69

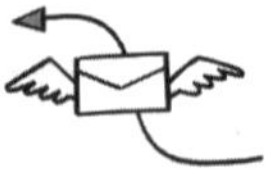

보내다 ❷

transmit
'감기에 걸렸을 때는 기침을 크게 하여
주위 사람들에게 (병균을 보내)
전염시키지(transmit) 않도록 주의하세요.'

emit
화산이 분화하여 불덩이를 방출할 때, emit를 쓴다.

submit
사람들이 국왕 앞에 엎드려 굴복하고(submit) 있다.

commissioner는 원래 야구나 볼링 등 프로 스포츠 분야에서 질서 유지를 위해 일하는 '최고 관리자'를 의미하지만, 일반적으로는 조직에서 최고 권한을 가지고 있는 책임자, 즉 '장관, 이사, 국장' 등을 뜻하는 말로 쓰인다.

Guess the Words!

Q1 **co(m)**(완전히)+**mit**(보내다) ➡ commit

The doctor committed the patient to general hospital.
의사는 그 환자를 종합병원에 __________.
▶ **Hint** 환자를 다른 병원에 보내는 것을 무엇이라고 할까?

Q2 **re**(원래대로)+**mit**(보내다) ➡ remit

Please remit payment by the end of this month.
이번 달 말까지 납입금을 __________해 주세요.
▶ **Hint** 돈을 원래 있어야 할 장소로 보내는 것을 무엇이라고 할까?

Q3 **inter**(사이에)+**mit**(보내다)+**ent**(형 접미사) ➡ intermittent

After four hours of intermittent rain, the game was canceled.
4시간 동안 __________으로 비가 내린 후, 시합은 중단되었다.
▶ **Hint** 사이사이에 일이 일어나는 것을 무엇이라고 할까?

Answers_ Q1. 맡겼다 Q2. 송금 Q3. 간헐적

***commit** [kəmít] 동 위임하다, 저지르다, 범하다

*commission 명 수수료, 위임(장)

*commitment 명 위임, 위탁, 약속, 가담

***committee 명 위원(회)

Most crimes are committed by young men.
대부분의 범죄는 젊은이들이 저지른다.

연상: 어딘가에 몸을 맡김, 자신을 나쁜 쪽으로 보냄
어원: co(m) 완전히 + mit 보내다

---

remit [rimít] 동 송금하다, 반려하다, 면제하다

remittance 명 송금(액)

When can you remit the money to me?
언제 나에게 돈을 송금해 줄 수 있나요?

연상: 다시 돌려보냄
어원: re 원래대로 + mit 보내다

---

intermittent [ìntərmít(ə)nt] 형 단속적인, 간헐적인

intermittently 부 간헐적으로

intermission 명 휴식 시간

It rained intermittently all day.
하루 종일 비가 간헐적으로 내렸다.

연상: 사이에 보냄
어원: inter 사이에 + mit 보내다 + ent 형접미사

---

submit [səbmít] 동 제출하다, 굴복하다, 복종시키다

submission 명 제출, 굴복, 복종

She refused to submit to threats.
그녀는 협박에 굴복하기를 거부했다.

연상: 밑으로 엎드림
어원: sub 아래에 + mit 보내다

---

transmit [trænsmít] 동 보내다, 전하다, 옮기다, 전염시키다

transmission 명 전달, 전염

Cholera is transmitted through contaminated water.
콜레라는 오염된 물을 통해 전염된다.

연상: 맞은편으로 보냄
어원: trans 넘어 + mit 보내다

---

emit [imít] 동 내다, 발하다, 방출하다

emission 명 방출 (물질), 방사, 배출(물)

Sulfur gases were emitted by the volcano.
화산에서 유황 가스가 방출되었다.

연상: 밖으로 내보냄
어원: e(x) 밖에 + mit 보내다

070 mode 형태, 척도

track 70

modern

현대적인(modern) 건물은 시대의 척도가 된다.

silent mode

흔히 매너 모드라고도 부르는 silent mode는
주위 사람들을 배려하여 휴대 전화기의 벨소리를
무음으로 바꿔 놓는 방식을 말한다.

fashion model

이상적인 외형을 보여 주는 fashion model은 유행의 척도다.

mode는 '양식, 방법'을 뜻한다. commodity는 '같은 형태를 띠고 있는 물건'이란 뜻에서 '필수품, 상품'을 의미한다.

Guess the Words!

Q1 **re**(다시)+**model**(형태) ➡ remodel

I'm planning to remodel my kitchen.

나는 부엌을 ______ 예정이다.

▶ **Hint** 부엌의 형태를 바꾸는 것을 무엇이라고 할까?

Q2 **mode**(척도)+**st**(형 접미사) ➡ modest

Though he's an outstanding pianist, he's a modest man.

그는 뛰어난 피아니스트지만, ______ 사람이다.

▶ **Hint** 척도에 합당하게 과장하지 않는 성격은 어떤 성격일까?

Q3 **a(c)**(~을 향해)+**com**(함께)+**mod**(형태)+**ate**(동 접미사) ➡ accommodate

The dormitory is able to accommodate only 100 students.

그 기숙사는 100명의 학생들만 ______ 수 있다.

▶ **Hint** 기숙사의 자리와 학생 수가 같게 하는 것을 무엇이라고 할까?

Answers_ Q1. 개조할 Q2. 겸손한 Q3. 수용할

remodel [동] 고쳐 만들다, 형태를 바꾸다, 개조하다
[riːmádl]

연상: 형태를 다시 만듦
어원: re + model
다시 형태

They are planning to remodel their house next year.
그들은 내년에 집을 개조할 예정이다.

---

modest [형] 겸손한, 조심스러운
[mádist]
modesty [명] 겸손, 조심성

연상: 척도에 합당함
어원: mode + st
척도 [형]접미사

She was very modest about her great achievements.
그녀는 자신의 훌륭한 업적에 대해 매우 겸손했다.

---

accommodate
[əkámədèit] [동] 적응시키다, 수용하다
accommodation [명] 적응, 수용 시설

연상: 같은 형태로 만듦
어원: a(c) + com + mod + ate
~을 향해 함께 형태 [동]접미사

The new restaurant can accommodate 300 diners.
새 레스토랑은 300명을 수용할 수 있다.

---

mold [동] 틀에 넣어 만들다, 주조하다, 형성하다
[mould]
[명] 주형, 뼈대, 유형

연상: 형태를 만듦
어원: mold
형태

His personality was molded by his strict father.
그의 성격은 엄격한 아버지에 의해 형성되었다.

---

moderate [형] 끊임없는, 쉴 새 없는
[[형]mádərət] [동] 절제하다, 사회를 보다, 완화하다
[[동]mádərèit]
moderation [명] 알맞음, 중용, 절도

연상: 척도에 의해 규제됨
어원: mode + ate
척도 [형]접미사

The television debate was moderated by a law professor.
그 텔레비전 토론은 법학 교수가 사회를 봤다.

---

modify [동] 수정하다, 변경하다, 완화하다
[mádəfài]

연상: 척도에 맞춤
어원: mode + ify
척도 [동]접미사

Patients were taught how to modify their diet.
환자들은 그들의 식단을 어떻게 변경해야 하는지 배웠다.

071  mon 보여 주다, 경고하다

track 71

monster

도시를 파괴하는 거대한 monster(괴물)는 신이 보내는 경고다.

monument

오래도록 마음에 간직할 수 있도록 과거의 일이나 인물을 보여 주는 것이 monument(기념물)이다.

monitor

위험성을 보여 주면서 주의를 주거나 권고를 하는 사람을 monitor라고 한다.

Guess the Words!

Q1 **ad**(~을 향해)+**mon**(보여 주다)+**ish**(동 접미사) ➜ admonish

He admonished me not to do it again.

그는 나에게 다시는 그런 일을 하지 말라고 ______했다.

▶ **Hint** 나에게 조심하라고 말하는 것을 무엇이라고 할까?

Q2 **su(m)**(아래에)+**mon**(보여 주다) ➜ summon

He was summoned to attend an emergency meeting.

그는 긴급회의에 참석하라는 ______을 받았다.

▶ **Hint** 참석하라고 위에서 보내는 지시를 무엇이라고 할까?

Q3 **de**(완전히)+**monstr**(보여 주다)+**ate**(동 접미사) ➜ demonstrate

Please demonstrate how the printer works.

프린터가 어떻게 작동하는지 ______해 주세요.

▶ **Hint** 작동하는 방법을 완전히 밝히는 것을 무엇이라고 할까?

Answers_ Q1. 경고 Q2. 호출 Q3. 설명

admonish 동 경고하다, 권고하다, 주의를 주다
[ədmániʃ]

I was admonished for chewing gum in class.
나는 수업 중에 껌을 씹어서 주의를 받았다.

연상 ~을 향해 보여 줌
어원 ad + mon + ish
~을 향해 보여 주다 동접미사

---

summon 동 소환하다, 호출하다, 출두를 명하다, 환기하다
[sʌ́mən]

He has been summoned to appear in court.
그는 법정 출두 명령을 받았다.

연상 위에서 아래에 제시함
어원 su(m) + mon
아래에 보여 주다

***demonstrate** 동 증명하다, 실연하다, 설명하다
[démənstrèit]

***demonstration** 명 논증, 시위, 실연

He demonstrated that his theory was right.
그는 자신의 이론이 옳다는 사실을 증명했다.

연상 완전히 내보임
어원 de + monstr + ate
완전히 보여 주다 동접미사

---

muster 동 소집하다, (용기 등을) 내다 명 소집, 점호, 집합
[mʌ́stər]

Passengers were mustered to the lifeboats.
승객들은 구명보트로 소집되었다.

연상 지시함
어원 monster의 변형

---

remonstrate 동 항의하다, 이의를 제기하다
[rimánstreit]

remonstration 명 항의, 간언

I went to the farm to remonstrate with the farmer.
나는 그 농장주에게 항의하기 위해 농장으로 갔다.

연상 자신의 의견을 분명하게 내보임
어원 re + monstr + ate
완전히 보여 주다 동접미사

---

premonition 명 예고, 예감, 징후
[priːməníʃən]

I had a premonition that I would never see her again.
나는 그녀를 다시 보지 못한다는 예감이 들었다.

연상 미리 내보이는 것
어원 pre + mon + tion
앞에 보여 주다 명접미사

072 mot, mob, mov

track 72

움직이다

remote control

멀리 떨어진 곳에서도 기계를 조작할 수 있게 해 주는 도구를 remote control이라고 한다.

slow motion

slow motion은 움직임이 실제보다 느리게 보이도록 만드는 기법을 뜻한다.

mobile phone

이동 중에도 쓸 수 있도록 휴대 가능한 전화기를 mobile phone이라고 한다.

'영화'를 말할 때는 movie나 motion picture를 쓰는데, 문자 그대로 '활동사진'이라고 불리던 시기도 있었다. 어근 mom에도 '움직이다'라는 의미가 포함되어 있다. moment는 시간의 움직임을 의미하는 데서 '순간'이라는 뜻을 가지게 되었고, 형용사 momentary는 '순간적인'을 뜻한다. '기세, 탄력, 운동량'을 나타낼 때는 momentum을 쓰고, 형용사는 momentous(중대한)이다. 돌아다니며 날뛰는 '폭도'는 mob을 쓴다.

Guess the Words!

Q1 **e**(밖으로)+**mot**(움직이다)+**ion**(명 접미사) → emotion

She is sometimes unable to control her emotions.

그녀는 때때로 자신의 ________을 조절하지 못한다.

▶ **Hint** 마음의 움직임을 무엇이라고 할까?

Q2 **pro**(앞에)+**mote**(움직이다) → promote

I worked hard and was soon promoted.

나는 열심히 일해서 곧 ________했다.

▶ **Hint** 사원의 지위가 앞으로 나아가는 것을 무엇이라고 할까?

Q3 **de**(아래에)+**mote**(움직이다) → demote

The sergeant was demoted to private.

그 하사관은 병사로 ________되었다.

▶ **Hint** 군인의 지위가 아래로 움직이는 것을 무엇이라고 할까?

Answers_ Q1. 감정 Q2. 승진 Q3. 강등

emotion [imóuʃən] — 명 감정, 정서 (**)

*emotional — 형 감정적인, 정서적인

연상: 밖으로 내보이는 움직임

어원: e + mot + ion
밖으로 움직이다 명접미사

Laughter is one of the most infectious expressions of emotion.
웃음은 가장 쉽게 전염되는 감정 표현 중 하나다.

---

promote [prəmóut] — 동 승진시키다, 촉진하다 (**)

*promotion — 명 승진, 촉진

연상: 앞으로 움직이게 함

어원: pro + mote
앞에 움직이다

She was promoted to top manager.
그녀는 최고 관리자로 승진했다.

---

demote [dimóut] — 동 강등시키다, 지위를 낮추다

demotion — 명 강등, 격하

연상: 아래로 움직이게 함

어원: de + mote
아래에 움직임

She was demoted because of her poor sales record.
영업 실적이 낮아서 그녀는 강등되었다.

---

motive [móutiv] — 명 동기, 목적 / 형 원동력이 되는

motivate — 동 자극하다, 동기를 주다

연상: 움직이게 함

어원: mot + ive
움직이다 형접미사

The motive for the killing is unknown.
살인의 동기는 알려지지 않고 있다.

---

remote [rimóut] — 형 먼, 외딴, 벽지의 (*)

연상: 뒤로 움직이게 함

어원: re + mote
뒤에 움직이다

They live in a remote area, inaccessible except by car.
그들은 자동차 외에는 가까이 갈 수 없는 외딴 지역에 살고 있다.

---

remove [rimúːv] — 동 제거하다, 치우다, 벗다, 해고하다 (***)

removal — 명 제거, 이동, 이사, 해고

연상: 원래 상태로 되돌림

어원: re + move
원래대로 움직이다

Illegally parked vehicles have been removed.
불법 주차된 차는 다른 곳으로 옮겨진다.

073 mount 솟아오르다, 산

track 73

Mount Fuji

Mount Fuji(후지 산)는 일본에서 가장 높은 산이다.

mount position

격투기 기술 중 하나인 mount position은 마치 말을 타듯 상대방의 몸 위에 올라타는 자세를 가리킨다.

Guess the Words!

Q1 **a**(~을 향해)+**mount**(산) ➡ amount

The total snowfall amounted to one meter.

총 강설량이 1미터에 ______.

▶ **Hint** 강설량이 산꼭대기 정도의 수준에 미치는 것을 무엇이라고 할까?

Q2 **sur**(넘어)+**mount**(산) ➡ surmount

She was prepared for the difficulties that had to be surmounted.

그녀는 ______해야만 하는 역경에 대비하고 있었다.

▶ **Hint** 역경이라는 산을 뛰어넘는 것을 무엇이라고 할까?

Q3 **dis**(~이 아니다)+**mount**(산) ➡ dismount

He dismounted (from) a horse.

그는 말에서 ______.

▶ **Hint** 말에 타는 것의 반대말은 무엇일까?

Answers_ Q1. 달했다 Q2. 극복 Q3. 내렸다

*** **amount** 동 (어느 수량에) 달하다
[əmáunt] 명 총계, 총액, 양, 액수

연상 산꼭대기로 향함
어원 a + mount
~을 향해 산

The server is designed to store huge amounts of data.
그 서버는 방대한 양의 데이터를 저장할 수 있도록 설계되었다.

---

surmount 동 극복하다, 이겨내다, 넘다
[səːrmáunt]

연상 산을 넘음
어원 sur + mount
넘어 산

We managed to surmount all objections to our plans.
우리는 우리의 계획에 대한 모든 반대를 간신히 극복했다.

---

dismount 동 내리다
[dismáunt]

* **mount** 동 오르다, 증가하다

연상 오르지 않음
어원 dis + mount
~이 아니다 산

The mayor mounted the platform and addressed the crowd.
그 시장은 연단에 올라 군중에게 연설했다.

---

paramount 형 최고의, 가장 중요한
[pǽrəmàunt]

연상 산꼭대기의 옆
어원 para + mount
옆에 산

Education is the paramount issue.
교육이 가장 중요한 문제다.

---

mountainous 형 산이 많은, 산지의, 거대한
[máunt(ə)nəs]

*** **mountain** 명 산, 다량, 다수

연상 산의 성질을 지님
어원 mount + ous
산 형 접미사

The mainland of Greece is mountainous.
그리스 본토는 산이 많다.

---

mountaineering
[màunt(ə)níəriŋ] 명 등산

mountaineer 명 등산가
동 등산하다

연상 사람이 산을 오르는 일
어원 mount + eer + ing
산 사람 ~하는 것

We are going mountaineering this weekend.
우리는 이번 주말에 등산할 예정이다.

074 na(n)t, nai 태어나다

track 74

naive

naive는 막 태어난 아기처럼 순수하고
순진한 사람에게 쓰는 표현이다.

native speaker

영미권 나라에서 태어나고 자라 영어를 모국어로 쓰는
사람을 a native speaker of English라고 한다.

natural makeup

natural makeup은 있는 그대로의
자연스러운 느낌을 주는 화장을 말한다.

14~16세기 이탈리아를 중심으로 서유럽에서 일어난 역사적·문화적 운동을 르네상스(Renaissance)라고 한다. 고대 문화를 부흥시키고자 했던 Renaissance의 원래 의미는 '부활, 재생'이다.

Guess the Words!

Q1 **pre**(앞의)+**nant**(태어나다) → pregnant

She is about six months pregnant.

그녀는 약 ______ 6개월이다.

▶ **Hint** 여성이 아이를 출산하기 전에 품고 있는 상태를 무엇이라고 할까?

Q2 **in**(안에)+**nat**(태어나다) → innate

Children have an innate ability to learn language.

아이들은 언어를 배우는 ______ 능력을 가지고 있다.

▶ **Hint** 태어날 때 가지고 있는 것을 무엇이라고 할까?

Q3 **nat**(태어나다)+**ral**(형 접미사)+**ize**(동 접미사) → naturalize

He was naturalized as a Chinese 20 years ago.

그는 20년 전에 중국에 ______했다.

▶ **Hint** 그 나라에서 태어난 듯 자연스러운 상태가 되는 것을 무엇이라고 할까?

Answers_ Q1. 임신 **Q2.** 선천적인 **Q3.** 귀화

pregnant 형 임신하고 있는
[prégnənt]
pregnancy 명 임신 (상태·기간)

He gave up his seat to a pregnant woman.
그는 임신한 여성에게 자리를 양보했다.

연상 태어나기 전의 상태
어원 **pre** + **nant**
앞의 태어나다

---

innate 형 타고난, 선천적인, 고유의
[inéit]

Americans have an innate sense of fairness.
미국인들은 공정성에 대한 정신을 타고났다.

연상 태어날 때 지니고 있음
어원 **in** + **nat**
안에 태어나다

---

naturalize 동 귀화시키다, 귀화하다, 적응시키다
[nǽtʃ(ə)rəlàiz]

She moved to the USA and was naturalized in 2005.
그녀는 미국으로 건너가 2005년에 귀화했다.

연상 자연스러워짐
어원 **nat** + **ral** + **ize**
태어나다 형 접미사 동 접미사

---

nationalize 동 국유화하다
[nǽʃ(ə)nəlàiz]
*** **nation** 명 국가, 국민
*** **national** 형 국가의, 국민의
nationality 명 국적, 국가, 국민

The government recently nationalized the railways.
정부는 최근 철도를 국유화했다.

연상 국가의 것으로 함
어원 **nation** + **ize**
타고난 것 → 국가, 국민 동 접미사

---

denationalize 동 민영화하다, 국적을 빼앗다
[diːnǽʃ(ə)nəlàiz]

France denationalized much of her industry.
프랑스는 산업의 많은 부분을 민영화했다.

연상 국유화에서 벗어남
어원 **de** + **nationalize**
떨어져 국유화하다

---

natal 형 출생의, 출산의
[néitl]

Green turtles return to their natal island to breed.
바다거북은 알을 낳기 위해서 태어난 섬으로 돌아간다.

연상 출생과 관련됨
어원 **nat** + **al**
태어나다 형 접미사

075 nom(in), onym, noun 이름, 전하다

track 75

announcer

announcer는 '시청자를 향해(an) 뉴스를 전하는(nounce) 사람(er)'이다.

nominate

nominate는 이름이 불려서 후보자로 추천되는 것을 말한다.

이름(name) 위에(sur) 오는 성을 surname이라고 한다. '명사'를 뜻하는 말은 noun이며, 대명사는 pronoun이다. 그 밖에도 antonym(반의어), synonym(동의어), onomatopoeia(의성어), homonym(동음이의어), pseudonym(필명) 등도 외워 두자.

Guess the Words!

Q1 **pro**(앞에)+**nounce**(전하다) ➜ pronounce

How do you pronounce your last name?

당신의 성은 어떻게 ______ 하나요?

▶ **Hint** 사람들 앞에서 이름을 말하려면 어떻게 해야 할까?

Q2 **de**(아래에)+**nounce**(전하다) ➜ denounce

Darwin's theories about evolution were denounced by many people.

진화에 대한 다윈의 이론은 많은 사람들에게 ______ 받았다.

▶ **Hint** 표준보다 밑이라고 평가하는 것을 무엇이라고 할까?

Q3 **an**(~이 아니다)+**onym**(명 접미사)+**ous**(형 접미사) ➜ anonymous

The writer of the poem is anonymous.

그 시의 작자는 ______ 이다.

▶ **Hint** 이름이 없거나 모르는 것을 무엇이라고 할까?

Answers_ Q1. 발음 Q2. 비난 Q3. 불명

pronounce 동 발음하다

[prənáuns]

pronunciation 명 발음

His English pronunciation is very good.
그의 영어 발음은 아주 좋다.

연상 사람들 앞에서 전함

어원 **pro** + **nounce**
앞에 전하다

---

denounce 동 고발하다, (공공연히) 비난하다

[dináuns]

denouncement 명 고발, 비난

She denounced him to the police as a murderer.
그녀는 그를 살인자라고 경찰에게 고발했다.

연상 표준보다 밑이라고 말함

어원 **de** + **nounce**
아래에 전하다

---

anonymous 형 익명의, 이름을 모르는, 작자 불명의

[ənánimәs]

The donor prefers to remain anonymous.
기증자는 익명으로 남기를 선호한다.

연상 이름이 없음

어원 **an** + **onym** + **ous**
~이 아니다 명접미사 형접미사

---

nominate 동 지명하다, 임명하다

[námənèit]

nomination 명 지명, 임명

nominal 형 이름뿐인, 명목상의, 유명무실한

It was clear that Bush was going to be nominated for President.
Bush가 대통령에 지명되는 것은 명백했다.

연상 이름을 말함

어원 **nomi** + **ate**
이름 동접미사

---

renounce 동 거부하다, 단념하다

[renounce]

We absolutely renounce all forms of terrorism.
우리는 모든 형태의 테러를 단호하게 거부한다.

연상 뒤로 내던진다고 말함

어원 **re** + **nounce**
뒤에 전하다

---

renowned 형 유명한

[rináund]

The island is renowned for its natural beauty.
그 섬은 자연의 아름다움으로 유명하다.

연상 다시 이름을 불림

어원 **re** + **nown** + **ed**
뒤에 이름 ~하게되다

076 norm 표준

track 76

abnormal

abnormal behavior는 표준에서 벗어나는 '이상 행동'을 뜻한다.

norm

norm은 표준에 합당하는 '기준 노동량'을 뜻한다. 노르마(norma)라고도 한다.

Guess the Words!

Q1 **ab**(떨어져)+**norm**(표준)+**al**(형 접미사) ➡ abnormal

El Niño is caused by abnormal amounts of warm water in the Pacific Ocean.

엘니뇨는 태평양의 ______ 양의 따뜻한 해수에 의해 발생한다.

▶ **Hint** 표준에서 벗어난 것을 무엇이라고 할까?

Q2 **e(x)**(밖에)+**norm**(표준)+**ous**(형 접미사) ➡ enormous

An elephant is an enormous animal.

코끼리는 ______ 동물이다.

▶ **Hint** 크기가 표준보다 웃도는 것을 무엇이라고 할까?

Q3 **sub**(아래에)+**norm**(표준)+**al**(형 접미사) ➡ subnormal

California received subnormal rainfall that year.

캘리포니아는 그해 강수량이 예년보다 ______.

▶ **Hint** 강수량이 표준보다 아래인 것을 무엇이라고 할까?

Answers_ Q1. 비정상적인 **Q2.** 거대한 **Q3.** 적었다

abnormal

[æbnɔ́ːrməl]

[형] 이상한, 비정상적인

연상: 표준에서 벗어남

어원: ab + norm + al
떨어져 표준 [형]접미사

The temperatures are abnormal for this time of year.
기온이 한 해의 이맘때치고는 이상하다.

enormous

[inɔ́ːrməs]

[형] 거대한, 막대한, 큰

연상: 표준에서 벗어남

어원: e(x) + norm + ous
먼저 표준 [형]접미사

He has enormous power within the party.
그는 당내에서 거대한 권력을 갖고 있다.

subnormal

[səbnɔ́ːrməl]

[형] 정상 이하의, 저능의

연상: 표준 이하인 상태

어원: sub + norm + al
아래에 표준 [형]접미사

Hypothermia is the result of subnormal body temperatures caused by exposure to cold.
저체온증은 추위에 노출되어 생기는 정상 이하의 체온 때문에 발생한다.

norm

[nɔːrm]

[명] 표준, 기준, 규범

연상 / 어원: 원래는 목수가 사용하는 직각자에서 유래함

Nonsmoking is now the norm in most work places.
금연은 이제 대부분의 직장에서 규범으로 정하고 있다.

*** normal

[nɔ́ːrməl]

[형] 표준의, 정상의, 평균적인
[명] 표준, 정상, 평균

normalize [동] 정상화하다

normalization [명] 정상화

연상: 표준의

어원: norm + al
표준 [형]접미사

The temperature is below normal today.
오늘 기온은 평균보다 낮다.

enormity

[inɔ́ːrməti]

[명] 심각함, 거대함, 극악무도한 행위

연상: 표준에서 벗어남

어원: e(x) + norm + ity
밖에 표준 [명]접미사

The enormity of our country's economic problems is overwhelming.
우리나라 경제 문제의 심각함은 너무나도 크다.

077  ord(er) 명령, 순서

track 77

last order

last order는 레스토랑 등에서
그날 손님에게서 받은 마지막 주문을 뜻한다.

batting order

batting order는 선수가 타석에
서는 순서를 말한다.

coordinate

옷을 coordinate할 때는 전체적인
통일성을 생각해야 한다.

어근 ord를 가진 단어에는 ordain(명하다, 규정하다), ordinance(법령, 조례), ordeal(시련) 등이 있다.

Guess the Words!

Q1 **dis**(~이 아니다)+**ord(er)**(순서) ➡ disorder

His room is always in a state of disorder.

그의 방은 항상 ________ 상태이다.

▶ **Hint** 질서가 없는 상태를 무엇이라고 할까?

Q2 **ordin**(순서)+**ary**(형 접미사) ➡ ordinary

The bonds are convertible into ordinary shares.

회사채는 ________주로 바꿀 수 있다.

▶ **Hint** 순서가 정해져 있어 항상 그러한 것을 무엇이라고 할까?

Q3 **extra**(넘은)+**ordinary**(보통의) ➡ extraordinary

He is a man of extraordinary abilities.

그는 ________ 능력의 소유자다.

▶ **Hint** 보통 수준을 뛰어넘은 상태를 무엇이라고 할까?

Answers_ Q1. 무질서 Q2. 보통 Q3. 비범한

disorder
[disɔ́ːrdər]

명 무질서, 혼란, 장애

연상: 순서가 바르지 않음
어원: dis + ord(er)
~이 아니다 / 순서

The hospital specialized in treating disorders of the brain.
그 병원은 뇌장애 치료를 전문적으로 하고 있다.

** ordinary
[ɔ́ːrdənèri]

형 보통의, 일상적인, 평범한

연상: 순서가 정해져 있음
어원: ordin + ary
순서 / 형접미사

The meal was very ordinary.
식사는 매우 평범했다.

---

* extraordinary
[ikstrɔ́ːrdənèri]

형 비상한, 비범한, 놀라운, 이상한

연상: 보통의 상태를 뛰어넘음
어원: extra + ordinary
넘은 / 보통의

What an extraordinary house!
정말 기묘한 집이에요!

---

orderly
[ɔ́ːrdərli]

형 정연한, 정돈된, 질서를 지키는

연상: 순서가 바름
어원: order + ly
순서 / 형접미사

His office is always orderly and clean.
그의 사무실은 항상 정돈되어 있고 깨끗하다.

---

subordinate
[동 səbɔ́ːrd(ə)nèit]
[형 səbɔ́ːrd(ə)nət]

동 하위에 놓다, 종속시키다
형 하위의, 부차적인, 종속하는

연상: 순서상 아래에 둠
어원: sub + ordin + ate
아래에 / 순서 / 동접미사

Taking a vacation is subordinate to finishing this project.
휴가를 가는 것은 이 프로젝트를 완료한 다음의 일이다.

---

coordinate
[동 kouɔ́ːrdəneit]
[형 kouɔ́ːrdənit]

동 대등하게 하다, 조정하다
형 동등한, 대등한

연상: 순서를 같게 함
어원: co + ordin + ate
함께 / 순서 / 동접미사

They appointed a new manager to coordinate the work of the team.
그들은 그 팀의 일을 조정하는 새 관리자를 임명했다.

078 or(i), origin 오르다, 시작하다

track 78

oriental

oriental은 '해가 뜨는 곳의' 즉, '동양의'를 의미한다.

Aborigine

오스트레일리아의 역사는 원주민(Aborigine)의 역사에서 시작된다.

Guess the Words!

Q1 **ab**(떨어져)+**ort**(시작하다)+**ive**(형 접미사) → abortive

His attempt proved to be abortive.

그의 시도는 ______로 돌아갔다.

▶ **Hint** 그의 시도가 성공의 시작이 되지 못했다는 것은 어떤 의미일까?

Q2 **origin**(시작)+**al**(형 접미사) → original

I was impressed by the highly original design of the house.

나는 그 집의 매우 ______ 디자인에 감명받았다.

▶ **Hint** 처음으로 생각해 내거나 만들어 내는 것을 무엇이라고 할까?

Q3 **ab**(~부터)+**origin**(시작)+**al**(형 접미사) → aboriginal

They appreciate the richness of the heritage of aboriginal people.

그들은 ______의 풍부한 문화유산을 이해하고 있다.

▶ **Hint** 어떤 지역에 처음부터 살고 있던 사람을 무엇이라고 할까?

Answers_ Q1. 실패 Q2. 독창적인 Q3. 원주

abort [əbɔ́ːrt] 동 중지하다, 유산하다, 중절하다
abortion 명 유산, 중절
abortive 형 성공하지 못한, 실패로 돌아간, 조산의

연상: 시작에서 멀어짐
어원: ab (떨어져) + ort (시작하다)

The virus can cause pregnant animals to abort.
그 바이러스는 임신한 동물들을 유산시킬 수 있다.

---

original [əridʒ(ə)nəl] 형 최초의, 원시의, 독창적인
*__origin__ 명 기원, 유래, 발생, 태생
originality 명 독창성

연상: 시작부터의
어원: origin (시작) + al (형 접미사)

The question of the origin of the universe is still hotly debated by scientists.
우주의 기원에 대한 문제는 과학자들 사이에 아직도 뜨겁게 논쟁 중이다.

---

aboriginal ** [æbərídʒ(ə)nəl] 형 원주민의, 토착의
aborigine 명 원주민(족)

연상: 처음부터 있었음
어원: ab (~부터) + origin (시작) + al (형 접미사)

Aboriginal minorities still exist in this country.
소수의 원주민이 여전히 이 나라에 존재한다.

---

originate [ərídʒənèit] 동 기원하다, 유래하다, 고안하다 창시하다, 일어나다

연상: 시작함
어원: origin (시작) + ate (동 접미사)

He originated this theory in the early 17th century.
그는 17세기 초 이 이론을 고안했다.

---

orient [ɔ́ːriənt] 명 동양 동 관심을 기울이다, 적응하다
oriental 형 동양의
orientation 명 방향성, 적응, 오리엔테이션

연상: 태양이 떠오르는 곳 ← 하루가 시작됨
어원: ori (시작하다) + ent (형 접미사)

Our students are oriented toward science subjects.
우리 학생들은 과학 과목에 관심을 기울이고 있다.

---

primordial [praimɔ́ːrdiəl] 형 원시 시대의, 최초의

연상: 최초로 시작됨
어원: prim (제1의) + ord (시작하다) + ial (형 접미사)

Jupiter contains large amounts of primordial gas and dust.
목성에는 대량의 원시 시대 가스와 먼지가 포함되어 있다.

079 ound, und 물결치다

track 79

surround

surround speaker는 음악이
물결처럼 흘러나와 현장감을 느끼게 해 준다.

undulation

undulation이란 물결이 치는
것처럼 보이는 골프 코스의 기복을 뜻한다.

Guess the Words!

Q1 **ab**(떨어져)+**ound**(물결치다) → abound

This lake abounds with fish.

이 호수에는 물고기가 ______.

▶ **Hint** 물고기가 물결을 이룰 정도로 있는 상태를 무엇이라고 할까?

Q2 **re(d)**(다시)+**und**(물결치다)+**ant**(형 접미사) → redundant

Saying "rare and unusual" is redundant.

'드물고 흔치 않다'라는 말은 ______하다.

▶ **Hint** 말이 물결치듯 많은 것을 무엇이라고 할까?

Q3 **sur**(위에)+**ound**(물결치다) → surround

Mountains surround the village on three sides.

산이 그 마을의 삼면을 ______ 있다.

▶ **Hint** 물결처럼 마을의 삼면을 감싸고 있는 것을 무엇이라고 할까?

Answers_ Q1. 가득하다 Q2. 장황 Q3. 둘러싸고

abound 동 풍부하다, 많이 있다, 가득하다
[əbáund]
abundant 형 풍부한, 많은
abundance 명 풍부함, 대량

연상 물결칠 정도로 있음
어원 ab + ound
떨어져 물결치다

They have abundant evidence to prove her guilt.
그들은 그녀의 유죄를 증명하는 많은 증거를 가지고 있다.

redundant 형 장황한, 여분의, 과잉의
[ridʌ́ndənt]
redundancy 명 정리 해고, 불필요한 중복

연상 계속해서 물결치고 있음
어원 re(d) + und + ant
다시 물결치다 형접미사

Two hundred workers now face redundancy.
200명의 노동자가 지금 해고에 직면해 있다.

** **surround** 동 둘러싸다, 에워싸다
[səráund]

연상 물결치듯이 둘러쌈
어원 sur + ound
위에 물결치다

He's interested in the circumstances surrounding the accident.
그는 그 사고를 둘러싼 상황에 관심을 두고 있다.

surroundings 명 환경, 주위 상황
[səráundiŋz]

연상 물결치듯이 둘러싸고 있는 것
어원 sur + ound + ing
위에 물결치다 ~하고 있다

I had trouble getting used to my new surroundings.
나는 새로운 환경에 익숙해지는 데 어려움을 겪었다.

inundate 동 침수시키다, 범람하다, 쇄도하다
[ínəndèit]

연상 안에 들어가 물결을 이룸
어원 in + und + ate
안에 물결치다 동접미사

The river inundated the farmland after the typhoon.
태풍 이후 그 강이 농지를 침수시켰다.

undulate 동 물결치다, 완만하게 기복하다
[ʌ́ndʒulèit]
undulation 명 파도 모양, 기복

연상 물결치고 있음
어원 und + ate
물결치다 동접미사

The ground undulates from an earthquake.
지면은 지진으로 완만하게 기복하고 있다.

080  pa(i)r 준비하다

track 80

parade

parade는 사전에 준비한 행렬이다.

separates

separates는 상의와 하의가 분리되어 있어 각각 준비하여 입는 옷을 말한다.

Guess the Words!

Q1 **re**(다시)+**pair**(준비하다) → repair

How much will it cost to have the TV repaired?

텔레비전을 ______하는 데 비용이 얼마나 드나요?

▶ **Hint** 고장 난 텔레비전을 다시 볼 수 있도록 준비하는 것을 무엇이라고 할까?

Q2 **pre**(앞에)+**pare**(준비하다) → prepare

My wife spent all day preparing the meal.

내 아내는 식사를 ______하는 데 온종일이 걸렸다.

▶ **Hint** 식사를 미리 마련해 두는 것을 무엇이라고 할까?

Q3 **se**(떨어져)+**par**(준비하다)+**ate**(동 형 접미사) → separate

My wife and I have separate bank accounts.

내 아내와 나는 ______ 은행 계좌를 가지고 있다.

▶ **Hint** 따로 떨어뜨려 놓는 것을 무엇이라고 할까?

Answers_ Q1. 수리 Q2. 준비 Q3. 별개의

○ **repair** [**] [ripέər]

동 수리하다, 회복하다
명 수리

This air conditioner needs repairing.
이 에어컨은 수리가 필요하다.

연상 다시 준비함
어원 re + pair
다시 준비하다

○ **prepare** [***] [pripέər]

동 준비하다

preparation [***] 명 준비
preparatory 형 예비의, 준비의

The USA is prepared to begin talks immediately.
미국은 즉시 회담을 개시할 준비가 되어 있다.

연상 미리 준비함
어원 pre + pare
앞에 준비하다

○ **separate** [***] [동 sépərèit] [형 sépərət]

동 분리하다, 떼어놓다, 나누다, 헤어지다
형 분리된, 별개의

separation 명 분리

They separated two years ago.
그들은 2년 전에 헤어졌다.

연상 떨어뜨려 준비함
어원 se + par + ate
떨어져 준비하다 동형접미사

○ **apparatus** [æpərǽtəs]

명 기구, 도구, 장치

These pieces of apparatus are filters.
이 장치들은 여과기다.

연상 ~에 대비하는 물건
어원 a(p) + par
~을 향해 준비하다

○ **pare** [pεər]

동 껍질을 벗기다, 깎아내다, 삭감하다

She pared an apple.
그녀는 사과 껍질을 벗겼다.

연상 준비함
어원

○ **reparation** [rèpəréiʃən]

명 보상, 배상(금), 수리, 회복

reparable 형 보상할 수 있는, 수리할 수 있는
irreparable 형 보상할 수 없는, 수리할 수 없는

The government agreed to pay reparations to victims.
정부는 피해자들에게 배상금을 지불하는 것에 동의했다.

연상 원래 상태가 되도록 준비함
어원 re + par + tion
원래대로 준비하다 명접미사

Exercises 4

A 다음 단어의 뜻을 아래 <보기>에서 고르세요.

1. disorder ( )
2. manacle ( )
3. manure ( )
4. minor ( )
5. commission ( )
6. geometry ( )
7. amount ( )
8. barometer ( )
9. repair ( )
10. motive ( )

보기					
	ⓐ 비료	ⓑ 미성년자	ⓒ 기하학	ⓓ 수수료	ⓔ 수리
	ⓕ 동기	ⓖ 무질서	ⓗ 양	ⓘ 수갑	ⓙ 척도

B 다음 문장의 괄호 안에 들어갈 단어를 아래 <보기>에서 고르세요.

1. They showed no ( ) to their hostages.
   그들은 인질들에게 자비를 보여 주지 않았다.
2. The ( ) has fallen to zero.
   온도계가 0℃까지 내려갔다.
3. The ( ) of our country's economic problems is overwhelming.
   우리나라 경제 문제의 심각함은 너무나도 크다.
4. Two hundred workers now face ( ).
   200명의 노동자가 지금 해고에 직면해 있다.
5. The question of the ( ) of the universe is still hotly debated by scientists.
   우주의 기원에 대한 문제는 과학자들 사이에 아직도 뜨겁게 논쟁 중이다.
6. These pieces of ( ) are filters.
   이 장치들은 여과기다.
7. I read her poems in ( ).
   나는 그녀의 시를 원고로 읽었다.
8. Their refusal to ( ) will invite more criticism from the UN.
   그들이 타협안에 대해 거부하면 UN의 더 큰 비난을 불러올 것이다.
9. Laughter is one of the most infectious expressions of ( ).
   웃음은 가장 쉽게 전염되는 감정 표현 중 하나다.
10. His English ( ) is very good.
    그의 영어 발음은 아주 좋다.

보기					
	ⓐ enormity	ⓑ pronunciation	ⓒ apparatus	ⓓ manuscript	ⓔ thermometer
	ⓕ redundancy	ⓖ emotion	ⓗ compromise	ⓘ mercy	ⓙ origin

Answers

A 1ⓖ 2ⓘ 3ⓐ 4ⓑ 5ⓓ 6ⓒ 7ⓗ 8ⓙ 9ⓔ 10ⓕ

B 1ⓘ 2ⓔ 3ⓐ 4ⓕ 5ⓙ 6ⓒ 7ⓓ 8ⓗ 9ⓖ 10ⓑ

앞에서 공부한 것들을 복습해요~
화이팅!!!

C 다음 영어 표현의 우리말 해석을 완성하세요.

1. a mercantile exchange　(　　)거래소
2. for mercenary reasons　(　　)이유로
3. the paramount issues　가장(　　)문제
4. subnormal body temperatures　(　　)체온
5. aboriginal minorities　소수의(　　)
6. intermediate skiers　스키의(　　)
7. from time immemorial　(　　)부터
8. a remote area　(　　)지역
9. a pregnant woman　(　　)여성
10. a mediocre writer　(　　)작가

D 다음 문장의 번역문을 완성하세요.

1. **He demonstrated that his theory was right.**
   그는 자신의 이론이 옳다는 사실을 (　　)했다.
2. **Most crimes are committed by young men.**
   대부분의 범죄는 젊은이들이 (　　).
3. **They are planning to remodel their house next year.**
   그들은 내년에 집을 (　　)할 예정이다.
4. **The government recently nationalized the railways.**
   정부는 최근 철도를 (　　)했다.
5. **She denounced him to the police as a murderer.**
   그녀는 그를 살인자라고 경찰에게 (　　)했다.
6. **They appointed a new manager to coordinate the work of the team.**
   그들은 그 팀의 일을 (　　)하는 새 관리자를 임명했다.
7. **He originated this theory in the early 17th century.**
   그는 17세기 초 이 이론을 (　　)했다.
8. **This lake abounds with fish.**
   이 호수에는 물고기가 (　　).
9. **The mayor mounted the platform and addressed the crowd.**
   그 시장은 연단에 (　　) 군중에게 연설했다.
10. **The report tends to magnify the risks involved.**
    이 보고서는 수반되는 위험성을 (　　)한 경향이 있다.

Answers

C **1** 상업 **2** 금전적인 **3** 중요한 **4** 정상 이하의 **5** 원주민 **6** 중급자 **7** 옛날 **8** 외딴 **9** 임신한 **10** 이류

D **1** 증명 **2** 저지른다 **3** 개조 **4** 국유화 **5** 고발 **6** 조정 **7** 고안 **8** 가득하다 **9** 올라 **10** 과장

081 part 나누다, 부분

track 81

apartment

apartment는 여러 주택으로 나누어진 공동주택을 말한다.

compartment

열차의 compartment는 칸막이로 나누어진 각각의 객실을 뜻한다.

department store

department store는 여러 상점으로 나누어진 백화점이다.

compartment

partition은 공간을 나눌 때 쓰는 칸막이를 가리킨다.

Guess the Words!

Q1 **part**(부분)+**ial**(형 접미사) → partial

The judge of the contest was partial to his daughter.

콘테스트의 심사위원은 자신의 딸에게 ______이었다.

▶ **Hint** 어느 한 부분에 치우치게 심사하는 것을 무엇이라고 할까?

Q2 **im**(~이 아니다)+**partial**(부분적인) → impartial

The jury must always give an impartial verdict.

배심원은 항상 ______ 평결을 내려야 한다.

▶ **Hint** 어느 한 부분에 치우지지 않은 상태를 무엇이라고 할까?

Q3 **de**(떨어져)+**part**(나누다) → depart

The plane to Sydney departs at 2:00.

시드니행 비행기는 2시에 ______한다.

▶ **Hint** 지금 있는 곳을 떠나는 것을 무엇이라고 할까?

Answers_ **Q1.** 편파적 **Q2.** 공평한 **Q3.** 출발

partial
[pá:rʃəl]

형 부분적인, 편파적인, 특히 좋아하는, 편애하는

연상 부분적임
어원 part + ial
부분 형접미사

She is very partial to sweets.
그녀는 단것을 특히 좋아한다.

impartial
[impá:rʃəl]

형 공평한, 공정한, 치우치지 않는

연상 부분적이지 않음
어원 im + partial
~이 아니다 부분적인

A trial must be fair and impartial.
재판은 공정하고 공평해야 한다.

depart
[dipá:rt]

동 출발하다

departure 명 출발

***department** 명 부문, 학부, 학과

연상 지금 있는 곳을 떠남
어원 de + part
떨어져 나누다

The train for New York departs from Platform 3.
뉴욕행 기차는 3번 플랫폼에서 출발한다.

partake
[pa:rtéik]

동 참가하다, 함께하다, (음식을) 함께 먹다

연상 전체 중 일부를 가짐
어원 part + take
부분 가지다

They asked me to partake in the ceremony.
그들은 나에게 그 의식에 참가하기를 부탁했다.

***particular
[pərtíkjulər]

형 특별한, 독특한, 각자의

particle 명 미량, 소량, 작은 조각

연상 작은 부분
어원 part + icle + ar
부분 작은 형접미사

This particular custom has its origins in Wales.
이 독특한 관습은 웨일스에 기원을 두고 있다.

impart
[impá:rt]

동 주다, 전하다

연상 나눠 줌
어원 im + part
안에 나누다

The furniture imparts elegance to the room.
그 가구는 방에 우아한 기운을 준다.

082 pass, pace 걸음, 지나가다

track 82

pass

게임에서 pass라고 하면 자신을 건너뛰고
다음 사람의 순서가 되는 것을 말한다.

password

password는 관문을 통과하기 위해
필요한 암호이다.

pacemaker

보조를 맞추고 있는 마라톤의 pacemaker.

bypass

bypass는 교통량이 많은 시가지 등을
지나기 위해 만든 우회로다.

Guess the Words!

Q1 **pas**(지나다)+**time**(시간) ➡ pastime

Gardening is my favorite pastime.

원예는 내가 가장 좋아하는 ____이다.

▶ **Hint** 시간을 보내기 위한 활동을 무엇이라고 할까?

Q2 **sur**(위에)+**pass**(지나다) ➡ surpass

Profits surpassed those of last year.

수익이 작년 수치를 ____했다.

▶ **Hint** 작년 수치를 웃도는 것을 무엇이라고 할까?

Q3 **tres**(넘어)+**pass**(지나다) ➡ trespass

He was fined $1,000 for trespassing on government property.

그는 정부의 소유지를 ____으로 ____해서 천 달러의 벌금형을 받았다.

▶ **Hint** 경계를 넘어 안으로 들어가는 것을 무엇이라고 할까?

Answers_ Q1. 여가 활동 Q2. 상회 Q3. 불법, 침입

pastime

[pǽstàim]

명 오락, 기분 전환, 여가 활동

연상 시간을 보내는 일

어원 pas + time
지나다 시간

His favorite pastime is golf.
그가 가장 좋아하는 여가 활동은 골프다.

surpass

[səːrpǽs]

동 능가하다, 뛰어넘다, 상회하다

연상 웃돎

어원 sur + pass
위에 지나다

At last he surpassed the world record.
마침내 그는 세계 신기록을 뛰어넘었다.

trespass

[tréspəs]

동 불법으로 침입하다, 침해하다

연상 뛰어넘음

어원 tres + pass
넘어 지나다

You are trespassing on my land.
너는 내 토지에 불법으로 침입하고 있다.

** passenger

[pǽsəndʒər]

명 승객, 여객

passer-by 명 통행인

연상 (탈것을 타고) 지나가는 사람

어원 pass + ing + er
지나가다 ~하고 있다 사람

Ten passengers were killed in the accident.
10명의 승객들이 그 사고로 사망했다.

passable

[pǽsəbl]

형 통행할 수 있는, 그런대로 괜찮은, 그런대로 도움이 되는

impassable 형 통행할 수 없는

impasse 명 막다른 상태, 막다른 골목

연상 지나갈 수 있음

어원 pass + able
지나다 ~할 수 있다

The food was excellent and the wine was passable.
음식은 훌륭했고 와인은 그런대로 괜찮았다.

** passage

[pǽsidʒ]

명 통로, 도로, 통행(권), 구절, 단락, 악절

연상 지나가는 것

어원 pass + age
지나다 명 접미사

The constant passage of big trucks made the street noisy.
큰 트럭이 항상 지나다녀서 거리는 시끄러웠다.

083  pat(r) 아버지

track 83

Patriot missile

조상들의 땅을 지키는
Patriot missile(패트리어트 미사일).

patron

patron은 경제적으로 원조해 주는
아버지 같은 존재를 말한다.

Guess the Words!

Q1 **patron**(아버지)+**ize**(동 접미사) → patronize

More than 500 customers patronize **this shop every day.**

500명 이상의 고객들이 매일 이 가게를 ____하고 있다.

▶ **Hint** 아버지처럼 잘 돌보고 애정을 쏟는 것을 무엇이라고 할까?

Q2 **patri**(아버지)+**ot**(사람)+**ic**(형 접미사) → patriotic

We felt really patriotic **when we won the gold medal.**

우리가 금메달을 땄을 때, 우리는 정말로 ____을 느꼈다.

▶ **Hint** 조상들의 땅을 지키는 마음은 어떤 마음일까?

Q3 **re**(다시)+**patri**(아버지)+**ate**(동 접미사) → repatriate

After the war, prisoners were repatriated**.**

전쟁 후 포로들이 ____되었다.

▶ **Hint** 다시 조상들의 땅으로 보내는 것을 무엇이라고 할까?

Answers_ **Q1.** 애용 **Q2.** 애국심 **Q3.** 송환

patronize
[péitrənàiz]
동 (특정 가게·식당 등을) 애용하다, 후원하다

patronage 명 애용, 후원, 보호

patron 명 단골, 고객, 후원자

Thank you for your patronage.
후원해 주셔서 감사합니다.

연상: 아버지처럼 보살핌
어원: patron + ize
아버지 / 동 접미사

patriotic
[pèitriátik]
형 애국적인, 애국심이 강한

patriot 명 애국자

The patriots formed an army to fight the invading army.
애국자들은 침입군과 싸울 군대를 조직했다.

연상: 조상들의 땅을 지킴
어원: patri + ot + ic
아버지 / 사람 / 형 접미사

repatriate
[riːpéitrièit]
동 본국으로 송환하다
명 송환자, 귀환자

Many repatriates came back to their country after the war.
많은 귀환자들이 전쟁 후 조국으로 돌아갔다.

연상: 조상들의 땅으로 돌아감
어원: re + patri + ate
다시 / 아버지 / 동 접미사

paternal
[pətə́ːrnəl]
형 아버지의, 아버지 같은

paternity 명 부성, 부계, 출처

He was allowed two days off as paid paternity leave.
그는 (남자의) 출산 휴가로 이틀간의 유급 휴가를 승인받았다.

연상: 아버지의
어원: pater + al
아버지 / 형 접미사

compatriot
[kəmpéitriət]
명 동포, 같은 나라 사람, 동료
형 동포의

Ken defeated his compatriot in the quarter final.
Ken은 준준결승에서 자국 선수를 이겼다.

연상: 조상들의 땅에서 함께 사는 사람
어원: com + patri + ot
함께 / 아버지 / 사람

expatriate
[동 ekspéitrièit]
[명 ekspéitriət]
동 국외로 추방하다
명 국외로 추방된[이주한] 사람

There are many expatriates from Russia in this country.
이 나라에는 러시아에서 이주해 온 사람이 많다.

연상: 조상들의 땅에서 내보냄
어원: ex + patri + ate
밖에 / 아버지 / 동 접미사

084 path, pass 느끼다, 괴로워하다

track 84

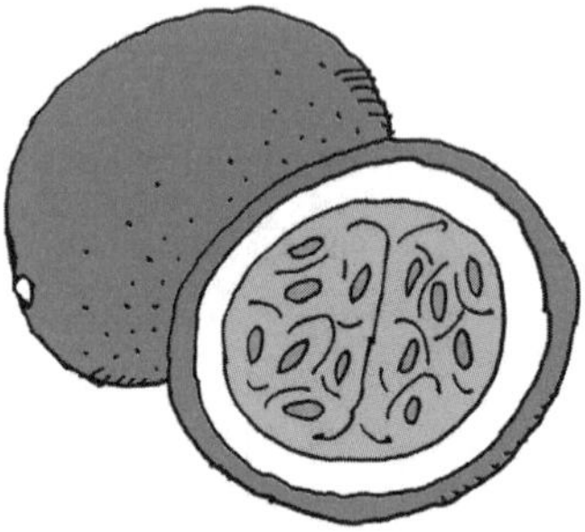

passion fruit

그리스도의 수난을 나타낸다고 하는 passion flower의 열매가 passion fruit이다. passion은 '감정, 열정, 격노'를 뜻한다. 형용사형은 passionate(열정적인)이며, compassion은 '함께 느끼는 감정'이라는 뜻에서 '동정, 연민'을 의미한다.

telepathy

telepathy(텔레파시)는 멀리 있는 상대방에게 의견이나 감정을 전달하는 능력이다.

pathos

pathos(애수)가 넘치는 슬픈 장면.

Guess the Words!

Q1 **anti**(반대)+**path**(느끼다)+**y**(명 접미사) → antipathy

His letter showed a deep antipathy toward the press.

그의 편지는 언론에 대한 깊은 ________을 보여 줬다.

▶ **Hint** 어떤 대상에 대해 반대하는 감정을 무엇이라고 할까?

Q2 **a**(~이 아니다)+**path**(느끼다)+**tic**(형 접미사) → apathetic

Many people today are apathetic about politics.

오늘날에는 많은 사람들이 정치에 대해 ________하다.

▶ **Hint** 정치에 대해 아무런 느낌이 없는 것을 무엇이라고 할까?

Q3 **pat**(괴로워하다)+**ent**(사람) → patient

This hospital treats about 10,000 patients a month.

이 병원은 한 달에 약 1만 명의 ________를 치료한다.

▶ **Hint** 병으로 괴로워하는 사람은 누구일까?

Answers_ Q1. 반감 Q2. 무관심 Q3. 환자

antipathy
[æntípəθi]

명 반감, 혐오

연상: 반감을 가짐
어원: anti + path + y (반대 / 느끼다 / 명 접미사)

She has a great antipathy toward insects.
그녀는 곤충에 대한 강한 반감을 가지고 있다.

---

apathetic
[əpəθétik]

형 무감동의, 무관심한

apathy 명 무감동, 무감정, 무관심
pathetic 형 가슴 아픈, 측은한, 불쌍한

연상: 느끼지 않음
어원: a + path + tic (~이 아니다 / 느끼다 / 형 접미사)

The starving children were a pathetic sight.
굶주린 아이들의 모습은 가슴 아픈 광경이었다.

*** patient
[péiʃ(ə)nt]

명 환자
형 참을성이 강한, 끈기 있는

patience 명 참을성, 끈기
impatient 형 참을 수 없는, 성급한, 초조하게 기다리는
impatience 명 성급함, 조바심

연상: 괴로워하는 사람
어원: pat + ent (괴로워하다 / 사람)

They were impatient at the delay.
그들은 연착이 되어 조바심을 냈다.

---

sympathize
[símpəθàiz]

동 동정하다, 공감하다

* **sympathy** 명 동정, 공감
sympathetic 형 동정심이 있는, 공감하는

연상: 함께 느낌
어원: syn + path + ize (함께 / 느끼다 / 동 접미사)

He liked Max, and sympathized with his ambitions.
그는 Max를 좋아했고, 그의 야심에 공감했다.

---

passive
[pǽsiv]

형 수동적인, 소극적인

연상: 괴로움을 견딤
어원: pass + ive (괴로워하다 / 형 접미사)

She takes a passive attitude toward her job.
그녀는 자신의 일에 대해 소극적인 태도를 취하고 있다.

---

compatible
[kəmpǽtəbl]

형 사이좋게 지낼 수 있는, 모순이 없는, 호환성이 있는

compatibility 명 호환성, 적합성
incompatible 형 성미가 맞지 않는, 호환성이 없는

연상: 함께 느낄 수 있음
어원: com + pat + ible (함께 / 느끼다 / ~할 수 있다)

His printer is compatible with most computers.
그의 프린터는 대부분의 컴퓨터와 호환성이 있다.

085 ped(e), pod, pus 발

track 85

pedal
발로 밟아 자전거를 앞으로 나아가게 하는 발판을 pedal이라고 한다.

pedicure
발을 관리하는 미용술을 pedicure라고 한다.

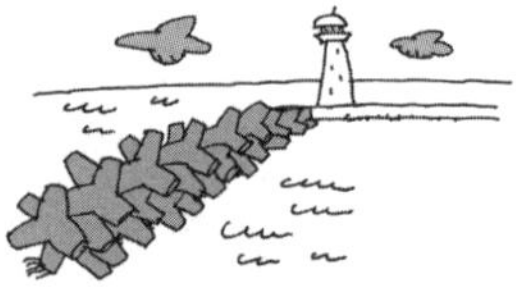

tetrapod
tetrapod(상표명)는 4개의 다리가 있는 콘크리트 블록으로 방파제나 강바닥을 보호하는 데 쓰인다.

그 밖에도 centipede(지네), pedometer(만보계), biped(두발 동물), quadruped(네발 동물), pedestal(대좌), Ped Xing(횡단보도: pedestrian crossing이라고 읽음), pedicab(동남아시아의 삼륜 택시) 등이 있다. 또 pod와 pus에도 '발'이라는 의미가 들어 있다. '삼각대'는 tripod이며, 다리가 8개인 '문어'는 octopus를 쓴다.

Guess the Words!

Q1 **ped**(발)+**dle**(반복) → peddle

Farmers come to Seoul to peddle rice.

농민들은 쌀을 ______하기 위해서 서울로 온다.

▶ **Hint** 걸어서 돌아다니며 상품을 파는 것을 무엇이라고 할까?

Q2 **ex**(밖에)+**ped**(발)+**tion**(명 접미사) → expedition

We need to find sponsorships for the expedition.

우리는 ______을 위한 후원 업체를 찾아야 한다.

▶ **Hint** 잘 알지 못하는 곳으로 가서 조사하는 것을 무엇이라고 할까?

Q3 **im**(안에)+**ped**(발) → impede

Work on the building was impeded by severe weather.

빌딩에서 하는 작업은 악천후의 ______를 받았다.

▶ **Hint** 남이 하는 일에 발을 넣어 거는 것을 무엇이라고 할까?

Answers_ Q1. 행상 Q2. 탐험 Q3. 방해

peddle
[pédl]
통 행상하다, 팔러 다니다

peddler 명 행상인, 마약 밀매업자

연상 걸어서 돌아다님
어원 ped + dle
발 반복

These products are generally peddled door to door.
이 제품들은 일반적으로 방문 판매되고 있다.

---

expedition
[èkspədíʃən]
명 탐험, 탐험대

연상 발길을 밖으로 향함
어원 ex + ped + tion
밖에 발 명 접미사

He went on an expedition to the North Pole.
그는 북극으로 탐험을 떠났다.

---

impede
[impíːd]
동 방해하다, 지체시키다

impediment 명 방해, 장애

연상 발을 안쪽에 넣어 겲
어원 im + ped
안에 발

Fallen rocks are impeding the progress of rescue workers.
낙석이 구조대의 전진을 방해하고 있다.

---

pedestrian
[pədéstriən]
명 보행자, 도보 여행자

연상 걷는 사람
어원 pedester + ian
발의 사람

Pedestrian accidents are up by 5%.
보행자 사고가 5% 상승했다.

---

expedite
[ékspədàit]
동 촉진하다, 추진하다, 신속하게 처리하다

expedient 형 적당한, 편리한, 상책인
명 수단, 방편, 조치

연상 족쇄를 벗김
어원 ex + ped + ite
밖에 족쇄 동 접미사

The company expedited the shipment by sending it by air.
그 회사는 항공편으로 보냄으로써 발송을 신속하게 처리했다.

---

pedigree
[pédəgrìː]
명 계보, 가계, 혈통

연상 학의 발에서 연상함
어원 ped + gree
발 학

He is by pedigree an aristocrat.
그는 귀족 출신이다.

086 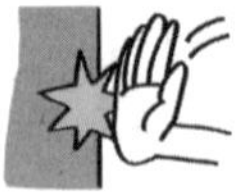 pel, puls 밀다, 치다

track 86

pulse

의사는 환자의 맥박(pulse)이 정상적으로 뛰고 있는지 확인한다. 동사형 pulsate는 '맥박치다, 고동치다'라는 의미다.

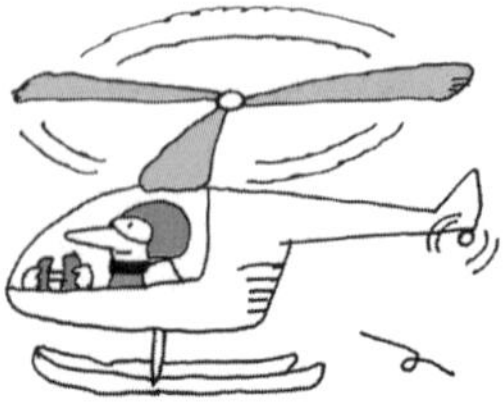

propeller

propeller는 '앞으로(pro) 밀고 나가는(pel) 것(er)', 다시 말해 '추진기'를 뜻한다.

appeal

appeal은 '~에게(a(p)) 밀어닥치다(peal)'라는 뜻에서 '호소하다, 간청하다'라는 의미를 가지게 되었다.

Guess the Words!

Q1 **com**(완전히)+**pel**(밀다) ➔ compel

His illness compelled **him to stay in bed.**

그는 병 때문에 ______ 침대에 누워 있었다.

▶ **Hint** 힘으로 밀어서 강행하는 것을 어떻게 표현할까?

Q2 **im**(위에)+**pulse**(치다) ➔ impulse

It was an impulse **buy.**

그것은 ______ 구매였다.

▶ **Hint** 머리를 맞은 듯이 갑작스럽게 행하는 것을 무엇이라고 할까?

Q3 **re**(원래대로)+**pulse**(치다) ➔ repulse

The enemy attack was quickly repulsed**.**

적의 공격은 빠르게 ______당했다.

▶ **Hint** 공격을 되받아쳐서 물리치는 것을 무엇이라고 할까?

Answers_ Q1. 억지로/어쩔 수 없이 **Q2.** 충동 **Q3.** 격퇴

compel
[kəmpél]

동 강요하다, 억지로 ~하게 하다
불가결한 것

compulsion 명 강제, 강요

compulsory 형 의무적인, 강제적인, 필수의
명 규정 종목

연상 강행함
어원 com + pel
완전히 밀다

Attendance at these lectures is not compulsory.
이 강의에서 출석은 필수가 아니다.

impulse
[ímpʌls]

명 충동, 충격, 자극

연상 머리를 때림
어원 im + pulse
위에 치다

I have never had the impulse to marry her.
나는 결코 그녀와 결혼하고 싶은 충동에 휩싸인 적이 없다.

repulse
[ripʌ́ls]

동 격퇴하다, 물리치다

repulsive 형 역겨운, 혐오스러운

연상 되받아침
어원 re + pulse
원래대로 치다

What a repulsive man!
정말 혐오스러운 남자예요!

expel
[ikspél]

동 추방하다, 제명하다

연상 밖으로 내쫓음
어원 ex + pel
밖에 밀다

The athlete was expelled for drug-taking.
그 선수는 약물 복용으로 제명되었다.

repel
[ripél]

동 접근하지 못하게 하다, 격퇴하다,
물리치다

repellent 형 반발하는, 물리치는, 혐오감을 주는
명 방충제, 구충제

연상 밀어서 되돌림
어원 re + pel
원래대로 밀다

His coat repels moisture.
그의 코트는 물기가 스며들지 않는다.

dispel
[dispel]

동 쫓아버리다, 없애다, 일소하다

연상 억지로 떼어냄
어원 dis + pel
떨어져 밀다

The police moved quickly to dispel the rumors.
경찰은 그 소문을 없애기 위해 빠르게 움직였다.

087 pend 늘어지다, 매달다

track 87

suspenders

suspenders는 흘러내리지 않게 바지에 매다는 끈을 말한다.

pendant

pendant가 가슴 앞에 늘어져 있다.

suspense movie

서스펜스 영화(suspense movie)는 관객의 마음이 공중에 매달린 듯 불안하고 초조하게 만드는 영화를 가리킨다.

아래로 늘어져 있는 이미지를 떠올리게 하는 pend가 들어 있는 단어에는 pendulum(진자), appendix(부록, 부속물, 충수), appendicitis(맹장, 충수염) 등이 있다. pending은 '미결의, 미정의'라는 뜻이다.

Guess the Words!

Q1 **de**(아래에)+**pend**(늘어지다) → depend

Korea depends on foreign countries for oil.

한국은 석유를 외국에 ______하고 있다.

▶ **Hint** 늘어져 기대고 있는 상태를 무엇이라고 할까?

Q2 **in**(~이 아니다)+**de**(아래에)+**pend**(늘어지다)+**ent**(형 접미사) → independent

He is totally independent of his parents.

그는 부모님에게서 완전히 ______해 있다.

▶ **Hint** 기대지 않고 있는 상태를 무엇이라고 할까?

Q3 **sus**(아래에)+**pend**(매달다) → suspend

The student was suspended for damaging school property.

그 학생은 학교 기물을 파손하여 ______당했다.

▶ **Hint** 학생의 자격을 일시적으로 빼앗는 것을 무엇이라고 할까?

Answers_ Q1. 의존 Q2. 독립 Q3. 정학

***depend
[dipénd]

depend 동 기대다, 의존하다

dependent 형 의존하는

dependence 명 의존

연상 아래로 늘어져 기댐
어원 de + pend
아래에 늘어지다

He depends on part-time jobs for most of his income.
그는 수입의 대부분을 아르바이트에 의존한다.

***independent
[ìndipéndənt]

independent 형 독립한, 독립적인

****independence** 명 독립

연상 기대지 않음
어원 in + de + pend + ent
~이 아니다 아래에 늘어지다 형접미사

The USA became an independent nation after 1776.
미국은 1776년 이후부터 독립 국가가 되었다.

---

suspend
[səspénd]

suspend 동 일시 정지하다, 보류하다, 정학[휴직·정직]시키다

suspension 명 일시 정지, 정직, 정학, 출장 정지

연상 잡고 매달림
어원 sus + pend
아래에 매달다

The athlete was suspended for one year for doping.
그 선수는 약물 복용으로 1년 동안 출장 정지를 당했다.

---

suspense
[səspéns]

suspense 명 불안, 긴장감, 서스펜스

연상 불안해서 마음이 진정되지 않는 상태
잡고 매달림
어원 sus + pen(d) + se
아래에 매달다 명접미사

Don't keep me in suspense, What happened next?
초조하게 만들지 마세요. 그다음에 무슨 일이 일어났나요?

---

impending
[impéndiŋ]

impending 형 곧 일어날 듯한, 절박한

연상 위에 걸려 있음
어원 im + pend + ing
위에 늘어지다 형접미사

The impending crisis over trade made everyone nervous.
곧 닥쳐올 듯한 무역 위기 때문에 모두가 초조해하고 있었다.

---

perpendicular
[pə̀ːrpəndíkjulər]

perpendicular 형 수직의, 가파른

연상 완전히 늘어뜨려져 있음
어원 per + pend + ular
완전히 늘어지다 형접미사

The lines are perpendicular to each other.
선은 서로 수직을 이루고 있다.

088  pend, pens 세다, 지불하다

track 88

cash dispenser

cash dispenser는 현금을 자동으로 인출할 수 있는 기계를 가리킨다.

expensive

expensive는 [ex(넘어)+pens(지불하다) → 표준을 넘어 지불함]이라는 뜻에서 '고가의'를 의미하게 되었다.

Guess the Words!

Q1 **dis**(떨어져)+**pense**(세다) → dispense

Villagers dispensed tea to visitors.

마을 주민들은 방문객에게 차를 ________.

▶ **Hint** 수를 세어 각각 주는 것을 무엇이라고 할까?

Q2 **ex**(밖에)+**pend**(지불하다)+**ure**(명 접미사) → expenditure

The government's expenditure for national defense has been reduced.

국방에 대한 정부의 ________은 삭감되었다.

▶ **Hint** 국방을 위해 지불하는 돈을 무엇이라고 할까?

Q3 **com**(함께)+**pens**(지불하다)+**ate**(동 접미사) → compensate

The company compensated employees with bonuses.

그 회사는 직원들에게 상여금으로 ________했다.

▶ **Hint** 노동의 대가로 돈을 주는 것을 무엇이라고 할까?

Answers_ Q1. 나눠 줬다 Q2. 비용 Q3. 보상

dispense [dispéns] 동 분배하다, 나눠 주다, 조제하다, 없애다(with)

dispensary 명 조제실, 약국, 의무실, 양호실

indispensable 형 꼭 필요한, 불가결의

연상: 세어서 나눠 줌
어원: dis + pense
떨어져 세다

This book will be indispensable to anyone who learns English.
이 책은 영어를 배우는 사람에게 꼭 필요하다.

---

expenditure [ikspénditʃər] 명 지출, 경비, 비용

연상: 돈을 지출함
어원: ex + pend + ure
밖에 지불하다 명접미사

Expenditure on education increased this year.
올해 교육비가 늘어났다.

---

compensate [kάmpənsèit] 동 갚다, 벌충하다, 보상하다, 배상하다

compensation 명 보상, 벌충

연상: 지불하여 계산을 맞춤
어원: com + pens + ate
함께 지불하다 동접미사

He compensated me for my injuries.
그는 나의 부상에 대해 배상했다.

---

pension [pénʃən] 명 연금

연상: 국가가 지불하는 돈
어원: pens + ion
지불하다 명접미사

How long have you been drawing a pension?
당신은 얼마나 오랫동안 연금을 받고 있나요?

---

pensive [pénsiv] 형 생각에 잠긴, 슬픈

연상: 천칭의 양쪽을 보고 있음
어원: pens + ive
지불하다 형접미사

She was more pensive than usual.
그녀는 평소보다 더 슬펐다.

---

recompense [rékəmpèns] 동 배상을 하다, 보답하다 명 배상, 보답, 보수

연상: 나중에 지불함
어원: re + com + pense
다시 함께 지불하다

They were forced to work without recompense.
그들은 무보수로 일하도록 강요당했다.

089 ple, pli, ply (접어서) 겹치다

track 89

multiple choice

multiple choice(다지선택형)는 여러 개의 선택지가 제시되는 유형을 가리킨다. 동사는 multiply(늘리다, 곱하다)이다.

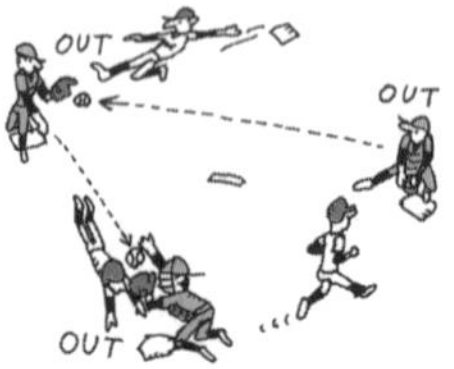

triple play

야구에서 triple play는 한 번에 세 명의 주자가 아웃되는 '삼병살, 삼중살'을 뜻한다.

simple

simple은 '한 번(sim)만 겹침(ple)'이란 뜻에서 '단순한, 간단한'을 의미하게 되었다. 부사는 simply(단지)이며, 동사는 simplify(단순화하다)이다.

replica

replica는 [re(다시)+pli(겹치다)]로 이루어진 단어로, 뜻은 '복제품'이다.

Guess the Words!

Q1 **com**(함께)+**pli**(겹치다)+**ate**(동 접미사)+**ed**(~하게 되다) → complicated

The situation is becoming more complicated.

상황이 더 ______해지고 있다.

▶ **Hint** 여러 가지가 겹쳐져 파악하기 힘들어지는 것을 무엇이라고 할까?

Q2 **du**(2)+**pli**(겹치다)+**ate**(동 접미사) → duplicate

There's no point in duplicating work already done.

이미 끝낸 일을 ______해서 하는 것은 아무런 의미가 없다.

▶ **Hint** 두 개를 서로 겹치는 것을 무엇이라고 할까?

Q3 **re**(원래대로)+**ply**(접다) → reply

She spoke to me, but I didn't reply.

그녀는 나에게 말했지만, 나는 ______하지 않았다.

▶ **Hint** 상대방의 말에 답을 보내는 것을 무엇이라고 할까?

Answers_ Q1. 복잡 Q2. 중복 Q3. 대답

***complicated** [kámpləkèitid]
형 복잡한, 난해한

연상: 서로 겹침
어원: com + pli + ate + ed
함께 / 겹치다 / 동 접미사 / ~하게 되다

The new law is very complicated.
새 법률은 매우 복잡하다.

---

duplicate [동 d(j)úːpləkèit] [명 형 d(j)úːpləkit]
동 복사하다, 사본을 만들다, 중복하다
명 복사, 복제(물)
형 복사한, 이중의, 중복된

연상: 두 개를 겹침
어원: du + pli + ate
2 / 겹치다 / 동 접미사

Duplicating his book is illegal.
그의 책을 복사하는 것은 불법이다.

*****reply** [riplái]
동 대답하다, 응답하다
명 대답, 응답

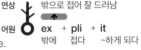

연상: 답을 보냄
어원: re + ply
원래대로 / 접다

Please reply to our invitation quickly.
우리의 초대에 빨리 응답해 주세요.

---

explicit [iksplísit]
형 명백한, 명쾌한

연상: 밖으로 접어 잘 드러남
어원: ex + pli + it
밖에 / 접다 / ~하게 되다

He gave me very explicit directions on how to get there.
그는 그곳에 가는 방법을 매우 명쾌하게 설명해 줬다.

---

implicit [implísit]
형 내포된, 함축적인, 무언의, 절대적인

연상: 안으로 접어 드러나지 않음
어원: im + pli + it
안에 / 접다 / ~하게 되다

She had the implicit trust of her staff.
그녀는 직원들에 대한 절대적인 신뢰를 가지고 있다.

---

imply [implái]
동 뜻을 함축하다, 내포하다, 암시하다

implication
명 함축, 포함, 암시

연상: 안으로 접어 드러나지 않음
어원: im + ply
안에 / 접다

He implied that I was telling a lie.
그는 내가 거짓말을 하고 있다고 암시했다.

090 popul, public, dem

track 90

사람, 사람들

popular music

대중음악을 popular music이라고 한다. popular는 사람들에게 '인기 있는, 일반적인'을 의미한다.

public viewing

거리, 공원, 경기장 등에서 대형 스크린을 설치해 스포츠 등을 일반 공개하는 것을 public viewing이라고 한다. public은 '공공의, 공개의'라는 의미다. republic(공화국)은 '사람들의 것'이라는 뜻에서 나온 말이다.

demagoguery

demagoguery는 '선동 행위, 악선전'을 뜻하며, 사람들을 선동하는 정치가는 demagogue라고 한다. people(사람들)도 같은 어근에서 나왔다. demography(인구통계학)는 '사람들의 분포를 적은 것'이라는 의미에서 생겨난 말이다.

Guess the Words!

Q1 **demo**(사람들)+**cracy**(통치) ➡ democracy

Democracy **had its beginnings in ancient Greece.**

______는 고대 그리스에서 시작되었다.

▶ **Hint** 민중이 통치하는 정치 형태를 무엇이라고 할까?

Q2 **publ**(사람들)+**ish**(동 접미사) ➡ publish

I was 35 years old when my first book was published**.**

첫 책이 ______되었을 때, 나는 35살이었다.

▶ **Hint** 책을 사람들 앞에 내놓는 것을 무엇이라고 할까?

Q3 **epi**(위에)+**dem**(사람들)+**ic**(형 접미사) ➡ epidemic

There are epidemics **of influenza nearly every winter.**

거의 매년 겨울이 되면 독감이 ______한다.

▶ **Hint** 바이러스가 위에서 사람들을 덮치면 어떤 현상이 일어날까?

Answers_ Q1. 민주주의 **Q2.** 출판 **Q3.** 유행

democracy [dimákrəsi] ** 명 민주주의, 민주 정치

연상 사람들이 통치함
어원 demo(사람들) + cracy(통치)

democratic ** 형 민주주의의

democrat * 명 민주주의자

He is supported by the Democratic Party.
그는 민주당의 지지를 받고 있다.

---

publish [pʌ́bliʃ] *** 동 발표하다, 출판하다

연상 사람들 앞에 내놓음
어원 publ(사람들) + ish(동 접미사)

publication * 명 발표, 출판(물)

Moby-Dick was first published in London in 1851.
《모비딕》은 1851년에 런던에서 처음 출판되었다.

---

epidemic [èpədémik] 형 전염성의, 유행하는 명 전염병, 유행, 만연

연상 위에서 사람들을 덮침
어원 epi(위에) + dem(사람들) + ic(형 접미사)

Crime and poverty are epidemic in the city.
그 도시에서는 범죄와 가난이 만연하다.

---

population [pɑ̀pjuléiʃən] *** 명 인구, 사람들

연상 살고 있는 사람
어원 popul(사람) + tion(명 접미사)

populous 형 인구가 많은

The population almost doubles in summer because of the jazz festival.
여름에는 재즈 페스티벌 때문에 인구가 거의 두 배가 된다.

---

endemic [endémik] 형 (어떤 지방) 특유의, 고유의

연상 사람들 안에 있음
어원 en(안에) + dem(사람들) + ic(형 접미사)

Corruption is endemic in the system.
부패는 그 제도의 특유한 문제다.

---

pandemic [pændémik] 형 광역적인, 전국적인

연상 모든 사람에게 퍼짐
어원 pan(모든) + dem(사람들) + ic(형 접미사)

Pandemic influenza outbreaks can kill millions of people.
전국적인 독감 발생으로 수백 명의 사람들이 사망할 수 있다.

091 port 옮기다, 항구

track 91

reporter

reporter는 사건 현장으로 발을 옮겨 취재하고 보도하는 사람을 일컫는다.

supporter

supporter는 좋아하는 팀을 '밑에서(sup) 지지하는(port) 사람(er)'이다.

portable TV

portable TV는 가지고 다닐 수 있는 텔레비전을 가리킨다.

important(중요한)는 '안으로(im) 옮길(port)' 정도로 중요하다는 뜻이다.

Guess the Words!

Q1 **ex**(밖에)+**port**(옮기다) ➡ export

The company made a dramatic entrance into the export market.

그 회사는 ________ 시장으로의 극적인 진입을 이루어냈다.

▶ **Hint** 상품을 항구 밖으로 내보내는 것을 무엇이라고 할까?

Q2 **im**(안에)+**port**(옮기다) ➡ import

They import a large number of cars from Japan.

그들은 일본에서 많은 자동차를 ________했다.

▶ **Hint** 상품을 항구 안으로 들여오는 것을 무엇이라고 할까?

Q3 **op**(~을 향해)+**port**(항구)+**une**(형 접미사) ➡ opportune

The law reforms were opportune and important.

법 개정은 ________하고 중요하다.

▶ **Hint** 무역을 할 때 항구와 가까이 있는 것은 어떤 의미일까?

Answers_ Q1. 수출 Q2. 수입 Q3. 적절

** export

[동 ikspɔ́ːrt]
[명 ékspɔːrt]

동 수출하다
명 수출(품)

연상 항구 밖으로 내보냄
어원 ex + port
밖에 옮기다

exportation 명 수출

An international agreement restricts the export of missiles.
국제 협정은 미사일의 수출을 제한하고 있다.

** import

[동 impɔ́ːrt]
[명 ímpɔːrt]

동 수입하다
명 수입(품)

연상 항구 안으로 들여옴
어원 im + port
안에 옮기다

importation 명 수입

Oil imports have risen recently.
최근 석유 수입이 증가했다.

---

opportune

[àpərt(j)úːn]

형 적절한, 형편이 좋은

연상 항구에 가까움
어원 op + port + une
~을 향해 항구 형접미사

** **opportunity** 명 기회

He grasped the opportunity to work abroad.
그는 해외에서 일할 기회를 얻었다.

*** support

[səpɔ́ːrt]

동 지지하다, 부양하다
명 지지, 부양

연상 아래에서 받치면서 옮김
어원 su(p) + port
아래에 옮기다

He doesn't have the means to support a wife and child.
그는 아내와 아이를 부양할 재력이 없다.

** transport

[동 trænspɔ́ːrt]
[명 trǽnspɔːrt]

동 수송하다, 운송하다
명 수송, 운송

연상 장소를 건너서 옮김
어원 trans + port
넘어 옮기다

transportation 명 수송, 운송

We needed to get to London, but we had no means of transport.
우리는 런던에 가야 했지만, 수송 수단이 없었다.

---

deport

[dipɔ́ːrt]

동 국외로 추방하다

연상 먼 곳으로 옮김
어원 de + port
떨어져 옮기다

deportation 명 국외 추방

The government deported the Cuban refugees.
정부는 쿠바 난민을 국외로 추방했다.

092 pose, posit 두다, 멈추다 ❶

track 92

pose
움직임을 멈추고 카메라를 향해
pose를 취한다.

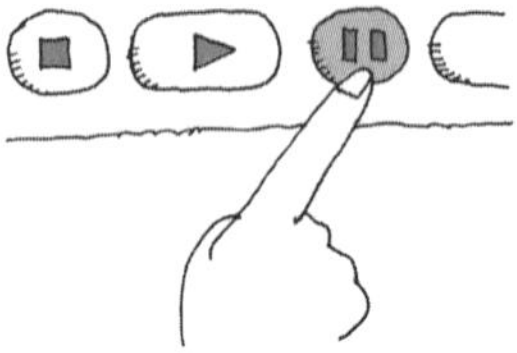

pause
리모컨의 pause 버튼을 누르면
화면이 정지한다.

superimpose
화면에 영화 자막을 넣는 일을
superimpose라고 한다. 원래는 필름의
'위에서(super) 눌러 넣는(impose) 것'이라는 뜻이다.

Guess the Words!

Q1 **pur**(앞에)+**pose**(두다) → purpose

Their campaign's main purpose was to raise money.

그들이 하는 캠페인의 주요 ______은 모금이었다.

▶ **Hint** 앞에 두고 지향하는 바를 무엇이라고 할까?

Q2 **pro**(앞에)+**pose**(두다) → propose

The principal proposed to keep the school open all summer.

교장은 여름 내내 학교를 개방하자고 ______했다.

▶ **Hint** 의견을 사람들에게 내미는 것을 무엇이라고 할까?

Q3 **im**(위에)+**pose**(두다) → impose

A new tax was imposed on fuel.

새로운 세금이 연료에 ______되었다.

▶ **Hint** 정부가 국민의 위에서 강요하는 것을 무엇이라고 할까?

Answers_ Q1. 목적 Q2. 제안 Q3. 부과

***purpose** 명 목적, 의도
[pə́ːrpəs]

연상 앞에 두고 지향하는 것
어원 pur + pose
앞에 두다

He stepped on my foot on purpose.
그는 의도적으로 나의 발을 밟았다.

---

propose 동 제안하다, 청혼하다
[prəpóuz]
proposal 명 제안, 청혼

연상 상대방의 앞에 내밈
어원 pro + pose
앞에 두다

Developers are proposing to build a hotel on this site.
개발업자들은 이 장소에 호텔 건설을 제안하고 있다.

---

impose 동 부과하다, 지우다, 강요하다
[impóuz]
imposition 명 부과, 부담, 과세
imposing 형 웅장한, 장대한

연상 밀어붙임
어원 im + pose
위에 두다

Heavy fines are imposed on speeders.
속도 위반자에게는 무거운 벌금이 부과된다.

---

expose 동 노출시키다, 드러내다
[ikspóuz]
exposure 명 노출, 폭로
exposition 명 전시, 전시회, 박람회

연상 밖에 둠
어원 ex + pose
밖에 두다

Babies should not be exposed to strong sunlight.
아기들은 강한 햇빛에 노출되어서는 안 된다.

---

repose 동 쉬다, 휴식하다, 얹혀 있다 명 휴식, 휴게
[ripóuz]

연상 집에 돌아와 다시 몸을 편안히 둠
어원 re + pose
원래대로 두다

He reposed on the sofa and fell asleep.
그는 소파에서 쉬다가 잠이 들었다.

---

suppose 동 생각하다, 상상하다, 가정하다
[səpóuz]
supposition 명 가정, 추측

연상 아래에 둠
어원 su(p) + pose
아래에 두다

Public spending is supposed to fall in the next few years.
공공 지출은 다음 몇 년 안에 감소할 것으로 생각된다.

093 pose, posit 두다, 멈추다 ❷

track 93

compose

장기판 위에 깔끔하게 배치되어 있는 말.
선수(先手)를 구성하는(compose) 포진이다.

oppose

후수(後手) 측의 말은 선수 측과
반대편에 배치되어(oppose) 있다.

decompose

장기판 위에 뿔뿔이 흩어져서
놓여 있는(decompose) 말.

Guess the Words!

Q1 **com**(함께)+**pose**(두다) ➜ compose

Mozart composed his last opera shortly before he died.

모차르트는 그가 죽기 직전에 마지막 오페라를 ______했다.

▶ **Hint** 음표를 그려 곡을 완성시키는 것을 무엇이라고 할까?

Q2 **dis**(떨어져)+**pose**(두다) ➜ dispose

He disposed of his old clothes last weekend.

그는 지난 주말에 헌 옷을 ______.

▶ **Hint** 오래된 낡은 옷을 자신에게서 떨어뜨려 두는 것을 무엇이라고 할까?

Q3 **de**(아래에)+**pose**(두다) ➜ depose

The president was deposed in a military coup.

대통령은 군사 쿠데타로 ______.

▶ **Hint** 대통령을 아래로 끌어내리는 것을 무엇이라고 할까?

Answers_ Q1. 작곡 Q2. 처리했다 Q3. 물러났다

compose
[kəmpóuz]

동 구성하다, 작곡하다, 작사하다, 창작하다

composition 명 구성, 작문, 작품

Twenty people compose the committee.
20명의 사람들이 그 위원회를 구성하고 있다.

연상 조립함
어원 같은 장소에 둠
com + pose
함께 두다

dispose
[dispóuz]

동 배치하다, 처분하다(of), 처리하다, ~할 마음이 생기게 하다

disposal 명 처분(권), 배치

disposition 명 기질, 성향, 배치

The money is at your disposal.
그 돈은 너의 마음대로 쓸 수 있다.

연상 떨어뜨려 놓아 둠
어원 dis + pose
떨어져 두다

depose
[dipóuz]

동 물러나게 하다, 면직시키다

He has been deposed in this case.
그는 이 사건 때문에 면직되었다.

연상 자신을 아래에 둠
어원 de + pose
아래에 두다

*oppose
[əpóuz]

동 반대하다

opposition 명 반대, 야당

opposite 형 반대의, 역의

The politician opposed changing the law.
그 정치가는 법률 개정에 반대했다.

연상 상대방과 반대편에 몸을 둠
어원 op + pose
반대에 두다

composure
[kəmpóuʒər]

명 침착, 평정

He was trying to regain his composure.
그는 침착함을 되찾으려고 노력하고 있었다.

연상 기분을 정리함
어원 기분을 형성함
com + pos + ure
함께 두다 명 접미사

decompose
[diːkəmpóuz]

동 분해하다, 분해시키다, 부패하다, 부패시키다

Over time, dead leaves decompose into the ground.
시간이 흐르자 마른 잎이 땅에서 분해되었다.

연상 각각 따로 있음
어원 조립하지 않음
de + com + pose
~이 아니다 함께 두다

094 posit, pone 두다

track 94

position

선수가 배치된 위치를 position이라고 한다.

component stereo

component stereo는 독립된 각각의 기기로 구성된 스테레오 시스템을 뜻한다.

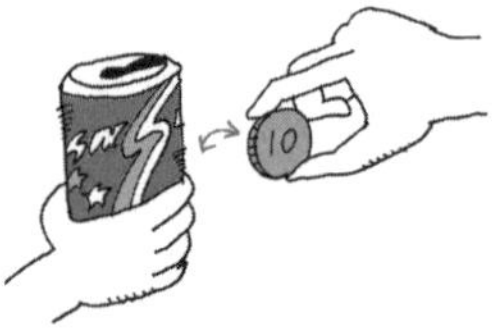

deposit

deposit은 일시적으로 놓아둔 돈, 즉 '예치금'을 말한다. 판매 대금에 이미 예치금이 포함되어 있는 경우, 사용 후 빈 통이나 빈 병을 가게로 다시 가져가면, 그 돈을 돌려받을 수 있다.

compound는 여러 요소가 합해져 하나의 구성물이 되는 것을 뜻한다. 즉 '혼합물, 합성물'을 의미한다. 명사의 앞에 위치하는 '전치사'는 preposition이라고 한다.

Guess the Words!

Q1 **post**(뒤에)+**pone**(두다) → postpone

The chairman postponed the meeting until next week.

의장은 다음 주까지 회의를 ______했다.

▶ **Hint** 회의 날짜를 뒤로 미루는 것을 무엇이라고 할까?

Q2 **op**(반대에)+**pone**(두다)+**ent**(사람) → opponent

She defeated her opponent in the final.

그녀는 결승에서 ______를 이겼다.

▶ **Hint** 자신과 반대편에 있는 사람을 가리키는 말은?

Q3 **pro**(앞에)+**pone**(두다)+**ent**(사람) → proponent

He is a proponent of lowering taxes.

그는 감세의 ______다.

▶ **Hint** 어떤 정책이나 의견에 찬동하여 자신의 앞에 나와 주는 사람을 무엇이라고 할까?

Answers_ Q1. 연기 Q2. 경쟁자 Q3. 지지자

postpone

[pous(t)póun]

동 연기하다

The fireworks display was postponed on account of the typhoon.
불꽃놀이는 태풍 때문에 연기되었다.

연상 날짜를 뒤로 미룸

어원 post + pone
뒤에 두다

---

*opponent

[əpóunənt]

명 적, 상대, 경쟁자

My opponent called me a liar to my face.
상대는 면전에 대고 나를 거짓말쟁이라고 불렀다.

연상 자신과 반대편에 있는 사람

어원 op + pone + ent
반대에 두다 사람

---

proponent

[prəpóunənt]

명 지지자, 제안자

The politician is known as a proponent of birth control.
그 정치인은 산아 제한의 지지자로 알려져 있다.

연상 자신의 앞에 나와 주는 사람

어원 pro + pone + ent
앞에 두다 사람

**positive

[pázətiv]

형 명백한, 확신하는, 적극적인, 긍정적인, 양성의

He is positive about his success.
그는 자신의 성공을 확신하고 있다.

연상 장소가 확정됨

어원 pos + tive
두다 형 접미사

**opposite

[ápəzit]

형 반대편의, 정반대의

He jumped in and swam to the opposite bank.
그는 뛰어들어서 반대편 둑까지 헤엄쳐 갔다.

연상 반대편에 있음

어원 op + pos + ite
반대에 두다 형 접미사

---

*deposit

[dipázit]

동 놓다, 예금하다
명 예금, 착수금, 보증금

Deposits can be made at any branch.
예금은 어느 지점에서든 할 수 있다.

연상 아래에 놓임

어원 de + pos + it
아래에 두다 ~하게 되다

095 press 누르다

track 95

pressure

마음을 내리눌러 부서뜨릴 것 같은 압박을 pressure라고 한다.

press

press는 인쇄기에서 눌러 찍히는 신문을 만드는 '보도기관, 보도진, 기자단'을 뜻한다.

express

express는 목적지까지 이동하는 시간을 단축시키는 급행열차다.

compressor는 압축하기 위한 기계나 장치를 말한다.

Guess the Words!

Q1 **de**(아래에)+**press**(누르다) → depress

The new policy will depress the economy.

새 정책은 경제를 ______시킬 것이다.

▶ **Hint** 경제를 내리눌러 제자리에 있게 하는 것을 무엇이라고 할까?

Q2 **ex**(밖에)+**press**(누르다) → express

He can't express what he means.

그는 자신이 의도하는 바를 ______하지 못한다.

▶ **Hint** 자신의 생각을 밖으로 밀어 내보이는 것을 무엇이라고 할까?

Q3 **im**(위에)+**press**(누르다) → impress

I was very impressed by his sincerity.

나는 그의 성실성에 강한 ______을 받았다.

▶ **Hint** 뇌에 새겨지는 느낌을 무엇이라고 할까?

Answers_ Q1. 침체 Q2. 표현 Q3. 인상

depress [diprés] 동 내리누르다, 낙담하게 하다, 하락시키다, 약화시키다
depression 명 불황, 의기소침
depressing 형 의기소침하게 하는, 우울한, 울적한

연상: 눌러서 아래로 내림
어원: de + press (아래에 + 누르다)

The country passed through a severe depression.
그 나라는 극심한 불황에서 빠져나왔다.

*** **express** [iksprés] 동 표현하다, 나타내다 형 명백한, 뚜렷한 명 급행열차, 속달
** **expression** 명 표현, 표정
expressive 형 표현하는, 표정이 풍부한

연상: 뛰어난 것 ← 감정을 밖으로 밀어냄
어원: ex + press (밖에 + 누르다)

Will you spend this parcel by express?
이 소포를 속달로 보내 주시겠어요?

---

* **impress** [imprés] 동 인상을 주다, 감동시키다, (마음에) 새겨 넣다
** **impression** 명 인상
* **impressive** 형 인상적인

연상: 뇌에 새겨짐
어원: im + press (위에 + 누르다)

What is your first impression of Venice?
베니스의 첫인상은 어땠나요?

---

pressing [présiŋ] 형 긴급한, 절박한

연상: 밀어붙이고 있음
어원: press + ing (누르다 + ~하고 있다)

The most pressing question is what we should do next.
가장 긴급한 문제는 우리가 다음에 해야 할 일이다.

---

oppress [əprés] 동 압박하다, 억압하다, 중압감을 주다
oppression 명 압박, 탄압
oppressive 형 억압하는, 답답한

연상: 눌러서 덮음
어원: op + press (반대에 + 누르다)

Religious minorities were oppressed by the government.
종교적으로 소수인 사람들은 정부의 탄압을 받았다.

---

suppress [səprés] 동 진압하다, 억압하다
suppression 명 진압, 억압

연상: 내리누름
어원: su(p) + press (아래에 + 누르다)

The Hungarian uprising in 1956 was suppressed by the Soviet Union.
1956년 헝가리의 반란은 소비에트 연방에 의해 진압되었다.

096 pri(n), pri(m) 제1의, 하나의

track 96

prince

prince(왕자)는
왕위 계승 서열 1위의 후보자다.

prima donna

prima donna는 오페라에서
가장 중요한 '주역 여가수'를 뜻한다.

Premier League

잉글랜드 축구의 최고 리그를
Premier League라고 한다.

텔레비전 방송에서 시청률이 가장 높게 나오는 오후 7시부터 9시까지의 황금 시간대를 prime time이라고 한다.

Guess the Words!

Q1 **prem**(제1의)+**er**(사람) ➡ premier

The premier of Italy visited Seoul.

이탈리아의 ______이 서울을 방문했다.

▶ **Hint** 이탈리아에서 최고 위치에 있는 사람은 누구일까?

Q2 **prin**(제1의)+**cip**(잡다)+**al**(형 접미사) ➡ principal

His mother is the principal of a high school in California

그의 어머니는 캘리포니아에 있는 고등학교의 ______이다.

▶ **Hint** 학교 내에서 최고 위치에 있는 사람은 누구일까?

Q3 **prim**(제1의)+**tive**(형 접미사) ➡ primitive

Primitive tribes live in this region.

______ 부족이 이 지역에 살고 있다.

▶ **Hint** 역사상 처음부터 있었던 부족은 어떤 부족일까?

Answers_ Q1. 수상 Q2. 교장 Q3. 원시적인

premier
[primíər, príːmiər]

명 수상, 국무총리
형 최고의, 주요한

He is the premier violinist for his generation.
그는 그 세대에서 최고의 바이올리니스트다.

연상 최고 위치에 있는 사람
어원 prem + er
제1의 사람

** principal
[prɪnsəpl]

형 주요한, 가장 중요한
명 우두머리, 사장, 교장

New roads will link the principal cities of the area.
새 도로는 그 지역의 주요 도시들과 연결해 줄 것이다.

연상 최고의 지위를 손에 넣음
어원 prin + cip + al
제1의 잡다 형 접미사

---

primitive
[prímətiv]

형 원시 (시대)의, 원시적인, 구식의

The facilities on the campsite were very primitive.
캠핑장의 시설이 매우 구식이었다.

연상 역사상 처음부터 있었음
어원 prim + tive
제1의 형 접미사

** principle
[prínsəpl]

명 원리, 원칙, 주의

It's against my principles to work on Sundays.
일요일에 일하는 것은 나의 원칙에 반한다.

연상 중요한 것
어원 가장 먼저 잡은 것
prin + cip + le
제1의 잡다 작은

---

* primary
[práimeri]

형 제1위인, 가장 중요한, 최초의

My primary concern is my son's safety.
내가 제일 걱정하는 것은 아들의 안전이다.

연상 제일의
어원 prim + ary
제1의 형 접미사

---

* prime
[praim]

형 제1의, 가장 중요한
명 최고의 상태, 전성기

She's a prime candidate for promotion.
그녀는 제1의 승진 후보자다.

연상 가장 좋은
어원 prime
제1의

097 pris(e), pre(hend)
track 97

잡다

imprison

범죄자를 잡아 '감옥에 넣는 일'을 imprison이라고 한다.

surprise

surprise는 갑자기 위에서(sur) 붙잡혀(prise) '깜짝 놀람'을 뜻한다.

'기업가, 사업가'를 의미하는 entrepreneur는 프랑스어에서 유래한 말이다. 이 단어에도 어근 pre가 들어 있다. 마찬가지로 프랑스어에서 유래한 entree(앙트레 요리)가 '오르되브르, 전채'를 가리키는 점에서도 알 수 있듯이 '앞에'라는 의미를 가지고 있다. 이러한 의미가 포함되어 있는 entrepreneur는 원래 '사업을 선점한 사람'을 뜻한다. 참고로 영어로 enterprise라고 하면 '사업, 기업, 모험심'을 가리킨다.

Guess the Words!

Q1 **im**(안에)+**prison**(감옥) → imprison

He was imprisoned for possession of drugs.

그는 마약 소지로 ______되었다.

▶ **Hint** 감옥 안에 넣는 것을 무엇이라고 할까?

Q2 **com**(함께)+**prise**(잡다) → comprise

Women comprise 44% of hospital medical staff.

여성이 병원 내 의료 직원의 44%를 ______하고 있다.

▶ **Hint** 모두 함께 손을 잡고 조직을 이루는 것을 무엇이라고 할까?

Q3 **com**(완전히)+**prehend**(잡다) → comprehend

I don't comprehend his behavior.

나는 그의 행동을 ______하지 못하겠다.

▶ **Hint** 그가 보이는 행동의 의미를 완전히 파악한 상태를 무엇이라고 할까?

Answers_ Q1. 투옥 Q2. 구성 Q3. 이해

imprison
[imprízn] 동 투옥하다, 구금하다

연상: 감옥 안에 넣음
어원: im + prison (안에 + 감옥)

**prison 명 감옥, 교도소
imprisonment 명 투옥, 수감, 구금

The judge imprisoned the criminal for theft.
재판관은 범인을 절도죄로 투옥했다.

comprise
[kəmpráiz] 동 구성하다, 포함하다

연상: 함께 손을 잡음
어원: com + prise (함께 + 잡다)

Hindus comprise about 81% of India's population.
힌두교도들은 인도 인구의 약 81%를 구성하고 있다.

comprehend
[kàmprihénd] 동 이해하다, 파악하다, 포함하다

연상: 손으로 완전히 잡음
어원: com + prehend (완전히 + 잡다)

comprehensive 형 광범위한, 포괄적인
comprehension 명 이해(력)

She cannot comprehend the extent of the disaster.
그녀는 재해의 규모를 파악할 수 없다.

apprehend
[æ̀prihénd] 동 이해하다, 파악하다, 체포하다

연상: 범인을 잡음
어원: a(p) + prehend (~을 + 잡다)

apprehension 명 이해(력), 불안, 걱정, 염려

The police have finally apprehended the killer.
경찰은 마침내 그 살인범을 체포했다.

apprentice
[əpréntis] 명 견습생, 도제

연상: 자유를 잃은 상태
어원: a(p) + pre + ice (~을 + 잡다 + 명 접미사)

Most of the work was done by apprentices.
일의 대부분은 도제들이 했다.

prey
[prei] 명 먹이, 희생(자), 피해자
동 잡아먹다, 포식하다

연상: 강한 자에게 잡힌 약한 자
어원: 잡힌 것

Elderly people are easy prey for dishonest salesmen.
노인들은 정직하지 못한 판매원들의 피해자가 되기 쉽다.

098 punct, point
track 98

찌르다, 가리키다, 점

puncture

날카로운 물건에 찔려서 생긴 타이어 구멍을 흔히 '펑크'라고 하는데, 이 말은 puncture에서 나온 말이다.

pinpoint

침으로 찌르듯이 위치를 정확히 나타내는 것을 pinpoint라고 한다.

Guess the Words!

Q1 **a(p)**(~을 향해)+**point**(가리키다) ➡ appoint

He was appointed as chairperson.

그는 의장으로 　　　되었다.

▶ **Hint** 그가 의장이라고 손가락으로 가리키는 것을 무엇이라고 할까?

Q2 **dis**(~이 아니다)+**appoint**(가리키다) ➡ disappoint

We were disappointed with the result.

우리는 그 결과에 　　　했다.

▶ **Hint** 목표한 결과를 빗나갔을 때의 심정은 어떨까?

Q3 **punct**(가리키다)+**ual**(형 접미사) ➡ punctual

We cannot guarantee that the flight will be punctual in heavy weather.

궂은 날씨 때문에 비행기가 　　　에 도착할 것을 보장할 수 없다.

▶ **Hint** 지정된 시간에 떠나는 것을 무슨 비행이라고 할까?

Answers_ Q1. 지명 Q2. 실망 Q3. 정시

***appoint** [əpɔ́int] 동 지명하다, 임명하다, 지정하다

***appointment** 명 지명, (만날) 약속, 예약

I have an appointment with Professor Currie at one o'clock.
나는 1시에 Currie 교수와 약속이 있다.

연상 뭔가를 가리킴
어원 a(p) + point
~을 향해 가리키다

---

disappoint [dìsəpɔ́int] 동 실망시키다, 낙담시키다

disappointment 명 실망, 낙담

The Giants have been a disappointment all season.
자이언츠 팀은 시즌 내내 실망시켰다.

연상 목표를 빗나감
어원 dis + appoint
~이 아니다 가리키다

---

punctual [pʌ́ŋ(k)ʧuəl] 형 시간을 지키는, 엄수하는

punctuality 명 시간 엄수, 꼼꼼함

He is always punctual for an appointment.
그는 항상 약속 시간을 엄수한다.

연상 점을 찌르듯 정확함
어원 punct + ual
가리키다 형접미사

---

pungent [pʌ́nʤənt] 형 강하게 자극하는, 톡 쏘는, 날카로운, 신랄한

The pungent smell of spices came from the kitchen.
향신료의 톡 쏘는 냄새는 부엌에서 났다.

연상 ~를 찌르는 듯함
어원 pung + ent
찌르다 형접미사

---

punctuate [pʌ́ŋ(k)ʧuèit] 동 구두점을 찍다, 강조하다, 중단하다

punctuation 명 구두점, 구두법, 중단

His speech was punctuated by cheers.
그의 연설은 환호성 때문에 중단되었다.

연상 점을 찍음
어원 punct + ate
점 동접미사

---

acupuncture [ǽkjupʌ̀ŋ(k)tʃər] 명 술, 침술 요법

acupuncturist 명 침술사

Acupuncture originated in China.
침술 요법은 중국에서 시작되었다.

연상 침을 찌른 상태
어원 acu + punct + ure
침 찌르다 명접미사

099 quiz, quire, quest

track 99

구하다, 찾다

request

request에 응하는 길거리 가수.
[re(다시)+quest(구하다)]로 이루어진 단어로, '부탁(하다)'를 의미한다.

question mark

question mark는 답을 구하는 의문문에 붙는다.

quiz

문제를 내고 답을 구하여 맞히는 활동을 quiz라고 한다.

Guess the Words!

Q1 **con**(완전히)+**quest**(구하다) ➔ conquest

The Norman Conquest took place in 1066.

노르만 ______은 1066년에 일어났다.

▶ **Hint** 적의 모든 것을 얻은 상태를 무엇이라고 할까?

Q2 **ex**(밖에)+**qui**(구하다)+**ite**(형 접미사) ➔ exquisite

Her room was decorated in exquisite taste.

그녀의 방은 ______ 감각으로 꾸며져 있었다.

▶ **Hint** 밖으로 나가서 구해 올 정도로 좋은 것은 어떤 상태일까?

Q3 **a(c)**(~을 향해, ~을)+**quire**(구하다) ➔ acquire

The company has just acquired new premises.

그 회사는 막 새 점포를 ______.

▶ **Hint** 자신이 뭔가를 구하는 것을 무엇이라고 할까?

Answers_ Q1. 정복 Q2. 세련된 Q3. 얻었다

conquest

[kánkwest]

명 정복

conquer 동 정복하다

연상: 원하는 것을 완전히 구함

어원: con + quest
완전히 구하다

The Spanish conquered the New World in the 16th century.
스페인 사람들은 16세기에 신세계를 정복했다.

---

exquisite

[ékskwizit, ekskwízit]

형 최상의, 정교한, 세련된, 훌륭한

연상: 밖에 나가 구해 올 정도로 뛰어남

어원: ex + qui + ite
밖에 구하다 형 접미사

Her dance performance was exquisite.
그녀의 춤 공연은 훌륭했다.

---

*acquire

[əkwáiər]

동 획득하다, 얻다, 몸에 익히다

acquisition 명 획득, 습득

acquirement 명 획득, 습득

연상: 뭔가를 구함

어원: a(c) + quire
~을 향해, ~을 구하다

The company paid $20 million to acquire the concert hall.
그 회사는 콘서트홀을 얻는 데 2천만 달러를 지불했다.

**require

[rikwáiər]

동 요구하다, 필요로 하다

***requirement** 명 필요한 것, 필수품

requisite 형 필요한, 필수의
명 필요품, 필요조건

연상: 계속해서 구함

어원: re + quire
다시 구하다

All passengers are required to show their tickets.
모든 승객은 티켓을 보여 주기를 요구받는다. (→ 모든 승객은 티켓을 보여 줘야 한다.)

---

inquire

[inkwáiər]

동 묻다, 문의하다

inquiry 명 질문, 문의, 조회

연상: 상대방에게 답을 구함

어원: in + quire
안으로 구하다

They inquired about my past experience as a salesperson.
그들은 영업사원으로 겪은 나의 과거 경험에 대해 물었다.

---

questionnaire

[kwèstʃənέər]

명 설문지, 앙케트, 설문 조사

연상: 질문하는 사람

어원: question + naire
질문 사람

All the students were asked to fill out a questionnaire.
모든 학생은 설문지를 기입하도록 요청받았다.

100 track 100

rat 셈하다

exchange rate

외국 화폐와 교환할 때 자국 화폐가 얼마나 필요한지를 계산하여 나온 비율을 exchange rate(환율)라고 한다.

first rate

first rate는 가장 훌륭하다고 평가되는 대상에 붙는 수식어다.

Guess the Words!

Q1 **rate**(셈하다) → rate

The company doesn't seem to rate him very highly.

그 회사는 그를 그다지 높이 ______하는 것 같지 않다.

▶ **Hint** 가치를 매기는 것을 무엇이라고 할까?

Q2 **under**(아래에)+**rate**(셈하다) → underrate

He is the most underrated player on the team.

그는 그 팀에서 가장 ______를 받는 선수다.

▶ **Hint** 실제보다 아래로 평가하는 것을 무엇이라고 할까?

Q3 **over**(위에)+**rate**(셈하다) → overrate

This is the most overrated movie of the year.

이것은 그해 가장 ______를 받은 영화다.

▶ **Hint** 실제보다 위로 평가하는 것을 무엇이라고 할까?

Answers_ **Q1.** 평가 **Q2.** 과소평가 **Q3.** 과대평가

rate ***
[reit]

명 비율, 요금, 속도, 등급
동 평가하다, 어림잡다, 간주하다

연상 계산된 부분
어원

The rainforests are disappearing at an alarming rate.
열대우림은 놀라운 속도로 사라지고 있다.

---

underrate
[ʌndəréit]

동 과소평가하다

연상 실제보다 아래로 계산함
어원 under + rate
아래에 셈하다

You must not underrate your opponent in a political contest.
정치적 경쟁에서 상대방을 과소평가해서는 안 된다.

---

overrate
[òuvəréit]

동 과대평가하다

연상 실제보다 위로 계산함
어원 over + rate
위에 셈하다

I think his books have been overrated.
나는 그의 책이 과대평가되고 있다고 생각한다.

---

rational
[rǽʃ(ə)nəl]

형 이성적인, 합리적인

irrational 형 비이성적인, 비합리적인

연상 할당된 양의
어원 ration + al
할당량 형 접미사

He sometimes becomes irrational and violent when he drinks a lot.
그는 술을 많이 마시면, 때때로 이성을 잃고 폭력적으로 변한다.

---

ration
[rǽʃən]

명 할당량, 배급량
동 제한하다, 배급하다

연상 계산해 본 것
어원 rat + ion
셈하다 명 접미사

During the war, the government rationed food supplies.
전쟁 동안, 정부는 식량 공급을 제한했다.

---

ratio
[réiʃou]

명 비, 비율

연상 계산해 본 것
어원

The school is trying to improve its pupil-teacher ratio.
그 학교는 학생과 선생의 비율을 개선하고자 노력하고 있다.

Exercises 5

A 다음 단어의 뜻을 아래 <보기>에서 고르세요.

1. patriot (　　)
2. acupuncture (　　)
3. ratio (　　)
4. passenger (　　)
5. patient (　　)
6. pedestrian (　　)
7. prey (　　)
8. apprentice (　　)
9. principle (　　)
10. opponent (　　)

보기	ⓐ 도제	ⓑ 먹이	ⓒ 침술 요법	ⓓ 환자	ⓔ 보행자
	ⓕ 애국자	ⓖ 원리	ⓗ 적	ⓘ 비율	ⓙ 승객

B 다음 문장에 나오는 괄호 안의 단어를 완성하세요.

1. At last he (□□□ passed) the world record.
   마침내 그는 세계 신기록을 뛰어넘었다.
2. Fallen rocks are (im □□□ ing) the progress of rescue workers.
   낙석이 구조대의 전진을 방해하고 있다.
3. He was (ap □□□□□ ed) as chairman.
   그는 의장으로 지명되었다.
4. The athlete was (sus □□□□ ed) for one year for doping.
   그 선수는 약물 복용으로 1년 동안 출장 정지를 당했다.
5. I was very (im □□□□□ ed) by his sincerity.
   나는 그의 성실성에 강한 인상을 받았다.
6. The train for New York (de □□□□ s) from Platform 3.
   뉴욕행 기차는 3번 플랫폼에서 출발한다.
7. The Hungarian uprising in 1956 was (sup □□□□□ ed) by the Soviet Union.
   1956년 헝가리의 반란은 소비에트 연방에 의해 진압되었다.
8. He liked Max, and (sym □□□□ ized) with his ambitions.
   그는 Max를 좋아했고, 그의 야심에 공감했다.
9. You must not (under □□□□) your opponent in a political contest.
   정치적 경쟁에서 상대방을 과소평가해서는 안 된다.
10. The government (de □□□□ ed) the Cuban refugees.
    정부는 쿠바 난민을 국외로 추방했다.

Answers

A **1** ⓕ **2** ⓒ **3** ⓘ **4** ⓙ **5** ⓓ **6** ⓔ **7** ⓑ **8** ⓐ **9** ⓖ **10** ⓗ

B **1** sur(passed) **2** (im)ped(ing) **3** (ap)point(ed) **4** (sus)pend(ed) **5** (im)press(ed) **6** (de)part(s) **7** (sup)press(ed) **8** (sym)path(ized) **9** (under)rate **10** (de)port(ed)

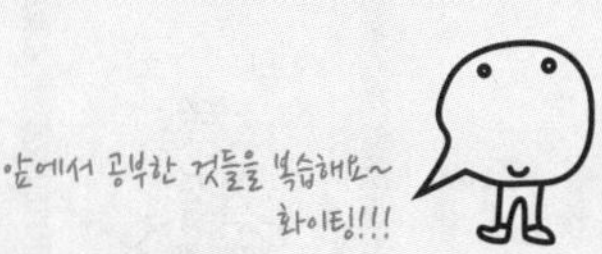

C 다음 단어의 뜻을 아래 <보기>에서 고르세요.

1. partial (　　)
2. apathetic (　　)
3. impending (　　)
4. pensive (　　)
5. explicit (　　)
6. epidemic (　　)
7. impartial (　　)
8. principal (　　)
9. exquisite (　　)
10. primary (　　)

보기				
ⓐ 주요한	ⓑ 곧 일어날 듯한	ⓒ 세련된	ⓓ 최초의	ⓔ 명백한
ⓕ 슬픈	ⓖ 전염성의	ⓗ 공평한	ⓘ 무관심한	ⓙ 편파적인

D 다음 영어 표현의 우리말 해석을 완성하세요.

1. be punctual for an appointment　약속을(　　)
2. the opposite bank　(　　)둑
3. particular custom　(　　)관습
4. a pathetic sight　(　　)광경
5. a passive attitude　(　　)태도
6. the implicit trust　(　　)신뢰
7. an independent nation　(　　)국가
8. pandemic influenza　(　　)독감
9. the most pressing question　가장(　　)문제
10. a prime candidate　(　　)후보자

Answers

C 1ⓙ 2ⓘ 3ⓑ 4ⓕ 5ⓔ 6ⓖ 7ⓗ 8ⓐ 9ⓒ 10ⓓ

D 1 엄수하다 2 반대편의 3 독특한 4 가슴 아픈 5 소극적인 6 절대적인 7 독립 8 전국적인 9 긴급한 10 제1의

101  reg 왕, 지배

track 101

irregular

irregular는 예측에 지배당하지 않음, 즉 '불규칙한, 비정상적인'이라는 뜻이다.

regular

regular는 항상 출전하여 경기를 지배하는 선수를 가리킨다.

Guess the Words!

Q1 **reg**(지배)+**u(a)l**(형 접미사)+**ate**(동 접미사) → regulate

The activities of credit companies are regulated by law.

신용회사의 활동은 법률에 의해 ______를 받는다.

▶ **Hint** 옛날 왕이 정한 것을 무엇이라고 할까?

Q2 **reg**(왕)+**al**(형 접미사) → regal

She dismissed him with a regal gesture.

그녀는 ______ 몸짓으로 그를 해고했다.

▶ **Hint** 왕처럼 보이는 몸짓은 어떤 느낌일까?

Q3 **sove**(위에)+**reign**(지배) → sovereign

The sovereign of England during World War II was King George VI.

제2차 세계 대전 때 잉글랜드의 ______는 조지 6세였다.

▶ **Hint** 위에서 군림하면서 지배하는 사람을 무엇이라고 할까?

Answers_ Q1. 규제 Q2. 당당한 Q3. 군주

regulate [régjulèit] 동 규제하다, 통제하다, 조정하다

*regulation 명 규제

***regular 형 규칙적인, 통상의, 정규의, 정식의
명 정규 선수, 단골손님, 정직원

irregular 형 불규칙한, 비정상적인

연상 왕이 지배함
어원 reg + u(a)l + ate
지배 형접미사 동접미사

The building regulations are very strict about the materials you can use.
건축 규정은 쓸 수 있는 자재에 관해서 매우 엄격하다.

---

regal [ríːg(ə)l] 형 당당한, 위엄 있는, 왕의

연상 왕과 같음
어원 reg + al
왕 형접미사

He made a regal entrance.
그는 당당하게 등장했다.

---

sovereign [sávrən] 형 최고의, 절대적인, 주권을 갖는
명 군주, 국왕, 주권자

reign 명 통치, 지배, 치세
동 군림하다, 통치하다

연상 위에서 지배함
어원 sove (=super) 위에 + reign 지배

George Ⅵ reigned from 1936 to 1952.
조지 6세는 1936부터 1952년까지 통치했다.

****region** [ríːdʒən] 명 지역, 지방, 영역

연상 왕이 지배하는 영역
어원 reg + ion
왕 명접미사

The big problem is how to create new jobs in the outlying region.
어떻게 지방에 새로운 일자리를 창출하느냐가 큰 문제다.

---

regime [reʒíːm] 명 정권, 제도, 체제

연상 어원 왕의 지배 체제

The coup brought his corrupt regime to an end.
쿠데타로 그의 부패한 정권이 막을 내렸다.

---

realm [rélm] 명 영역, 범위, 왕국

연상 어원 왕이 지배함

A fall of 50% on prices is not beyond the realms of possibility.
가격의 50% 인하가 불가능한 범위의 일은 아니다.

102 rupt, route 깨지다, 무너지다

track 102

route

우리나라의 1번국도(Route 1)는
목포에서 신의주까지를 개척하여 만든 도로다.

routine

매일 깨뜨리지 않고 수행하는 일과를 routine이라고 한다.
[rout(길)+ine(작은)]은 '(평소에 지나는) 작은 길'이란
뜻에서 '일과, 정해진 순서'라는 의미를 지닌다.

Guess the Words!

Q1 **bank**(은행)+**rupt**(무너지다) ➡ **bankrupt**

These poor sales will make us go bankrupt.

이러한 판매 저조는 우리를 ______하게 만들 것이다.

▶ **Hint** 은행이 돈을 모두 잃고 무너지는 것을 무엇이라고 할까?

Q2 **inter**(사이에)+**rupt**(깨지다) ➡ **interrupt**

Don't interrupt. I haven't finished yet.

______하지 마세요. 아직 끝내지 못했어요.

▶ **Hint** 사이에 끼어들어 정적을 깨뜨리는 것을 무엇이라고 할까?

Q3 **co(r)**(함께)+**rupt**(무너지다) ➡ **corrupt**

Corrupt customs officials have helped the drug trade to flourish.

______ 세관 직원들은 마약 거래가 번성하는 것을 도왔다.

▶ **Hint** 세관 직원들이 무너졌다는 말은 어떤 의미일까?

Answers_ Q1. 파산 Q2. 방해 Q3. 부패한

bankrupt
[bǽŋkrʌpt]

형 파산한, 지급 불능의
명 파산자, 지급 불능자

bankruptcy 명 파산, 도산

연상 재정이 파탄한 상태
어원 bank + rupt
은행 무너지다

Corporate bankruptcies increased last year.
지난해 기업의 도산이 증가했다.

*interrupt
[ìntərʌ́pt]

동 방해하다, 가로막다, 중단시키다

interruption 명 방해, 중단

연상 사이에 끼어들어 정적을 깨뜨림
어원 inter + rupt
사이에 깨지다

She worked all morning without interruption.
그녀는 휴식도 없이 오전 내내 일했다.

corrupt
[kərʌ́pt]

형 타락한, 부패한
동 타락시키다, 부패시키다

corruption 명 타락, 부패, 부정

연상 함께 무너진 상태
어원 co(r) + rupt
함께 무너지다

The minister was accused of corruption and abuse of power.
그 장관은 부패와 권력 남용으로 고발당했다.

abrupt
[əbrʌ́pt]

형 갑작스러운, 돌연한

연상 무너져서 떨어져 나옴
어원 ab + rupt
~에서 떨어져 무너지다

These policies have sent the construction industry into an abrupt nosedive.
이 정책들은 건설 산업을 급락 상태로 몰아넣었다.

erupt
[irʌ́pt]

동 분출하다, 분화하다, 폭발하다

eruption 명 분출, 분화, 폭발

연상 밖으로 무너짐
어원 e + rupt
밖에 무너지다

This volcano could erupt at any time.
이 화산은 언제든지 분화할 수 있다.

disrupt
[disrʌ́pt]

동 붕괴시키다, 분열시키다, 혼란스럽게 만들다

disruption 명 붕괴, 분열, 혼란

연상 무너져 내림
어원 dis + rupt
떨어져 무너지다

The heavy snow disrupted the city's transport system.
폭설은 도시의 운송 체계를 붕괴시켰다.

103 scal, scend, scent, scan 오르다

track 103

escalator

'escalator로 3층까지 올라오세요.'

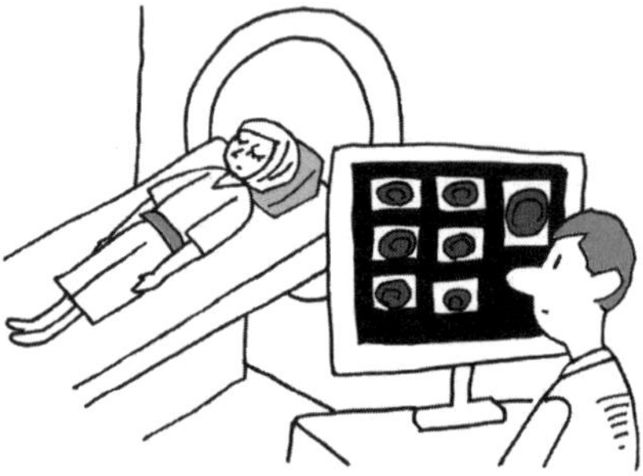

scan

scan은 한 걸음씩 올라가듯이 정보를 하나하나 파악하는 것을 말한다. 발을 구르면서 운율을 맞추는 데서 '자세하게 조사하다'라는 뜻이 생겼다.

Guess the Words!

Q1 **de**(아래에)+**scend**(오르다) ➜ descend

The plane started to descend.

비행기는 ________하기 시작했다.

▶ **Hint** 비행기가 아래로 내려가는 것을 무엇이라고 할까?

Q2 **a**(~을 향해)+**scend**(오르다) ➜ ascend

The path started to ascend more steeply.

그 길은 더 가파른 ________이 시작되었다.

▶ **Hint** 위로 올라가는 길을 무엇이라고 할까?

Q3 **trans**(넘어)+**scend**(오르다) ➜ transcend

The beauty of her songs transcends words.

그녀가 부르는 노래의 아름다움은 언어를 ________한다.

▶ **Hint** 언어를 뛰어넘는 것을 무엇이라고 할까?

Answers_ Q1. 하강 Q2. 오르막 Q3. 초월

descend
[disénd]
동 내려가다, 내려오다, 유래하다

descent 명 하강, 혈통, 가문

The plane began its descent to New York.
비행기는 뉴욕으로 하강하기 시작했다.

연상 오르지 않음 ↑ 아래로 감 ↑
어원 **de** 아래에 + **scend** 오르다

---

ascend
[əsénd]
동 오르다, 올라가다, 오르막이 되다

ascent 명 상승, 진보

She was the first woman to ascend Mount Everest.
그녀는 에베레스트 산을 오른 최초의 여성이었다.

연상 ~을 향해 오름 ↑
어원 **a** ~을 향해 + **scend** 오르다

---

transcend
[trænsénd]
동 초월하다, 넘다

His concern about his business transcends money.
사업에 대한 그의 관심은 돈을 초월하고 있다.

연상 올라가서 뛰어넘음 ↑
어원 **trans** 넘어 + **scend** 오르다

** scale
[skeil]
동 오르다
명 규모, 눈금, 등급, 단계

On a global scale, 77% of energy is created from fossil fuels.
세계적인 규모로 보면, 에너지의 77%는 화석 연료에서 나온다.

연상 / 어원 오름

---

escalate
[éskəlèit]
동 단계적으로 확대시키다, 증대시키다

The protests escalated into five days of rioting.
그 항의는 5일간의 폭동으로 확대되었다.

연상 점점 올라감 ↑
어원 **e** 밖에 + **scale** 오르다 + **ate** 동 접미사

---

descendant
[diséndənt]
명 자손, 후예

He claims to be a descendant of Napoleon.
그는 나폴레옹의 자손이라고 주장한다.

연상 후대로 내려온 사람 ↑
어원 **de** 아래에 + **scend** 오르다 + **ant** 사람

104  scrip, scrib(e) 쓰다

track 104

P.S.

P.S.(postscript)는 편지 끝에 쓰는 '추신'을 의미한다.

script

script는 영화나 연극을 위해 쓴 '대본, 각본'을 뜻한다.

Guess the Words!

Q1 **pre**(앞에)+**scribe**(쓰다) → prescribe

The doctor prescribed a new medicine for my stomachache.

의사는 나의 복통에 대한 새 약을 ______ 했다.

▶ **Hint** 의사가 환자를 위해 약을 받기 전에 써 주는 것을 무엇이라고 할까?

Q2 **con**(완전히)+**scrip**(쓰다)+**t**(~하게 되다) → conscript

Peter was conscripted into the German army.

Peter는 독일 군대에 ______ 되었다.

▶ **Hint** 군대 명부에 적히는 것은 어떤 의미일까?

Q3 **de**(아래에)+**scribe**(쓰다) → describe

Can you describe your missing dog in more detail?

잃어버린 개에 대해 조금 더 자세하게 ______ 주시겠어요?

▶ **Hint** 개에 대한 여러 사항을 써 내려간다는 말은 어떤 의미일까?

Answers_ Q1. 처방 Q2. 징집 Q3. (특징을) 설명해

prescribe
[priskráib]
동 처방하다, 규정하다

prescription 명 처방전

The doctor gave me a prescription for medicine for my cold.
그 의사는 나에게 감기약 처방전을 써 줬다.

연상 의사가 (약을 받기 전에) 미리 써 줌
어원 **pre** + **scribe**
앞에 쓰다

---

conscript
[kánskript]
동 징집하다, 징병하다

conscription 명 징병(제)

When was conscription introduced in Korea?
언제 한국에 징병제가 도입됐나요?

연상 징병 명부에 완전히 적힘
어원 **con** + **scrip** + **t**
완전히 쓰다 ~하게 되다

*** describe
[diskráib]
동 묘사하다, 특징을 서술하다

* **description** 명 묘사, 설명

Tom gave the police a description of the car.
Tom은 경찰에게 그 차의 특징을 설명했다.

연상 써 내려감
어원 **de** + **scribe**
아래에 쓰다

---

subscribe
[səbskráib]
동 구입을 신청하다, 기부하다, (신문 등을) 구독하다, 가입하다, (주식을 사기 위해) 청약하다

subscription 명 예약 구독(료), 기부(금)

I subscribed for 20,000 shares in the new company.
나는 새 회사의 2만 주를 청약했다.

연상 서류 아래쪽에 이름을 씀
어원 **sub** + **scribe**
아래에 쓰다

---

ascribe
[əskráib]
동 원인을 ~로 돌리다, ~의 탓으로 돌리다

He ascribed his failure to bad luck.
그는 자신의 실패를 불운의 탓으로 돌렸다.

연상 쓰다
어원 **a** + **scribe**
~을 향해 쓰다

---

scribble
[skríbl]
동 휘갈겨 쓰다

He scribbled a note to his friend.
그는 친구에게 줄 메모를 휘갈겨 썼다.

연상 반복해서 씀
어원 **scrib** + **ble**
쓰다 반복

105 sent, sense 느끼다

track 105

consensus

모두가(con) 같게 느껴(sense),
의견이 일치하는 것을 consensus라고 한다.

sensation

자국에서의 월드컵 개최는 국민들에게 강렬한
느낌을 줘서 sensation을 일으켰다.

sentimental

sentimental은 눈물샘을 자극할
정도로 '감상적'이라는 뜻이다.

sense는 '감각, 자각, 판단력, 분별, 의미' 등을 나타낸다. sense를 어근으로 하는 파생어에는 sensitive(민감한), sensible(분별 있는), sensual(관능적인), sensuous(감각적인) 등이 있다.

Guess the Words!

Q1 **con**(함께)+**sent**(느끼다) ➜ consent

You can't publish my name without my consent.

너는 내 ______ 없이 내 이름을 공표할 수 없다.

▶ **Hint** 같은 느낌을 느끼는 것을 무엇이라고 할까?

Q2 **dis**(떨어져)+**sent**(느끼다) ➜ dissent

Anyone wishing to dissent from the motion should now raise their hand.

그 제의에 ______가 있는 사람은 누구든지 지금 손을 들어야 한다.

▶ **Hint** 제의와 다르게 느끼는 것을 무엇이라고 할까?

Q3 **re**(다시)+**sent**(느끼다) ➜ resent

I really resent the way he treated me.

나는 그가 나를 대하는 방식에 정말 ______하고 있다.

▶ **Hint** 다시 되새기면서 느끼는 감정은 어떤 것일까?

Answers_ Q1. 동의 Q2. 이의 Q3. 분개

consent [kənsént]
동 동의하다, 허가하다
명 동의, 허가

연상 같게 느낌
어원 con + sent
함께 느끼다

Her father gave her his consent to the marriage.
그녀의 아버지는 그 결혼에 동의했다.

---

dissent [disént]
동 이의를 주장하다
명 의견의 차이, 이의

연상 다르게 느낌
어원 dis + sent
떨어져 느끼다

No one dissented the decision to unify.
통합 결정에 아무도 이의를 주장하지 않았다.

---

resent [rizént]
동 분개하다, 노하다

resentment 명 분개

resentful 형 분개한

연상 다시 떠올리면서 느낌
어원 re + sent
다시 느끼다

He strongly resented my remarks.
그는 나의 말에 매우 분개했다.

---

assent [əsént]
동 찬성하다, 동의하다
명 찬성, 동의

연상 상대방 쪽으로 생각이 기울
어원 a(s) + sent
~을 향해 느끼다

Everyone assented to the terms they proposed.
그들이 제안한 조건에 모두 찬성했다.

*** **sentence** [séntəns]
동 판결을 내리다, 선고하다
명 판결, 문장

연상 느낀 바를 설명함
어원 sent + ence
느끼다 명 접미사

The prisoner was sentenced to life imprisonment.
그 범죄자는 종신형을 선고받았다.

---

scent [sent]
명 향기, 냄새

연상 코를 통해 느낌
어원 sent
느끼다

These flowers have no scent.
이 꽃들은 향기가 안 난다.

106 sent, est, ess 있다

track 106

essence

essence는 원래 지니고 있는 성질,
즉 '본질, 진액'을 뜻한다.

present

present는 [pre(앞에)+sent(있다)]로
구성된 단어로, 눈앞에 내밀어진 물건을 의미한다.

presentation

presentation은 여러 사람 앞에
나와 있는 상태에서 하는 발표를 가리킨다.

Guess the Words!

Q1 **inter**(사이에)+**est**(있다) ➜ interest

Interest **rates have risen by 1%.**

______율은 1% 상승했다.

▶ **Hint** 빌려준 사람과 빌린 사람 사이에 있는 것은 무엇일까?

Q2 **ab**(떨어져)+**sent**(있다) ➜ absent

He was absent **from lectures today.**

그는 오늘 강의에 ______했다.

▶ **Hint** 강의실에서 떨어진 곳에 있는 것을 무엇이라고 할까?

Q3 **re**(다시)+**pre**(앞에)+**sent**(있다) ➜ represent

He represented **Germany at the conference.**

그는 그 회의에서 독일을 ______했다.

▶ **Hint** 사람들 앞에서 자신을 드러내는 것을 무엇이라고 할까?

Answers_ Q1. 이자 Q2. 결석 Q3. 대표

***interest**
[ínt(ə)rist]

명 관심(사), 이익, 이자, 흥미, 이해(관계), 흥밋거리
동 흥미를 가지게 하다

연상 이해관계에 있음
↑
서로의 사이에 있음
↑
어원 inter + est
사이에 있다

Golf is one of my interests.
골프는 나의 관심사 중 하나다.

---

absent
[형 ǽbs(ə)nt]
[동 æbsént]

형 결석한, 부재의, 결여된
동 결석하다, 비우다

*absence 명 결석, 부재
absentee 명 결석자, 부재자

연상 떨어져 있음
↑
어원 ab + sent
떨어져 있다

In the absence of any evidence, the police had to let Myers go.
증거의 부재로 경찰은 Myers를 석방해야 했다.

****represent**
[rèprizént]

동 나타내다, 상징하다, 대표하다, 서술하다

representation 명 대표, 설명, 표현

연상 다시 내놓음
↑
어원 re + pre + sent
다시 앞에 있다

Dots represent towns on this map.
이 지도에서 점은 마을을 나타낸다.

****essential**
[isénʃəl]

형 불가결한, 중요한, 필수의
명 불가결한 요소, 주요점, 필수품

essence 명 근본, 본질, 진액

연상 존재하고 있음
↑
어원 essen + tial
있다 형 접미사

The villagers regard a car as an essential.
마을 사람들은 차가 필수품이라고 생각한다.

*****present**
[형 명 préznt]
[동 prizént]

형 출석해 있는, 존재하고 있는, 현재의
명 현재, 선물
동 주다, 제공하다

**presence 명 존재, 출석, 면전

연상 앞에 내놓음
↑
어원 pre + sent
앞에 있다

More than 100 students were present at the ceremony.
100명이 넘는 학생들이 그 의식에 출석했다.

****representative**
[rèprizéntətiv]

명 대표자, 하원 의원
형 나타내는, 대표하는, 표현하는

연상 다시 내놓음
↑
어원 re + pre + sent + ive
다시 앞에 있다 형 접미사

He once served as Japan's representative to the United Nations.
그는 한때 UN의 일본 대표로 일했다.

107 serv 유지하다, 시중들다, 도움이 되다

track 107

server

server는 대형 그릇 혹은 요리를 나눠 담기 위한 스푼, 포크 등 시중을 드는 도구나 사람을 뜻한다.

self-service

self-service란 자기 자신의 시중을 드는 것을 뜻한다.

service

배구는 상대방에게 공을 제공하는 service로 경기가 시작된다.

servant는 주인에게 시중드는 '하인'을 말한다. 식사 후 먹는 dessert는 [de(떨어져)+sert(시중들다)]로 이루어진 단어로, 웨이터의 손에서 멀어진 코스의 마지막 요리라는 의미를 지닌다. 그 밖에도 reservoir(저수지, 저장), sergeant(하사관, 경사), subservient(비굴한, 추종하는), servitude(노예 상태, 강제 노동) 등이 있다.

Guess the Words!

Q1 **con**(함께)+**serve**(유지하다) → conserve

Everyone needs to make efforts to conserve water.

모두가 물을   노력을 해야 한다.

▶ **Hint** 모두 함께 덜 쓰고 간직하는 것을 무엇이라고 할까?

Q2 **re**(뒤에)+**serve**(유지하다) → reserve

He reserved the tablecloth for special occasions.

그는 특별한 상황을 위해 식탁보를   해 두었다.

▶ **Hint** 나중에 사용하기 위해 지금 쓰지 않는 것을 무엇이라고 할까?

Q3 **pre**(앞에)+**serve**(유지하다) → preserve

The house is part of local history and should be preserved.

그 집은 지방 역사의 일부라서   되어야 한다.

▶ **Hint** 미리 잘 보관해 두는 것을 무엇이라고 할까?

Answers_ **Q1.** 아껴 쓰려는 **Q2.** 간직 **Q3.** 보존

conserve
[kənsə́ːrv]

동 보존하다, 아껴 쓰다

conservation 명 보존, 보호

연상 함께 쓰지 않고 간직하고 있음

어원 con 함께 + serve 유지하다

It is important to conserve energy.
에너지를 아껴 쓰는 것은 중요하다.

***reserve
[rizə́ːrv]

동 남겨 두다, 간직해 두다, 예약하다
명 비축, 준비금

***reservation** 명 예약

***reserved** 형 남겨 둔, 예약된, 조심스러운

연상 나중에 사용함

어원 re 뒤에 + serve 유지하다

It's a popular restaurant, and you'll have to reserve in advance.
거기는 인기 있는 레스토랑이라서 미리 예약해야 한다.

---

*preserve
[prizə́ːrv]

동 보존하다, 보호하다, 지키다
명 전유물, 수렵 금지 구역

preservation 명 저장, 보존

preservative 형 보존하는, 방부의
명 방부제

연상 미리 보관해 둠

어원 pre 앞에 + serve 유지하다

This bread has a lot of preservatives in it.
이 빵에는 다량의 방부제가 들어 있다.

---

*conservative
[kənsə́ːrvətiv]

형 보수적인, 조심스러운, 수수한
명 보수적인 사람

연상 모두 함께 지켜나감

어원 con 함께 + serve 유지하다 + tive 형접미사

He wore a conservative business suit for his interview.
그는 면접을 위해 수수한 정장을 입었다.

**observe
[əbzə́ːrv]

동 관찰하다, 알아채다, 지키다, 따르다, 축하하다

***observation** 명 관찰, 관측

observance 명 준수, 축하, 의식

연상 ~에 주의를 기울임

어원 ob ~에 대해 + serve 유지하다

You can avoid danger by observing these simple rules.
이 단순한 규칙을 따르면 위험을 피할 수 있다.

---

*deserve
[dizə́ːrv]

동 받을 만하다, ~할 만한 가치가 있다

deserving 명 받을 만한, 가치가 있는

연상 전부 소유하고 있음

어원 de 완전히 + serve 유지하다

They deserve punishment which matches the gravity of their crime.
그들은 자신들이 저지른 범죄의 무게에 합당한 벌을 받을 만하다.

108 sid(e), sess, sed

track 108

앉다

session

jam session은 즉흥적으로 이루어지는 연주회를 말한다. session(개회, 회기, 모임)은 원래 '자리에 앉아서 이루어지다'라는 의미에서 나온 말이다.

sedan

편안하게 앉을 수 있는 유형의 차를 sedan이라고 한다.

president

president(사장, 대통령)는 '앞에(pre) 앉아 있는(side) 사람(ent)'이란 뜻이다.

그 밖에도 assiduous(책상 앞에 앉아 있음 → 끈기 있는), sedate(침착한), sedative(진정제), sediment(침전물) 등이 있다.

Guess the Words!

Q1 **pre**(앞에)+ **side**(앉다) → preside

I presided over a meeting of finance committee.

나는 재정위원회의 회의에서 ______을 맡았다.

▶ **Hint** 회의에서 다른 사람들 앞에 앉는 사람을 무엇이라고 부를까?

Q2 **re**(뒤에)+ **side**(앉다) → reside

He resides with his invalid mother in London.

그는 런던에서 편찮으신 어머니와 함께 ______ 있다.

▶ **Hint** 편안하게 앉아 있다는 말은 어떤 의미일까?

Q3 **sub**(아래에)+ **side**(앉다) → subside

He took an aspirin and the pain gradually subsided.

그는 아스피린을 먹으니 통증이 서서히 ______.

▶ **Hint** 통증의 정도가 아래로 내려가는 것을 어떻게 표현할까?

Answers_ Q1. 의장 Q2. 살고 Q3. 가라앉았다

preside [prizáid]
동 (의장, 사회를) 맡다, 주재하다, 통솔하다

***president 명 대통령, 사장, 학장

The president has presided over the depression.
대통령은 불황에 대해 전체를 통솔해 왔다.

연상: 사람들의 앞에 앉음
어원: pre (앞에) + side (앉다)

---

reside [rizáid]
동 살다, 거주하다

**resident 명 거주자, 거주민
형 거주하고 있는

residential 형 거주의, 주택의

The government ordered the residents to evacuate.
정부는 거주민들에게 대피하라는 명령을 내렸다.

연상: 편안하게 앉아 있음
어원: re (뒤에) + side (앉다)

---

subside [səbsáid]
동 가라앉다, 진정되다

Many houses in this neighborhood are subsiding.
근처에 있는 많은 집들이 가라앉았다.

연상: 주저앉음
어원: sub (아래에) + side (앉다)

---

possess [pəzés]
동 소유하다, 가지고 있다, 소지하다

possession 명 소유(물)

possessive 형 소유의

She has been indicted for possessing cocaine.
그녀는 코카인을 소지한 혐의로 기소되었다.

연상: 힘을 가지고 앉아 있음
어원: pos (힘이 있는) + sess (앉다)

---

obsess [əbsés]
동 (수동태로) 사로잡히다, 머리에서 떠나지 않다

obsession 명 망상, 강박, 집착

I'm completely obsessed with her.
나는 그녀에게 완전히 사로잡혔다.

연상: 자신과 반대편에 앉아 있음
어원: ob (반대로) + sess (앉다)

---

assess [əsés]
동 평가하다, 산정하다

assessment 명 평가

They assessed my gold watch at its value.
그들은 내 금시계를 진가 그대로 평가했다.

연상: 보좌관으로서 판사 옆에 앉음
어원: a(s) (~을 향해) + sess (앉다)

109 sign 표시

track 109

sign
경기 중 감독이 지시를 내릴 때
쓰는 수신호를 sign이라고 한다.
sign은 '징후, 흔적, 손짓'을 뜻한다.

design
밑그림을 가리키는 design은
[de(아래에)+sign(표시)]로 이루어져,
'설계하다, 계획, 의도, 음모'의 의미로 쓰인다.

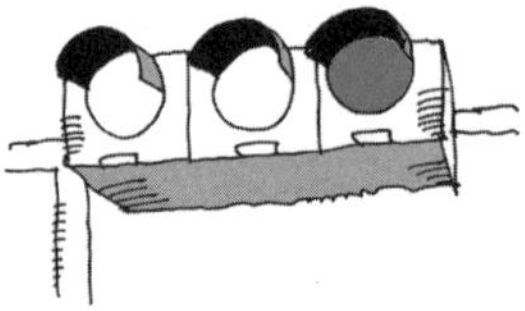

traffic signal
traffic signal(교통 신호) 중
빨간불은 정지를 나타내는 표시다.

Guess the Words!

Q1 **sign**(표시)+**ify**(동 접미사) → signify

An arrow signifies the correct direction.
화살표는 바른 방향을 ________.
▶ **Hint** 바른 방향이라고 표시하는 것을 무엇이라고 할까?

Q2 **de**(아래에)+**sign**(표시)+**ate**(동 접미사) → designate

Cities are designated on this map as red dots.
이 지도에서 도시는 빨간 점으로 ________ 있다.
▶ **Hint** 아래에 표시한 것을 무엇이라고 할까?

Q3 **a(s)**(~을 향해)+**sign**(표시) → assign

Much work was assigned to me.
많은 일이 나에게 ________되었다.
▶ **Hint** 일을 내가 하는 것으로 표시하는 것을 무엇이라고 할까?

Answers_ Q1. 나타낸다 Q2. 나타나 Q3. 할당

signify
[sígnəfài]

동 나타내다, 의미하다

signification 명 의미, 의의

연상: 표시를 함

어원: sign + ify
표시 명접미사

He signified his agreement with a nod.
그는 고개를 끄덕이는 것으로 동의를 나타냈다.

---

designate
[dézignèit]

동 가리키다, 지정하다, 지명하다, 나타내다

designation 명 지정, 지명

연상: 아래에 표시를 함

어원: de + sign + ate
아래에 표시 동접미사

This region is designated as a national park.
이 지역은 국립공원으로 지정되었다.

---

assign
[əsáin]

동 할당하다, 임명하다, 규정하다

assignment 명 할당, 숙제

연상: 특정 방향에 표시를 함

어원: a(s) + sign
~을 향해 표시

He was assigned to wait on the man.
그는 그 남자의 시중을 드는 일을 할당받았다.

**significant
[signífəkənt]

형 의미 있는, 중대한, 시사하는

insignificant 형 하찮은, 무의미한

significance 명 의미, 의의

연상: 표시를 받음

어원: sign + ify + cant
표시 동접미사 형접미사

His gesture was significant of refusal.
그의 몸짓은 거절을 시사하고 있다.

---

*resign
[rizáin]

동 사임하다, 사직하다

resignation 명 사임, 사직

연상: 서명하고 물러남

어원: re + sign
뒤에 표시

You should think carefully before you resign.
너는 사직하기 전에 신중하게 생각해야 한다.

---

consign
[kənsáin]

동 넘기다, 맡기다, 위탁하다

consignment 명 위탁 (판매)

연상: 같은 표시를 해서 넘김

어원: con + sign
함께 표시

The goods will be consigned to you by air.
그 상품은 항공편으로 보내질 것이다.

110 simi(l), seem, sem

track 110

같은, 닮은

facsimile

송신원과 동일한 서류를 송신하는 기계를 facsimile라고 한다.

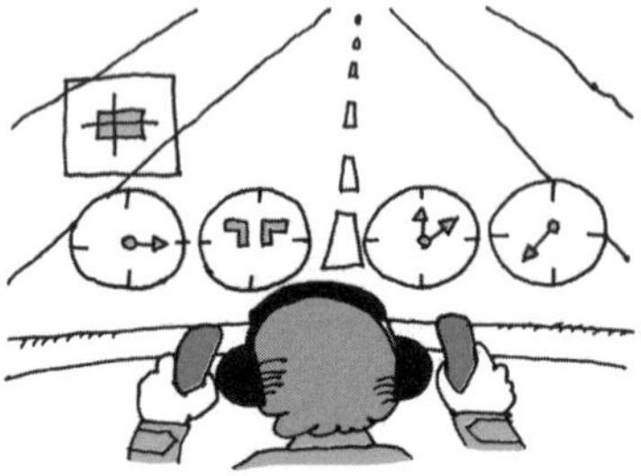

simulation

simulation이란 실전과 유사한 '모의실험'을 뜻한다. 동사형 simulate는 '흉내 내다, ~인 체하다'라는 의미로 쓰인다.

seem은 '~처럼 보이다, 생각되다', seemingly는 '겉보기에는, 외견상으로'라는 의미다. 두 개의 비슷한 사물을 직접적으로 비교하여 나타내는 '직유'는 simile라고 한다.

Guess the Words!

Q1 **a(s)**(~을 향해)+**sem**(같은)+**ble**(반복) → assemble

We were told to assemble in the meeting room after lunch.

우리는 점심 식사 후에 회의실로 ________ 말을 들었다.

▶ **Hint** 모두 같은 곳으로 가는 것을 무엇이라고 할까?

Q2 **a(s)**(~을 향해)+**simil**(같은)+**ate**(동 접미사) → assimilate

They had difficulty assimilating into the community.

그들은 지역사회에 ________하는 데 어려움을 겪었다.

▶ **Hint** 지역사회 사람들과 같은 방식으로 살아가는 것을 무엇이라고 할까?

Q3 **re**(다시)+**sem**(같은)+**ble**(반복) → resemble

You resemble your father very closely.

너는 아버지와 매우 ________.

▶ **Hint** 두 사람이 같은 느낌의 얼굴을 가지고 있을 때 어떻게 표현할까?

Answers_ Q1. 모이라는 Q2. 적응 Q3. 닮았다

assemble 동 모으다, 모이다, 조립하다
[əsémbl]
***assembly** 명 집회, 의회, 조립

There is a school assembly in the first period.
첫 시간에는 전교생 조회가 있다.

연상 같은 방향으로 감
어원 a(s) + sem + ble
~을 향해 같은 반복

---

assimilate 동 동화시키다, 적응시키다, 동화되다, 적응하다
[əsíməlèit]
assimilation 명 동화

The newcomers were assimilated into rural life.
새로 온 사람들은 시골 생활에 적응했다.

연상 같은 방향으로 감
어원 a(s) + simil + ate
~을 향해 같은 동접미사

---

resemble ** 동 닮다, 비슷하다
[rizémbl]
resemblance 명 유사(점)
semblance 명 외관, 겉보기

He resembles his brother in appearance.
그는 형과 외모가 닮았다.

연상 같은 것을 거듭 봄
어원 re + sem + ble
다시 같은 반복

---

similar *** 형 유사한, 비슷한
[símələr]
similarity 명 유사함, 유사점

The two approaches are basically very similar.
두 가지 접근법은 기본적으로 상당히 유사하다.

연상 같은
어원 simil + ar
같은 형접미사

---

simultaneous 형 동시의
[sàiməltéiniəs]

There were several simultaneous attacks by the terrorists.
테러리스트들에 의한 동시 공격이 수차례 있었다.

연상 같은 시간에
어원 simul + eous
같은 형접미사

---

dissemble 동 (진짜 감정·의도를) 숨기다, 속이다, 가장하다
[disémbl]
dissemblance 명 은폐, 위장

She dissembled about her past employment history.
그녀는 과거 근무 경력을 속였다.

연상 같지 않음
어원 dis + sem + ble
~이 아니다 같은 반복

111 sist 서다

track 111

assist

축구 경기에서 포워드 선수를 앞세우고 좋은 assist를 하면 득점으로 연결될 수 있다.

assistant

사회자 옆에 서서 보좌하는 사람을 가리키는 assistant는 [a(s)(~을 향해)+sist(서다)+ant(사람)]으로 이루어졌다.

resistance

[re(뒤에)+sist(서다)+ance(명사 접미사)]로 이루어진 resistance는 적의 공격을 막아선 채 뒷걸음치면서 저항하는 것을 말한다.

Guess the Words!

Q1 **ex**(밖에)+ **(s)ist**(서다) ➜ exist

Do you think ghosts really exist?

당신은 유령이 정말 _____ 한다고 생각하세요?

▶ **Hint** 밖에 나가서 모습을 드러내는 것은 무엇을 증명하는 것일까?

Q2 **con**(함께)+ **sist**(서다) ➜ consist

The committee consists of ten members.

위원회는 10명으로 _____ 되어 있다.

▶ **Hint** 10명이 함께 손을 잡고 서 있다는 것은 어떤 의미일까?

Q3 **per**(통해)+ **sist**(서다) ➜ persist

He persisted in smoking even after having a heart attack.

그는 심장 발작이 일어난 후에도 흡연을 _____ 했다.

▶ **Hint** 일관되게 서 있다는 말은 어떤 의미일까?

Answers_ Q1. 존재 Q2. 구성 Q3. 지속

***exist
[igzíst]

동 존재하다, 생존하다

*existence 명 생존
coexist 동 공존하다

| No one can prove the existence of God.
| 누구도 신의 존재를 증명할 수 없다.

연상 밖에 나가 서 있음
어원 ex + (s)ist
밖에 서다

*consist
[kənsíst]

동 이루어지다, 구성되다, ~에 있다

consistent 형 일치하는, 조화되는, 모순이 없는

| The audience consists mainly of teenagers.
| 관객은 주로 십 대들로 구성되어 있다.

연상 함께 손을 잡고 서 있음
어원 con + sist
함께 서다

persist
[pərsíst]

동 고집하다, 지속하다

persistent 형 고집하는, 끈기 있는, 지속하는

| He has a persistent cough because of his smoking.
| 그는 흡연 때문에 지속적으로 기침을 한다.

연상 일관되게 서 있음
어원 per + sist
밖에 서다

**resist
[rizíst]

동 저항하다, 견디다, 참다

resistant 형 저항하는
**resistance 명 저항, 반항

| I just can't resist chocolate.
| 나는 초콜릿이 먹고 싶어 도저히 참을 수가 없다.

연상 뒤에 서서 저항함
어원 re + sist
뒤에 서다

**insist
[insíst]

동 주장하다, 요구하다

insistent 형 고집하는, 집요한

| He kept insisting on his innocence.
| 그는 자신의 무죄를 계속해서 주장했다.

연상 위에 서서 주장함
어원 in + sist
위에 서다

subsist
[səbsíst]

동 생계를 꾸리다, 생존하다, 살아남다

subsistence 명 생존, 생계

| We had to subsist on very small incomes.
| 우리는 적은 소득으로 생계를 꾸려야 했다.

연상 아래에서 받치고 있음
어원 sub + sist
아래에 서다

112  sol 첫 번째의, 하나의, 태양

track 112

parasol

햇빛을 피하는 데 쓰는 parasol은
'태양(sol) 때문에(para)' 쓰는 도구라는 뜻이다.

solo

혼자 노래를 부르거나 연주하는
'독창, 독주'를 solo라고 한다.

solar car

solar car는 태양 에너지를 동력으로 하여
달리는 '태양열 자동차'다.

칸초네 중 유명한 곡 <오 솔레미오(O Sole Mio)>는 이탈리아어로 '오, 나의(Mio) 태양(Sole)'이라는 의미다.

Guess the Words!

Q1 **sol**(하나)+**ar**(형 접미사) ➜ solar

Solar panels are used to power satellites.

_____ 전지판은 위성을 작동시키는 데 사용된다.

▶ **Hint** 태양계의 중심으로, 하나밖에 없는 것은 무엇일까?

Q2 **sol**(하나)+**ary**(형 접미사) ➜ solitary

He is a solitary man who avoids the society of others.

그는 타인과의 교제를 피하는 _____ 남자다.

▶ **Hint** 자기 혼자만 있는 상태를 무엇이라고 할까?

Q3 **de**(완전히)+**sol**(하나)+**ate**(동 형 접미사) ➜ desolate

His family was desolated by his sudden death.

그의 가족은 갑작스런 그의 죽음에 _____.

▶ **Hint** 완전히 혼자가 된 상태에서 느끼는 감정은 어떤 것일까?

Answers_ Q1. 태양 Q2. 고독한 Q3. 슬퍼했다

solar
[sóulər]

형 태양의

연상: 하나밖에 없음
어원: sol (하나) + ar (형 접미사)

The picture shows six of the eight planets in the solar system.
그 사진은 태양계의 8개 행성 중 6개를 보여 준다.

---

solitary
[sálətèri]

형 혼자의, 고립된, 고독한

solitude 명 고독

연상: 먼저 가서 돌아오지 않는 사람
어원: sol (하나) + ary (형 접미사)

He needs solitude in order to paint his pictures.
그림을 그리기 위해서 그에게는 고독이 필요하다.

---

desolate
[형 désəlit]
[동 désəlèit]

형 황폐한, 황량한, 고독한
동 황폐하게 하다, 슬프게 하다

desolation 명 황폐, 쓸쓸함

연상: 완전히 혼자가 됨
어원: de (완전히) + sol (하나) + ate (동 접미사)

War has desolated the city of Beirut.
전쟁으로 베이루트는 황폐해졌다.

---

solstice
[sálstis]

명 (하지와 동지의) 지점(至點)

연상: 태양이 멈춘 상태
어원: sol (태양) + sti (멈추다, 서다) + ice (명 접미사)

When is the summer solstice this year?
올해 하지는 언제인가요?

---

solarium
[səlé(ə)riəm]

명 일광욕실

연상: 햇볕을 쬐는 장소
어원: solar (태양의) + ium (장소)

Keep fit, sauna and solarium.
사우나와 일광욕실로 건강을 유지하세요.

---

sole
[soul]

형 유일한, 단 하나의
명 넙치, 가자미

연상: 눈이 한쪽에 몰려 있는 물고기
어원: sole (하나의)

The chef used sole for the main dish.
요리사는 메인 요리로 넙치를 썼다.

113 spec, spic, spis
track 113

보다

spy

spy는 비밀을 몰래 알아보는 정보원이다.
스파이의 활동은 espionage라고 한다.

special lunch

다른 요리와는 겉보기부터 다른 특별한 점심 식사를 special lunch라고 한다. 동사는 specialize(전문으로 하다)이며, 명사는 specialty(전문)이다.

spice

spice는 보기에 다른 종류의 재료(species)가 들어간 향신료를 뜻한다.

보기에 여타의 것과는 다르다는 의미의 '특별히'는 especially를 쓴다. auspicious는 새가 나는 모습을 보고 길조를 점치는 것에서 '행운의'를 뜻하게 되었다.

Guess the Words!

Q1 **de**(아래에)+**spise**(보다) ➡ despise

He despises me for cheating in the exam.

그는 시험에서 커닝했다는 사실에 나를 ________했다.

▶ **Hint** 낮추어 보는 것을 무엇이라고 할까?

Q2 **con**(완전히)+**spic**(보다)+**ous**(형 접미사) ➡ conspicuous

He posted all the advertisements in a conspicuous place.

그는 모든 광고를 ________ 장소에 게시했다.

▶ **Hint** 확실하게 보이는 것을 무엇이라고 할까?

Q3 **spec**(보다)+**men**(물건) ➡ specimen

He is a fine specimen of health.

그는 건강의 좋은 ________이다.

▶ **Hint** 다른 사람에게 보여 주기 위한 것을 무엇이라고 할까?

Answers_ Q1. 경멸 Q2. 눈에 띄는 Q3. 견본

despise [dispáiz]

동 경멸하다

연상: 낮추어 봄
어원: de (아래에) + spise (보다)

He despised himself for being such a coward.
그는 자신이 그렇게 겁쟁이라는 점에 대해 스스로를 경멸했다.

---

conspicuous [kənspíkjuəs]

형 눈에 띄는, 현저한

연상: 확실하게 보임
어원: con (완전히) + spic (보다) + ous (형 접미사)

She was conspicuous in jeans at the party.
그녀는 파티에서 청바지를 입어 눈에 띄었다.

---

specimen [spésəmən]

명 견본, 표본

연상: 다른 사람에게 보여 주기 위한 물건
어원: spec (보다) + men (물건)

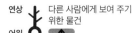

Astronauts have brought back rock specimens from the moon.
우주비행사는 달에서 암석 표본을 가져왔다.

** **species** [spíːʃiːz]

명 종(種), 종류

연상: 형태
어원: 보이는 것

This species of bird is decreasing in numbers every year.
이 종의 새는 매년 수가 줄어들고 있다.

** **specific** [spəsífik]

형 특정한, 명확한, 구체적인

specify

동 구체적으로 말하다

연상: 사물의 형태가 보임
어원: speci (보다) + ic (형 접미사)

The meeting is for the specific purpose of discussing the merger.
그 회의는 합병에 대해 논의하는 명확한 목적이 있는 자리였다.

** **despite** [dispáit]

전 ~임에도 불구하고 (= in spite of)

연상: 아래를 봄
어원: de (아래에) + spite (보다)

Many people were surfriding in the ocean despite the hurricane warning.
허리케인 경보에도 불구하고 많은 사람들이 바다에서 서핑을 하고 있었다.

114 spect 보다 ①

track 114

spectacle

대규모로 연출된 장대하고 볼 만한 장면을 spectacle이라고 한다.

retro

옛날을 되돌아보게 하는 것을 레트로(retrospective)라고 한다. [retro(뒤를)+spet(보다)]가 결합된 단어 retrospect는 '회상, 추억'을 의미한다.

Guess the Words!

Q1 **spect**(보다)+**or**(사람) ➜ **spectator**

The stadium was packed with cheering spectators.

그 경기장은 응원하는 ＿＿＿＿들로 혼잡했다.

▶ **Hint** 경기장에서 경기를 보는 사람은 누구일까?

Q2 **in**(안에)+**spect**(보다) ➜ **inspect**

He inspected the car for defects.

그는 차에 결함이 있는지 ＿＿＿＿했다.

▶ **Hint** 차의 내부를 살펴보는 것을 무엇이라고 할까?

Q3 **re**(뒤를)+**spect**(보다) ➜ **respect**

The couple respects each other.

그 부부는 서로를 ＿＿＿＿한다.

▶ **Hint** 어떤 감정이 들면 상대방을 다시 한 번 보게 될까?

Answers_ Q1. 관객 Q2. 점검 Q3. 존중

spectator

[spékteitər]

명 관객, 구경꾼

연상: 보는 사람

어원: spect + or
보다 사람

The game was watched by more than 40,000 spectators.
그 경기는 4만 명이 넘는 관객들이 지켜봤다.

---

inspect

[inspékt]

동 검사하다, 점검하다, 시찰[사찰]하다

inspection 명 검사, 조사

연상: 내부를 살펴봄

어원: in + spect
안에 보다

Our school was inspected this May.
우리 학교는 올해 5월에 사찰을 받았다.

*** respect

[respect]

동 존경하다, 존중하다
명 존경, 경의, 세목(細目)

respectful 형 존경을 표하는, 정중한

연상: 다시 한 번 봄

어원: re + spect
뒤를 보다

Always be respectful toward him when you speak to him.
그에게 말할 때는 항상 그를 존중하세요.

---

spectacle

[spéktəkl]

명 광경, 장관, 구경거리, 안경(-s)

spectacular 형 장관을 이루는, 극적인

연상: 보기 위해 쓰는 작은 도구

어원: spect + cle
보다 작은 것

My father always carries a spectacle case.
아버지는 항상 안경집을 가지고 다니신다.

** aspect

[æspekt]

명 외관, 생김새, 측면

연상: 사물을 봄

어원: a + spect
~을 보다

We should consider this problem from every aspect.
우리는 이 문제를 모든 측면에서 생각해야 한다.

---

specter

[spéktər]

명 망령, 귀신, 불안의 원인

연상: 보이는 것

어원: spect + er
보다 사물

The specter of war hung over the nation.
전쟁에 대한 불안이 그 나라 전체에 감돌았다.

115 spect 보다 ❷

track 115

perspective

원근법(perspective)을 써서 그린 <최후의 만찬>.
[per(완전히)+spect(보다)+ive(형용사 접미사) → 꿰뚫어봄]
이란 의미에서 '시각, 관점'을 뜻하게 되었다.

suspect

변장하여 가까이 다가가는 늑대의 발밑을
보고 '의심하는(suspect)' 소녀.

spectrum

spectrum은 눈을 감았을 때
보이는 잔상을 뜻한다.

Guess the Words!

Q1 **pro**(앞을)+**spect**(보다) → prospect

They set up the company in the prospect of large profits.

그들은 막대한 이익을 ______ 하면서 회사를 세웠다.

▶ **Hint** 앞을 내다보는 것을 무엇이라고 할까?

Q2 **ex**(밖을)+**(s)pect**(보다) → expect

We are expecting a rise in house prices in a few years.

우리는 몇 년 후에 집값이 오르기를 ______ 하고 있다.

▶ **Hint** 뭔가를 바라면서 밖을 내다보는 것은 무엇이라고 할까?

Q3 **expect**(예상하다)+**ancy**(명 접미사) → expectancy

A number of social factors influence life expectancy.

많은 사회적 요인이 ______ 수명에 영향을 미친다.

▶ **Hint** 수명을 예측하는 것은?

Answers_ Q1. 전망 Q2. 기대 Q3. 기대

prospect * [práspekt] 명 전망, 예상, 조망
prospective 형 유망한, 장래의, 기대되는

연상 앞을 내다봄
어원 pro(앞을) + spect(보다)

Her prospective employment with this company will be decided next month.
이 회사에 고용될지 말지, 그녀의 장래는 다음 달에 결정될 것이다.

---

expect *** [ikspékt] 동 기대하다, 예상하다, 출산 예정이다(be expecting)
expectation * 명 기대, 예상

연상 뭔가를 바라며 밖을 내다봄
어원 ex(밖을) + (s)pect(보다)

His wife is expecting a baby in June.
그의 아내는 6월에 아이를 낳을 예정이다.

---

expectancy [ikspékt(ə)nsi] 명 기대, 예상, 예측 수치
expectant 형 기대하고 있는

연상 예상[기대]되는 것
어원 expect(예상하다) + ancy(명 접미사)

Expectant crowds waited outside the theater.
기대에 찬 사람들이 극장 밖에서 기다렸다.

---

speculate [spékjulèit] 동 추측하다, 심사숙고하다, 투기하다
speculation 명 사색, 추측
speculative 형 사색적인, 투기적인

연상 (장래를) 봄
어원 spec(보다) + ula(부분) + ate(동 접미사)

He likes to speculate on the stock market.
그는 주식에 투기하는 것을 좋아한다.

---

perspective [pərspéktiv] 명 시각, 견해, 관점, 원근법 형 원근법의

연상 완전히 꿰뚫어봄
어원 per(완전히) + spect(보다) + ive(형 접미사)

He wrote this book from the perspective of a victim.
그는 피해자의 관점에서 이 책을 썼다.

---

suspect ** [동 səspékt] [명 sʌ́spekt] 동 의심하다, 알아채다 명 용의자
suspicion 명 의심, 혐의
suspicious 형 수상한, 의심에 찬

연상 발이 닿은 자리(주변)를 살펴봄
어원 su(s)(아래를) + spect(보다)

The suspect was taken to the nearest police station for questioning.
그 용의자는 심문을 위해 가장 가까운 경찰서로 연행되었다.

116 track 116

stand, stant, stance 서다, 견디다

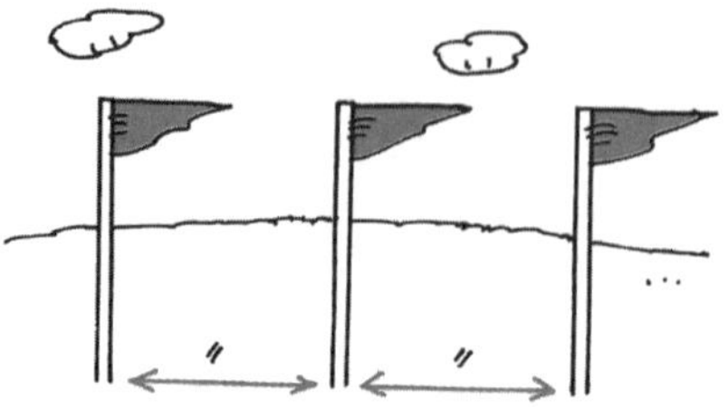

constant

일정한(constant) 간격으로 서 있는 깃발.
[con(함께)+stand(서다)]로 이루어졌다.

stance

stance는 골프 선수가 서 있을 때 취하는 발의 자세를 뜻한다.

standard

standard는 깃발을 세워 모이는 장소를 표시한다는 의미에서 '기준, 표준'을 나타낸다.

[in(가까이에)+stant(서다)]로 이루어진 instant는 '즉시의, 즉석의'를 의미한다. 형용사형인 instantaneous는 '즉각적인, 순간적인'이라는 뜻을 지닌다. distant는 [di(떨어져)+stant(서다)]로 이루어져 '먼'을 의미하며, stand에는 앉지 않고 서 있다는 의미에서 '견디다'라는 의미도 있다. bystander는 [by(옆에)+stander(서 있는 사람)]로, '방관자, 구경꾼'을 뜻한다.

Guess the Words!

Q1 **stand**(서다)+**off**(떨어져)+**ish**(형 접미사) ➜ standoffish

She was cold and standoffish.

그녀는 쌀쌀맞고 _____ 하다.

▶ **Hint** 다른 사람과 떨어져 서 있는 사람은 어떤 성격일까?

Q2 **out**(밖에)+**stand**(서다)+**ing**(~하고 있다) ➜ outstanding

He has outstanding powers of observation.

그는 _____ 관찰력을 지니고 있다.

▶ **Hint** 혼자 밖으로 돌출되어 있다는 것은 어떤 의미일까?

Q3 **circum**(주위)+**stance**(서다) ➜ circumstance

Under no circumstances are you to go out.

어떤 _____ 에서도 너는 외출해서는 안 된다.

▶ **Hint** 주위를 둘러싸고 있는 것을 무엇이라고 할까?

Answers_ Q1. 냉담 Q2. 뛰어난 Q3. 상황

standoffish 형 서먹서먹한, 냉담한
[stændɔ́ːfiʃ]

연상 다른 사람과 떨어져 서 있음
어원 stand + off + ish
서다 떨어져 형접미사

Sociologists have to be standoffish in a sense.
사회학자는 어떤 의미로는 냉담해질 필요가 있다.

---

*__outstanding__ 형 눈에 띄는, 현저한, 뛰어난, 아직 처리되지 않은
[àutstǽndiŋ]

연상 혼자만 밖으로 튀어나와 있음
어원 out + stand + ing
밖에 서다 하고 있다

Ken is an outstanding baseball player.
Ken은 뛰어난 야구 선수다.

---

*__circumstance__ 명 사정, 상황, 환경, 경우
[sə́ːrkəmstæ̀ns]
circumstantial 형 부수적인

연상 주위에 있는 것
어원 circum + stance
주위 서다

Circumstances prevented him from attending the meeting.
사정이 있어서 그는 회의에 참석할 수 없었다.

---

standstill 명 정지, 멈춤
[stǽn(d)stìl]

연상 가만히 서 있음
어원 stand + still
서다 가만히

Traffic was at a standstill.
교통이 정지 상태에 있다.

---

withstand 동 견디다, 버티다, 저항하다
[wiðstǽnd]

연상 대항하여 서 있음
어원 with + stand
거슬러 서다

The bridge is built to withstand an earthquake of 8.3 magnitude.
이 다리는 규모 8.3의 지진을 견딜 수 있도록 만들어졌다.

---

*__substance__ 명 물질, 실체, 본질, 내용
[sʌ́bstəns]
substantial 형 실질적인, 충분한

연상 밑바탕이 되는 것
어원 sub + stance
아래에 서다

It was an entertaining speech, but without much substance.
재미있는 연설이었지만, 많은 내용을 담고 있지는 않았다.

117 st(a) 서다, 세우다

track 117

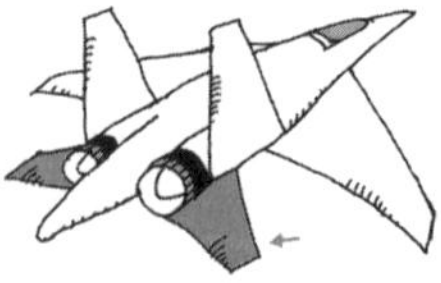

stabilizer

좌우의 꼬리 날개를 안정시키는 stabilizer는 [sta(서다)+ble(~할 수 있다)+er(사물)]로 이루어져 '안정 장치'를 뜻한다.

contrast

[contra(반대에)+st(서다)]로 이루어진 contrast는 '대조, 대비, 차이'라는 의미를 지닌다.

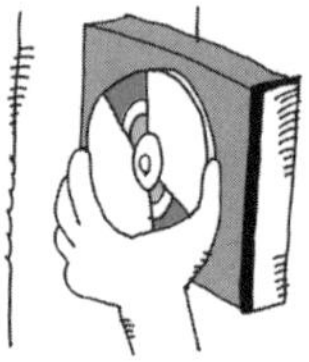

install

소프트웨어를 컴퓨터에 설치할 때 쓰는 install은 [in(안에 들어가)+stall(세우다)]로 구성된 단어로, '설치하다'라는 의미를 가진다.

Guess the Words!

Q1 **ob**(대해)+**sta**(서다)+**cle**(작은 것) → obstacle

The greatest obstacle to economic growth has been mass unemployment.

경제 성장에 가장 큰 ______은 대량 실업이다.

▶ **Hint** 경제 성장에 대항하여 서 있는 것을 무엇이라고 할까?

Q2 **re**(뒤에)+**st**(서다) → rest

She was always ahead of the rest of the class.

그녀는 항상 그 수업의 ______ 학생들보다 우수하다.

▶ **Hint** 그녀의 뒤에 서 있는 사람들을 무엇이라고 할까?

Q3 **re**(다시)+**store**(세우다) → restore

Experts are still working to restore the painting.

전문가들은 아직도 그 그림을 ______하는 작업을 하고 있다.

▶ **Hint** 그림을 다시 정비하는 것을 무엇이라고 할까?

Answers_ Q1. 장애물 Q2. 나머지 Q3. 복원

obstacle

[ábstəkl]

명 방해(물), 장애(물)

연상 대항하여 서 있는 것

어원 ob + sta + cle
대해 서다 작은 것

Money seems to be no obstacle.
돈은 아무런 장애가 되지 않는 듯하다.

*** rest

[rest]

명 나머지, 나머지 사람들[것], 휴식
동 쉬다, 정지하다, 기대다

연상 뒤에 서 있는 것

어원 re + st
뒤에 서다

Does anyone want the rest of this pizza?
이 피자의 남은 것을 드실 사람이 있나요?

---

* restore

[ristɔ́:r]

동 회복하다, 복귀시키다, 되돌리다

restoration 명 복귀, 부활, 수복, 반환

연상 다시 세움

어원 re + store
다시 세우다

The ousted former president was restored to power.
실각한 전 대통령이 정권에 복귀했다.

---

stall

[stɔ:l]

동 꼼짝 못하게 하다, 꼼짝 못하다, 지연시키다, 속이다
명 노점, 한 칸짜리 방, 마구간

연상 꼼짝 않고 서 있음

어원 stall
서다

Many consumers are stalling the purchase of new cars.
많은 소비자들이 새 차 구입을 미루고 있다.

---

install

[instɔ́:l]

동 설치하다, 임명하다

installment 명 분할 불입금, 할부(금)

installation 명 설치, 설비, 장치

연상 안에 들어가 세움

어원 in + stall
안에 세우다

The company is installing a new computer system.
그 회사는 새로운 컴퓨터 시스템을 설치하고 있다.

---

forestall

[fɔ:rstɔ́:l]

동 미연에 방지하다, 선수를 치다, 매점하다

연상 다른 사람보다 앞에 섬

어원 fore + stall
앞에 서다

The National Guard was sent in, to forestall any trouble.
문제를 미연에 방지하기 위해 주 방위군이 투입되었다.

stat 서다

station
station은 역무원이 서 있는 장소, 즉 역을 의미한다. 파생어인 stationary는 '움직이지 않는, 정지된'을 의미하는 형용사다. 이와 혼동하기 쉬운 stationery는 옛날 교회 앞에서 필기구를 팔았다고 해서 '문방구, 필기구'를 의미하게 되었다.

Empire State Building
당당하게(stately) 우뚝 서 있는 마천루 Empire State Building.

Guess the Words!

Q1 **state**(서다)+**man**(사람) ➡ statesman

He got a reputation as an international statesman.

그는 국제적 ______로서의 명성을 얻었다.

▶ **Hint** 국민들 앞에 서는 사람을 무엇이라고 할까?

Q2 **sta**(서다)+**ure**(상태) ➡ stature

His father is small in stature.

그의 아버지는 ______가 작다.

▶ **Hint** 서 있는 상태에서 알 수 있는 것은 무엇일까?

Q3 **stat**(서다)+**ue**(명 접미사) ➡ statue

The statue was carved out of a single piece of stone.

그 ______은 하나의 돌을 깎아 만들었다.

▶ **Hint** 돌을 깎아 만들어 세워진 것을 무엇이라고 할까?

Answers_ Q1. 정치가 Q2. 키 Q3. 조각상

statesman
[stéitsmən]

명 정치가

연상 국민들 앞에 서는 사람

어원 state + man
서다 사람

***state

명 상태, 모양, 사정, 국가
동 분명히 말하다, 확언하다

The state of the economy is improving.
경제 사정은 나아지고 있다.

---

stature
[stǽtʃər]

명 신장, 키, 명성

연상 서 있는 상태

어원 sta + ure
서다 상태

Most professional basketball players are tall in stature.
프로 농구 선수들은 대개 키가 크다.

---

*statue
[stǽtʃuː]

명 상(像), 동상, 조각상

연상 서 있는 것

어원 stat + ue
서다 명 접미사

The citizens put up a statue of the mayor.
시민들은 그 시장의 동상을 세웠다.

---

statute
[stǽtʃuːt]

명 법령, 법규

연상 서 있는 것

어원 stat + ute
서다 명 접미사

Corporal punishment was banned by statute in 1987.
체벌은 법령에 의해 1987년에 금지되었다.

---

statistics
[stətístiks]

명 통계(학) (※ '통계학'이라는 의미로 쓰일 때는 단수 취급)

연상 지위나 신분 상태를 파악하는 학문

어원 statis + ics
지위, 신분 학문

These statistics are unreliable.
이 통계들은 신뢰할 수 없다.

**estate
[istéit]

명 토지, 대지, 재산

연상 지면, 혹은 지면에 서 있는 것

어원 서 있는 상태

He made a fortune in real estate.
그는 부동산으로 재산을 모았다.

119 stick, sting, stim

track 119

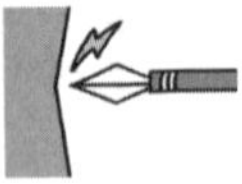

찌르다

sticker

찔러 꿰뚫은 듯이 단단하게 붙이는 것을 sticker라고 한다. 동사 stick은 '붙이다'라는 의미이며, 형용사 sticky는 '끈적거리는'이라는 뜻이다.

stick

지면을 찔러 걷는 데 도움을 주는 지팡이를 stick이라고 한다. 동사로는 '붙이다, 찌르다'라는 의미로 쓰인다.

etiquette이란 궁정 의식 때 바른 진행 절차를 표로 붙인 데서 유래한 말이다. '표'나 '입장권'을 뜻하는 ticket(원래 의미는 '벽보')은 etiquette에서 나온 말이다. 명사로는 '바늘땀'을, 동사로는 '꿰매다'를 뜻하는 stitch도 같은 어원에서 생긴 말이다.

Guess the Words!

Q1 **di**(떨어져)+**sting**(찌르다)+**ish**(동 접미사) → distinguish

I can't distinguish between the twins.

나는 그 쌍둥이를 ______할 수 없다.

▶ **Hint** 쌍둥이를 떼어 놓을 수 없다는 말은 어떤 의미일까?

Q2 **ex**(밖에)+**(s)ting**(찌르다)+**ish**(동 접미사) → extinguish

It took about one year to extinguish the bush fire.

산불을 ______ 데 약 1년이 걸렸다.

▶ **Hint** 찔러서 밖으로 내보내 사라지게 하는 것을 무엇이라고 할까?

Q3 **in**(위에)+**stinct**(찌르다) → instinct

Many birds have a remarkable homing instinct.

많은 새들이 놀라운 귀소 ______을 가지고 있다.

▶ **Hint** 마음속을 꿰뚫어 지니고 있는 것을 무엇이라고 할까?

Answers_ Q1. 구별 Q2. 끄는 Q3. 본능

distinguish

[distíŋgwiʃ]

동 구별하다, 판별하다

distinct 형 별개의, 다른, 뚜렷한

distinction 명 구별, 특징

This book is divided into two distinct parts.
이 책은 두 개의 다른 부분으로 나뉜다.

연상 찔러서 떼어 놓음

어원 di + sting + ish
떨어져 찌르다 동접미사

---

extinguish

[ikstíŋgwiʃ]

동 끄다, 단절시키다, 소멸시키다

extinct 형 꺼진, 사라진, 멸종한

extinction 명 소화, 멸종, 소멸

This species is in danger of becoming extinct.
이 종은 멸종될 위험에 처해 있다.

연상 찔러서 밖으로 내보냄

어원 ex + (s)ting + ish
밖에 찌르다 동접미사

---

instinct

[ínstiŋ(k)t]

명 본능

instinctive 형 본능적인

She has a strong maternal instinct.
그녀는 모성 본능이 강하다.

연상 마음속을 꿰뚫고 있는 것

어원 in + stinct
위에 찌르다

---

sting

[stiŋ]

동 찌르다, 따끔하게 하다

He was stung on the leg by a bee.
그는 벌에게 다리를 쏘였다.

연상 찌르듯이 아픔

어원 sting
찌르다

---

stimulate

[stímjulèit]

동 자극[격려]하다, 활발하게 하다

stimulus 명 자극, 격려

Tax cuts will stimulate the economy.
감세는 경제를 활성화시킬 것이다.

연상 찔러서 자극을 줌

어원 stimu + ate
찌르다 동접미사

---

stink

[stiŋk]

동 냄새가 나다, 악취가 나다

Your breath stinks of garlic.
너의 숨결에서(입에서) 마늘 냄새가 난다.

연상 냄새가 코를 찌름

어원 stink
찌르다

120 stitute 서다

track 120

substitute

축구 등에서 선발 선수의 다음 순서를 기다리는 선수를 substitute라고 한다. [sub(아래에서)+stitute(서다)]로 이루어졌다.

prostitute

길거리에 서서 손님을 유치하는 매춘부를 prostitute라고 한다. [pro(앞에)+stitute(서다)]로 이루어진 단어다.

Guess the Words!

Q1 **de**(~이 아니다)+**stitute**(서다) → **destitute**

The rest of her family all died, leaving her destitute.

그녀의 가족이 모두 죽어, 그녀는 ________ 상황에 처했다.

▶ **Hint** 서 있지도 못할 정도로 힘든 생활 상태를 무엇이라고 할까?

Q2 **in**(위에)+**stitute**(서다) → **institute**

The committee was instituted in 1999.

그 위원회는 1999년에 ________ 되었다.

▶ **Hint** 위에 세우는 것을 무엇이라고 할까?

Q3 **con**(함께)+**stitute**(서다) → **constitute**

Alaska is the largest of the fifty states that constitute the USA.

알래스카는 미국을 ________ 하는 50개의 주 중 가장 크다.

▶ **Hint** 함께 서서 하나의 미국을 이루는 것을 무엇이라고 할까?

Answers_ **Q1.** 빈곤한 **Q2.** 설립 **Q3.** 구성

destitute
[déstət(j)ùːt]

형 가난한, 빈곤한, 극빈의

When he died, his family was left completely destitute.
그가 죽었을 때, 그의 가족은 매우 빈곤한 상태로 남겨졌다.

연상 서지 못할 정도의 상태
어원 de + stitute
~이 아니다 서다

---

*institute
[ínstət(j)ùːt]

동 설립하다, 설치하다, 실시하다
명 학회, 협회, 연구소

**institution

명 설립, 조직, 기관, 시설

He decided not to put his mother in an institution.
그는 어머니를 시설에 보내지 않기로 결심했다.

연상 위에 세움
어원 in + stitute
위에 서다

---

constitute
[kánstət(j)ùːt]

동 구성하다, 설치하다, 임명하다

They constituted a committee last week.
그들은 지난주에 위원회를 구성했다.

연상 모두 함께 서서 만듦
어원 con + stitute
함께 서다

---

*constitution
[kànstət(j)úːʃən]

명 구성, 조직, 체질, 헌법

Freedom of speech is written into the Constitution of Japan.
언론의 자유는 일본국 헌법에 명시되어 있다.

연상 함께 서 있는 것
어원 con + stitute + ion
함께 서다 명접미사

---

prostitute
[prástət(j)ùːt]

명 매춘부
동 (돈벌이를 위해 재능이나 명예를) 팔다, 매춘하다

He doesn't prostitute his talents.
그는 돈을 위해서 자신의 재능을 팔지 않는다.

연상 남성의 앞에 서 있음
어원 pro + stitute
앞에 서다

---

substitute
[sʌ́bstət(j)ùːt]

동 대용하다, 대신으로 쓰다
명 대용품, 보결, 대리인

substitution

명 대리, 대용(품)

You can substitute margarine for butter in this recipe.
이 조리법에서 마가린을 버터 대용으로 쓸 수 있다.

연상 아래에 서 있음
어원 sub + stitute
아래에 서다

Exercises 6

A 다음 단어의 뜻을 아래 <보기>에서 고르세요.

1. scent ( )
2. assent ( )
3. presence ( )
4. prostitute ( )
5. instinct ( )
6. stature ( )
7. obstacle ( )
8. regulation ( )
9. regime ( )
10. description ( )

보기				
ⓐ 매춘부	ⓑ 본능	ⓒ 묘사	ⓓ 냄새	ⓔ 규제
ⓕ 정권	ⓖ 신장	ⓗ 방해물	ⓘ 출석	ⓙ 동의

B 다음 문장의 번역문을 완성하세요.

1. **The activities of credit companies are regulated by law.**
   금융회사의 활동은 법률에 의한 ( )를 받는다.
2. **Tax cuts will stimulate the economy.**
   감세는 경제를 ( )시킬 것이다.
3. **This volcano could erupt at any time.**
   이 화산은 언제든지 ( )할 수 있다.
4. **The audience consists mainly of teenagers.**
   관객은 주로 십 대들로 ( )되어 있다.
5. **He strongly resented my remarks.**
   그는 나의 말에 매우 ( )했다.
6. **Dots represent towns on this map.**
   이 지도에서 점은 마을을 ( ).
7. **It's a popular restaurant, and you'll have to reserve in advance.**
   거기는 인기 있는 레스토랑이라서 미리 ( )해야 한다.
8. **The president has presided over the depression.**
   대통령은 불황에 대해 전체를 ( )해 왔다.
9. **You should think carefully before you resign.**
   너는 ( )하기 전에 신중하게 생각해야 한다.
10. **Our school was inspected this May.**
    우리 학교는 올해 5월에 ( )을 받았다.

Answers

A 1 ⓓ 2 ⓙ 3 ⓘ 4 ⓐ 5 ⓑ 6 ⓖ 7 ⓗ 8 ⓔ 9 ⓕ 10 ⓒ

B 1 규제 2 활성화 3 분화 4 구성 5 분개 6 나타낸다 7 예약 8 통솔 9 사직 10 사찰

앞에서 공부한 것들을 복습해요~
화이팅!!!

C 우측에 나오는 뜻이 되도록 괄호 안에 알맞은 단어를 쓰세요.

1.	( ) a note	메모를 휘갈겨 쓰다
2.	( ) a new medicine	신약을 처방하다
3.	go ( )	파산하다
4.	( ) margarine for butter	버터 대신 마가린을 쓰다
5.	( ) between the twins	쌍둥이를 구별하다
6.	( ) Manchuria to China	만주를 중국에 반환하다
7.	( ) each other	서로 존경하다
8.	ghosts really ( )	유령이 실제로 존재하다
9.	( ) punishment	벌을 받을 만하다
10.	( ) energy	에너지를 아껴 쓰다

D 다음 문장의 번역문을 완성하세요.

1. **The two approaches are basically very similar.**
   두 가지 접근법은 기본적으로 상당히 ( )하다.
2. **She was conspicuous in jeans at the party.**
   그녀는 파티에서 청바지를 입어 ( ).
3. **Always be respectful toward him when you speak to him.**
   그에게 말할 때는 항상 그를 ( )하세요.
4. **When he died, his family was left completely destitute.**
   그가 죽었을 때, 그의 가족은 매우 ( ) 상태로 남겨졌다.
5. **He made a regal entrance.**
   그는 ( )하게 등장했다
6. **Corrupt customs officials have helped the drug trade to flourish.**
   ( ) 세관 직원들은 마약 거래가 번성하는 것을 도왔다.
7. **He was absent from lectures today.**
   그는 오늘 강의에 ( )했다.
8. **He wore a conservative business suit for his interview.**
   그는 면접을 위해 ( ) 정장을 입었다.
9. **His gesture was significant of refusal.**
   그의 몸짓은 거절을 ( )하고 있다.
10. **There were several simultaneous attacks by the terrorists.**
    테러리스트들에 의한 ( ) 공격이 수차례 있었다.

Answers

C **1** scribble **2** prescribe **3** bankrupt **4** substitute **5** distinguish **6** restore **7** respect **8** exist **9** deserve **10** conserve

D **1** 유사 **2** 눈에 띄었다 **3** 존중 **4** 빈곤한 **5** 당당 **6** 부패한 **7** 결석 **8** 수수한 **9** 시사 **10** 동시

121 string, strict

track 121

묶다, 끌어당기다, 펴다

string orchestra

현악기로 구성된 합주단을 string orchestra라고 한다. string은 팽팽하게 묶인 현을 가리킨다.

boa constrictor

사냥감을 졸라서 죽이는 보아 뱀을 boa constrictor이라고 한다. constrictor는 [con(완전히)+strict(묶다)+or(것)]으로 이루어졌다.

Guess the Words!

Q1 **di**(떨어져)+**strict**(끌어당기다) → district

The two district courts reached opposite conclusions.

두 ______ 법원은 반대의 결론에 도달했다.

▶ **Hint** 지도상에서 선으로 구분한 땅을 무엇이라고 할까?

Q2 **re**(뒤로)+**strict**(끌어당기다) → restrict

Many cities have restricted smoking in public places.

많은 도시에서 공공장소에서 담배 피우는 것을 ______하고 있다.

▶ **Hint** 뒤에서 잡아끌어 못하게 하는 것을 무엇이라고 할까?

Q3 **con**(완전히)+**strict**(묶다) → constrict

Avoid clothing that constricts the blood circulation in your legs.

다리의 혈액 순환을 ______하는 옷을 피하세요.

▶ **Hint** 다리를 세게 묶는 것을 무엇이라고 할까?

Answers_ Q1. 지방 Q2. 제한 Q3. 압박

district
[dístrikt]

명 지방, 지역, 지구(地區)

연상 선으로 구분한 땅

어원 di + strict
떨어져 끌어당기다

Wall Street is in the financial district of New York.
월스트리트는 뉴욕의 금융가다.

restrict
[ristríkt]

동 제한하다, 한정하다

restriction 명 제한, 한정

연상 뒤에서 잡아당김

어원 re + strict
뒤로 끌어당기다

Access to the club is restricted to members only.
그 클럽의 입장 권한은 회원들로만 한정되어 있다.

constrict
[kənstríkt]

동 압축하다, 압박하다, 단단히 죄다

constriction 명 압축, 수축

연상 세게 묶음

어원 con + strict
완전히 묶다

The drug causes the blood vessels to constrict.
그 약으로 혈관이 수축되었다.

*strict
[strikt]

형 엄한, 엄격한, 엄밀한

연상 세게 묶임

어원 strict
묶다

Japan has very strict laws against drugs and guns.
일본은 마약과 총에 대해 매우 엄격한 법률을 가지고 있다.

**string
[striŋ]

명 끈, 실, (악기의) 현

연상 세게 묶인 것

어원 string
묶다

I need a piece of string to tie this package.
나는 이 소포를 묶을 끈이 필요하다.

stringent
[stríndʒənt]

형 엄격한, 엄중한

연상 묶인

어원 string + ent
묶다 형 접미사

There are now stringent controls on pollution from all power stations.
지금은 모든 발전소에서 나오는 공해에 대한 엄격한 규제가 있다.

122 strai(n), stre

track 122

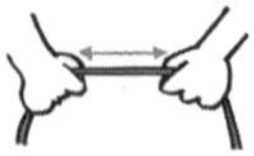

묶다, 끌어당기다, 펴다

straight ball

똑바로 뻗어 나가는 직구를 straight ball이라고 한다.

stretch

stretch는 근육이나 관절을 쭉 펴는 운동이다.

stress

stress는 마음이나 정신이 바짝 조여서 긴장한 상태를 말한다.
stress에는 '강조(하다), 강세(를 두다)'라는 의미도 있다.

Guess the Words!

Q1 **di**(떨어져)+**stress**(끌어당기다) → distress

Her behavior caused her parents great distress.

그녀의 행동은 부모님에게 큰 ______을 안겨 줬다.

▶ **Hint** 몸을 잡아당겨서 떨어져 나가는 듯한 느낌은 어떤 느낌일까?

Q2 **re**(뒤로)+**strain**(묶다) → restrain

It took three men to restrain him.

그를 ______하기 위해서는 세 명의 남성이 필요했다.

▶ **Hint** 어떨 때 손을 뒤로 묶을까?

Q3 **con**(완전히)+**strain**(묶다) → constrain

Poor soil has constrained the level of crop production.

메마른 토양이 작물의 생산량을 ______했다.

▶ **Hint** 생산량을 세게 묶어 옥죈다는 말은 무슨 의미일까?

Answers_ Q1. 고통 **Q2.** 제지 **Q3.** 억제

distress
[distrés]

명 고통, 고민, 곤경
동 고민하게 하다, 괴롭히다

연상 끌어당겨서 떼어 놓음
어원 di + stress
떨어져 끌어당기다

It is a rule of the sea to help another boat in distress.
곤경에 빠진 다른 배를 돕는 것이 바다의 규칙이다.

restrain
[ristréin]

동 억제하다, 제지하다, 말리다

restraint 명 억제, 제지

연상 손을 뒤로 묶음
어원 re + strain
뒤로 묶다

She had to restrain from smoking.
그녀는 흡연을 절제해야 한다.

constrain
[kənstréin]

동 억제하다, 저지하다, 강요하다

constraint 명 제한, 강제, 구속

연상 세게 묶음
어원 con + strain
완전히 묶다

He was constrained to tell a lie.
그는 부득이하게 거짓말을 했다.

** stretch
[stretʃ]

동 펴다, 뻗다, 늘이다, 늘어지다
명 뻗음, 기지개, 스트레칭

연상 당겨서 팽팽하게 폄
어원 stretch
펴다

She stretched her arms and yawned.
그녀는 팔을 쭉 펴고 하품했다.

* strain
[strein]

명 긴장, 과로, 부담
동 잡아당기다, 긴장시키다, 최대한으로 사용하다

연상 근육이 펴진 상태
어원 strain
펴다

She had a busy week, and she's under a lot of strain at the moment.
그녀는 바쁜 한 주를 보내서 지금은 꽤 긴장된(지친) 상태이다.

strait
[streit]

명 해협, 곤경, 궁핍

연상 똑바로 폄
어원 strait
펴다

The strait lies between the Atlantic Ocean and the Mediterranean Sea.
그 해협은 대서양과 지중해의 사이에 있다.

123 str(uct) 세우다, 쌓다

track 123

restructure

기업의 재편성을 의미하는 restructure는 [re(다시)+struct(세우다)+ure(명사 접미사)]로 이루어져 있다. structure는 '구조, 건축물'이란 뜻이다. 사업 축소, 인원 삭감 등의 구조조정 전략을 의미할 때 쓰는 리스트럭처링(restructuring)은 downsizing이라고도 표현할 수 있다.

The Destroyer

프로레슬러 The Destroyer는 '파괴자'라는 뜻이다. destroyer는 [de(~이 아니다)+stroy(세우다)+er(사람)]으로 만들어진 단어다.

instructor

instructor를 나눠 보면 [in(위에)+struct(세우다)+or(사람)]으로, 즉 순서를 세워서 '지도하는 사람'을 의미한다.

Guess the Words!

Q1 **con**(함께)+**struct**(세우다) → construct

The new shopping center was constructed at a cost of 2 million dollars.

새 쇼핑센터는 200만 달러의 비용으로 ______됐다.

▶ **Hint** 함께 건물을 세우는 것을 무엇이라고 할까?

Q2 **ob**(반해)+**struct**(세우다) → obstruct

He was accused of obstructing the investigation.

그는 조사를 ______했다는 이유로 고소당했다.

▶ **Hint** 세우는 것을 반대하는 행위를 무엇이라고 할까?

Q3 **indu**(안에)+**stry**(세우다) → industry

Bill is a man of great industry.

Bill은 대단히 ______ 사람이다.

▶ **Hint** 원래 사람의 마음속에 있는 성향에는 어떤 것이 있을까?

Answers_ Q1. 건설 Q2. 방해 Q3. 근면한

construct
동 건설하다, 만들다, 구성하다

[kənstrʌ́kt]

construction 명 건설

constructive 형 건설적인

reconstruct 동 다시 만들다, 재건하다, 개축하다

reconstruction 명 재건

The corporation reconstructed five divisions into two.
그 회사는 다섯 개의 부서를 두 개로 만들었다.

연상 함께 세움
어원 con + struct
함께 세우다

---

obstruct
동 방해하다, 막다

[əbstrʌ́kt]

obstruction 명 방해

obstructive 형 방해하는

One political party obstructed the passage of laws proposed by another.
한 정당이 다른 정당이 제안한 법안의 통과를 방해했다.

연상 세우지 못하도록 함
어원 ob + struct
반해 세우다

***industry
명 산업, 공업, 근면

[índustry]

**industrial 형 산업의, 공업의

*industrious 형 근면한

The country is now a European center for light industry.
그 나라는 지금 유럽에서 경공업의 중심지다.

연상 산업
어원 근면(에서 창출된 것)
원래 사람의 마음속에 있는 것
indu + stry
안에 세우다

---

destructive
형 파괴적인, 유해한

[distrʌ́ktiv]

***destroy 동 파괴하다, 파기하다

*destruction 명 파괴

The war was a paradigm of the destructive side of human nature.
그 전쟁은 인간성의 파괴적인 면의 전형이었다.

연상 건설적이지 않음
어원 de + struct + ive
~이 아니다 세우다 형 접미사

---

instruct
동 가르치다, 지시하다, 지도하다

[instrʌ́kt]

**instruction 명 지도

instructive 형 교육적인, 유익한

It's quite necessary to instruct children in road safety.
아이들에게 교통안전을 가르치는 일은 꼭 필요하다.

연상 쌓아 올림
어원 in + struct
위에 쌓다

---

instrument
명 도구, 기구, 악기

[ínstrumənt]

instrumental 형 악기의, 유익한

The instrument produces a sound similar to a violin.
그 악기는 바이올린과 비슷한 소리를 낸다.

연상 쌓아 올린 것
어원 in + stru + ment
위에 쌓다 동 접미사

124 suit, sue 쫓다, 계속하다

track 124

suit

suit는 상의와 하의가 한 벌로 이루어진 옷을 뜻한다.

suite

호텔의 스위트룸(suite)은 거실과 침실이 하나로 이어진 고급스러운 방을 가리킨다.

Guess the Words!

Q1 **pur**(앞에)+**sue**(계속하다) ➜ pursue

He pursued a career in politics.

그는 정치계의 경력을 ______했다.

▶ **Hint** 목표를 향해 계속해서 앞으로 나아가는 것을 무엇이라고 할까?

Q2 **suit**(쫓다)+**or**(사람) ➜ suitor

She turned down every suitor.

그녀는 모든 ______를 거절했다.

▶ **Hint** 여성에게 결혼하자며 쫓아다니는 사람을 무엇이라고 할까?

Q3 **suit**(계속하다)+**able**(~할 수 있다) ➜ suitable

The house would be suitable for a large family.

그 집은 대가족에게 ______ 것이다.

▶ **Hint** 대가족이 계속 생활할 수 있다는 것은 어떤 의미일까?

Answers_ Q1. 추구 Q2. 구혼자 Q3. 적합할

*pursue
[pərs(j)úː]

동 뒤쫓다, 추구하다, 계속하다

pursuit 명 추적, 추구, 일, 종사

People had to move to other areas in pursuit of work.
사람들은 일자리를 쫓아 다른 지역으로 이사해야 했다.

연상 계속해서 앞으로 나아감
어원 pur (=pro) 앞에 + sue 계속하다

suitor
[s(j)úːtər]

명 (남성) 구혼자, 고소인

The young woman can't decide which of her many suitors to marry.
그 젊은 여성은 많은 구혼자들 중에서 누구와 결혼할 것인지 결정하지 못하고 있다.

연상 여성을 쫓아다니는 사람
어원 suit 쫓다 + or 사람

*suitable
[s(j)úːtəbl]

형 적합한, 어울리는

*****suit** 동 적합하다, 어울리다
명 정장, (상의와 하의가 갖춰진) 옷

His speech was suited to the occasion.
그의 연설은 그 행사에 잘 어울렸다.

연상 계속할 수 있음
어원 suit 계속하다 + able ~할 수 있다

suite
[swiːt]

명 스위트룸(거실과 침실이 이어져 있는 방)

We spent three nights in a suite at the Paris Hilton.
우리는 파리 힐튼 호텔의 스위트룸에서 사흘 밤을 보냈다.

연상 하나로 이어져 있음
어원

sue
[s(j)uː]

동 고소하다, 소송을 제기하다

She is suing her husband for divorce.
그녀는 남편에게 이혼 소송을 하는 중이다.

연상 책임 등을 추궁함
어원

ensue
[insúː]

동 잇따라 일어나다, 계속되다

When police told them to leave, an argument ensued.
경찰이 그들에게 떠나라고 말했지만, 언쟁은 계속되었다.

연상 그 위에 계속해서 일어남
어원 en (=upon) 위에 + sue 계속하다

125 tact, tang, tag 닿다

track 125

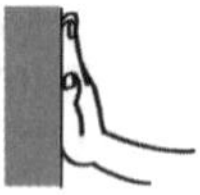

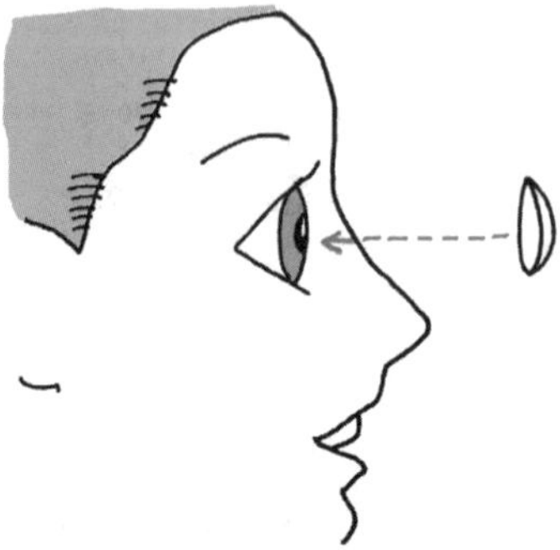

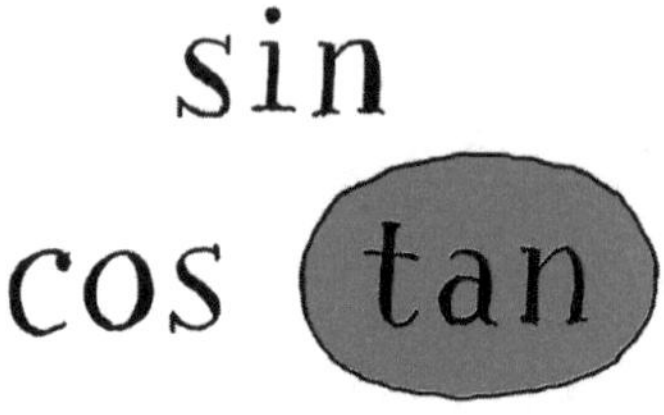

contact lens

눈에 직접 닿는 렌즈를 contact lens라고 한다. [con(함께)+tact(닿다)]로 이루어진 contact는 서로 맞닿아 있다는 뜻에서 '접촉(하다), 연락(하다)'라는 의미를 지닌다.

tangent

삼각함수의 tangent는 '접선'이라는 뜻이다.

Guess the Words!

Q1 **in**(~이 아니다)+**tact**(닿다) → intact

Most of the house remains intact even after two hundred years.

집의 대부분은 200년이나 지나도록 ________ 상태로 남아 있다.

▶ **Hint** 타인의 손길이 닿지 않은 상태를 무엇이라고 할까?

Q2 **tang**(닿다)+**ible**(~할 수 있다) → tangible

Tangible assets include cash, real estate, and machinery.

________ 자산에는 현금, 부동산, 기계류가 포함된다.

▶ **Hint** 손에 닿을 수 있는 자산을 무엇이라고 할까?

Q3 **con**(함께)+**tag**(닿다)+**ious**(형 접미사) → contagious

The common cold is a contagious disease.

감기는 ________ 병이다.

▶ **Hint** 접촉으로 옮기는 병을 무엇이라고 할까?

Answers_ Q1. 온전한 Q2. 유형 Q3. 전염

intact
[intǽkt]

형 손상되지 않은, 온전한, 원래대로의

연상 닿지 않음

어원 in + tact
~이 아니다 닿다

In spite of the bombing, the building was intact.
폭격에도 그 빌딩은 손상되지 않았다.

tangible
[tǽndʒəbl]

형 닿을 수 있는, 유형의, 명백한

intangible 형 닿을 수 없는, 무형의

연상 닿을 수 있음

어원 tang + ible
닿다 ~할 수 있다

This dance is designated as an intangible cultural property.
이 춤은 무형문화재에 지정되어 있다.

contagious
[kəntéidʒəs]

형 (접촉을 통해) 전염되는, 쉽게 옮기는

contagion 명 접촉 전염

연상 서로 닿음

어원 con + tag + ious
함께 닿다 형 접미사

Chicken pox is a highly contagious disease.
수두는 쉽게 전염되는 질병이다.

tact
[tækt]

명 재치, 기지, 감촉

tactful 형 재치 있는, 눈치가 빠른

연상 상대방의 속내를 떠봄

어원 tact
닿다

Tact is one of his strong points.
재치는 그의 장점 중 하나다.

tactics
[tǽktiks]

명 전술, 책략

연상 상대방의 속내를 떠보는 학문

어원 tact + ics
닿다 학문

We were disappointed at the opposition's delaying tactics in the Diet.
국회에서 보인 야당의 지연 전술에 우리는 실망했다.

tangent
[tǽndʒənt]

명 접선, (수학) 탄젠트
형 접촉해 있는

연상 닿아 있음

어원 tang + ent
닿다 형 접미사

Once he starts talking, he is likely to go off on a tangent.
일단 그가 말하기 시작하면, 그는 선을 벗어나는(옆길로 새는) 경향이 있다.

126 tail, cide, cis(e) 자르다

track 126

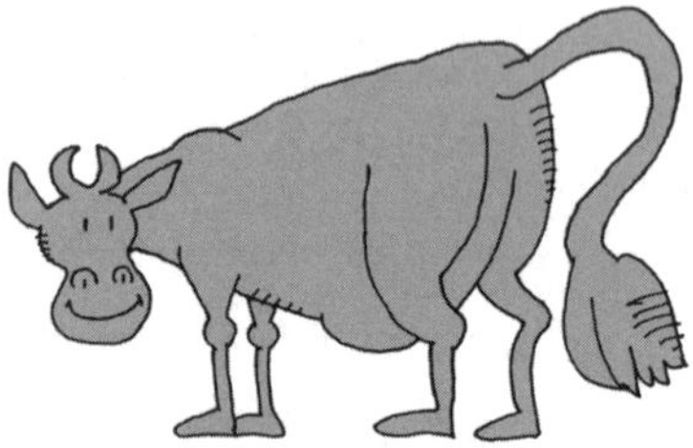

oxtail
oxtail은 소의 가장 뒤쪽 끝에서 자른 부분, 즉 소꼬리를 가리킨다.

body scissors
프로레슬링의 body scissors 기술은 가위(scissors)로 자르듯이 양다리로 상대방의 몸을 죄는 기술이다.

tailor
tailor(재봉사)는 옷감을 잘라 옷을 만드는 사람을 말한다.

suicide(자신을 자르다 → 자살), homicide(사람을 자르다 → 살인), genocide(종을 자르다 → 대량 학살), scissors(자르는 도구 → 가위), insecticide(벌레를 자르다 → 살충제) 등도 함께 알아 두자.

Guess the Words!

Q1 **de**(떨어져)+**tail**(자르다) → **detail**

His paintings are almost photographic in detail.

그의 그림은 ______적인 면에서 거의 사진 같다.

▶ **Hint** 잘라서 나눈 부분을 무엇이라고 할까?

Q2 **re**(다시)+**tail**(자르다) → **retail**

The suggested retail price is 100 dollars.

권장 ______ 가격은 100달러이다.

▶ **Hint** 조금씩 나눠서 다시 파는 가격을 무엇이라고 할까?

Q3 **de**(떨어져)+**cide**(자르다) → **decide**

I decided I would study abroad.

나는 유학을 가기로 ______했다.

▶ **Hint** 주저하던 마음을 확실하게 잘라서 떼어 버린다는 것은 어떤 의미일까?

Answers_ Q1. 세부 Q2. 소매 Q3. 결심

○ *** detail

명 상세, 세부 사항

[ditéil, dí:teil]

연상: 잘라서 나눈 부분
어원: **de** + **tail**
떨어져 자르다

I can't remember the exact detail of the story.
나는 그 이야기의 세부 사항은 정확하게 기억하지 못한다.

○ retail

명 소매
형 소매의
동 소매하다, 소매되다

[명 형 rí:teil]
[동 rí:teil, ri:téil]

연상: 조금씩 나눠서 다시 팖
어원: **re** + **tail**
다시 자르다

The company retails computer software.
그 회사는 컴퓨터 소프트웨어를 팔고 있다.

○ *** decide

동 결정하다, 결심하다

[disáid]

decisive **형** 결정적인

*** **decision** **명** 결정, 결심

연상: 확실하게 잘라서 떼어 버림
어원: **de** + **cide**
떨어져 자르다

She can't decide which to wear to the party.
그녀는 파티에 무엇을 입고 갈지 결정하지 못하고 있다.

○ curtail

동 줄이다, 단축하다, 삭감하다

[kə:rtéil]

연상: 짧게 자름
어원: **curt** + **tail**
짧은 자르다

Spending on books must be curtailed.
도서 구입비를 삭감해야 한다.

○ concise

형 간명한, 간결한

[kənsáis]

연상: 불필요한 부분이 없음
어원: 완전히 자름
con + **cise**
완전히 자르다

Try to make your answers clear and concise.
답을 명확하고 간결하게 하도록 노력해라.

○ precise

형 정확한, 정밀한, 명확한

[prisáis]

precision **명** 정확함, 정밀함, 명확함

연상: 바로 앞에서 자름
어원: **pre** + **cise**
앞에 자르다

He gave me clear and precise directions.
그는 나에게 명확하고 정확한 지시를 내렸다.

127 tain 유지하다

track 127

entertainer

entertainer를 나눠 보면
[enter(사이에)+tain(유지하다)+or(사람)]이다.
사람들 사이에서 자리의 분위기를 유지하는 사람이라는 의미에서
'남을 즐겁게 해 주는 사람, 연예인'이라는 뜻을 지니게 되었다.
entertain은 '즐겁게 하다, 환대하다'이며,
명사형인 entertainment는 '오락'을 뜻한다.

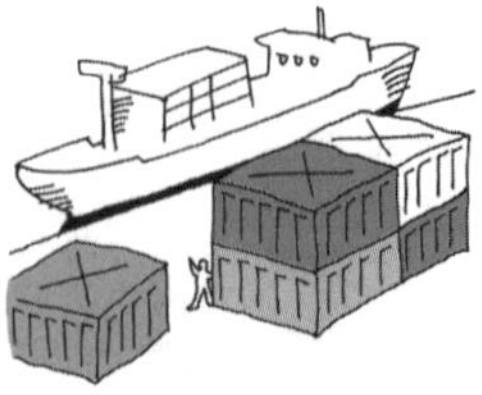

container

container는 [con(함께)+tain(유지하다)+er(사물)]로
이루어진 단어로, 전부 함께 넣어서 보관하는 '용기'를 뜻한다.
contain은 '포함하다, 들어 있다'라는 의미다.

maintenance

[main(손)+ten(유지하다)+ance(명사 접미사)]로
이루어진 maintenance는 손으로 돌보고 관리하는 것을 말한다.
maintain은 '관리하다, 부양하다'라는 뜻을 지닌다.

Guess the Words!

Q1 **ob**(옆에)+**tain**(유지하다) ➔ obtain

Maps can be obtained at the tourist office.

지도는 관광안내소에서 ______ 수 있다.

▶ **Hint** 가까이 가서 가지는 것을 무엇이라고 할까?

Q2 **de**(떨어져)+**tain**(유지하다) ➔ detain

Police detained two suspects for questioning.

경찰은 심문을 위해 두 명의 용의자를 ______했다.

▶ **Hint** 사회와 떨어뜨려 놓는 것을 무엇이라고 할까?

Q3 **su(s)**(아래에)+**tain**(유지하다) ➔ sustain

The floor cannot sustain the weight of a piano.

그 바닥은 피아노의 무게를 ______ 수 없다.

▶ **Hint** 아래에서 받치고 있는 것을 무엇이라고 할까?

Answers_ Q1. 얻을 Q2. 구류 Q3. 지탱할

obtain

[əbtéin]

동 얻다, 손에 넣다, 획득하다

연상 가까이 가서 가짐

어원 ob + tain
옆에 유지하다

She obtained the property with a bank loan.
그녀는 은행 대출로 부동산을 손에 넣었다.

---

detain

[ditéin]

동 붙들다, 만류하다, 구류하다

detention 명 만류, 저지, 구류

연상 떨어뜨려 놓음

어원 de + tain
떨어져 유지하다

The police detained a man for questioning in the crime.
경찰은 범죄의 심문을 위해 한 남성을 구류했다.

---

sustain

[səstéin]

동 떠받치다, 지탱하다, 견디다

연상 아래에서 지탱함

어원 su(s) + tain
아래에 유지하다

Heavy posts are needed to sustain this bridge.
이 다리를 떠받치기 위해서는 무거운 기둥들이 필요하다.

---

abstain

[əbstéin]

동 삼가다, 자제하다, 그만두다

연상 ~로부터 멀어진 상태를 유지함

어원 ab + tain
~로부터 떨어져 유지하다

Catholics are supposed to abstain from meat on Good Friday.
가톨릭 신자들은 성(聖) 금요일에 육류를 삼가도록 되어 있다.

---

*retain

[ritéin]

동 유지하다, 간직하다

연상 유지하고 있음

어원 re + tain
원래대로 유지하다

The town has retained much of its country charm.
그 마을은 시골의 매력을 많이 유지하고 있다.

---

pertain

[pəːrtéin]

동 관련하다, 유효하다, 적용되다

연상 이어져 있음

어원 per + tain
통해 유지하다

Those laws no longer pertain.
그 법률들은 더 이상 유효하지 않다.

128  tens, tend, tent

track 128

늘이다, 뻗다 ❶

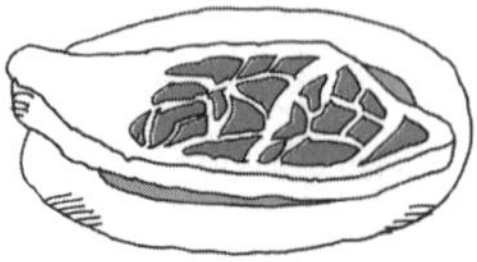

tenderloin

tenderloin은 소나 돼지의 안심을 가리킨다.
tender는 펴면 얇고 부드러워진다는 뜻에서
'부드러운, 다정한, 연약한, 아픈'이라는 의미를 지닌다.

extension

hair extension은 머리카락을 이어 붙여
길이를 연장하는 미용 기술이다.

〈Love Me Tender〉

상처 받고 긴장한 마음을 위로하는 엘비스 프레슬리의 노래
〈Love Me Tender〉는 '다정하게 사랑해 줘요'라는 뜻이다.

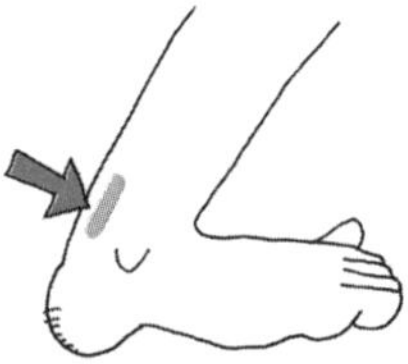

Achilles' tendon

Achilles' tendon은
팽팽하게 뻗은 발뒤꿈치의 힘줄이다.

Guess the Words!

Q1 **tend**(뻗다)+**ency**(명 접미사) ➜ tendency

The drug has a tendency to cause headaches.

그 약은 두통을 유발하는 ________이 있다.

▶ **Hint** 일정한 방향으로 뻗어 나가는 성향을 무엇이라고 할까?

Q2 **con**(함께)+**tend**(뻗다) ➜ contend

You'll have to contend with difficulties.

너는 고난과 ________ 할 것이다.

▶ **Hint** 서로 손을 뻗어 맞당기는 것을 무엇이라고 할까?

Q3 **ex**(밖에)+**tend**(늘이다) ➜ extend

The company plans to extend its operations into Europe.

그 회사는 사업을 유럽으로 ________ 계획을 하고 있다.

▶ **Hint** 사업을 밖으로 늘리는 것을 무엇이라고 할까?

Answers_ Q1. 경향 Q2. 싸워야 Q3. 확장할

○ *tendency 명 경향, 추세, 성향
[téndənsi]
**tend 동 경향이 있다, 돌보다, 향하다

Oil shares are tending upward.
석유 주식은 오를 전망이다.

연상 일정한 방향으로 뻗어 나감
어원 tend + ency
뻗다 명 접미사

○ contend 동 싸우다, 다투다, 주장하다
[kənténd]
contention 명 싸움, 논쟁, 주장

Don't contend with him over silly trifles.
사소한 문제로 그와 논쟁하지 마세요.

연상 서로 팽팽하게 맞당김
어원 함께 손을 뻗음
con + tend
함께 뻗다

○ **extend 동 연장하다, 넓히다, 늘이다, (~까지) 미치다
[iksténd]
extension 명 확장, 범위

The River Nile extends as far as Lake Victoria.
나일 강은 빅토리아 호까지 이어진다.

연상 밖으로 늘어나게 함
어원 ex + tend
밖에 늘이다

○ *tender 동 제출하다, 제공하다, 입찰하다
형 다정한, (고기 등이) 부드러운
[téndər]

He tendered his resignation this Monday.
그는 이번 주 월요일에 사표를 제출했다.

연상 물건을 내밂
어원 tend
손을 뻗다

○ *extent 명 범위, 정도, 넓이
[ikstént]

Inflation has slowed to a certain extent.
인플레이션이 어느 정도는 둔화되었다.

연상 밖으로 늘어남
어원 ex + tent
밖에 늘이다

○ extensive 형 넓은, 광범위한, 대규모의
[iksténsiv]

Abortion has been the subject of extensive debate in the US.
낙태는 미국에서 광범위한 토론의 주제다.

연상 밖으로 늘어남
어원 ex + tens + ive
밖에 늘이다 형 접미사

129 tens, tend, tent

track 129

늘이다, 뻗다 ❷

tent

tent는 캠핑지에서 펼쳐서 세운 천막이다.

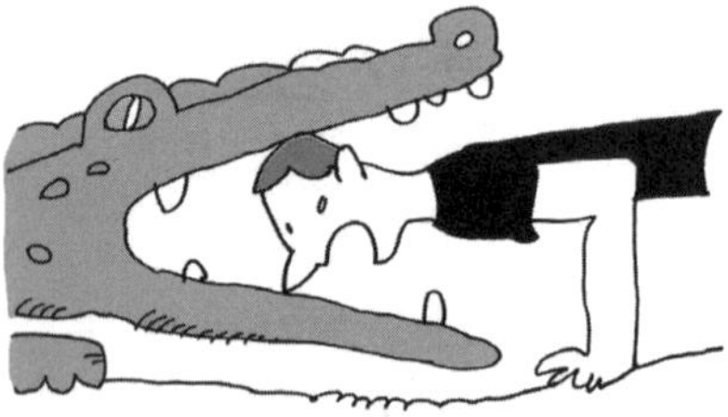

tension

[tens(늘이다)+ion(명사 접미사)]로 이루어진 tension은 잡아당겨서 팽팽해진 느낌, 즉 '긴장감'을 뜻한다. 형용사 tense는 '긴장한, 팽팽한'을 의미한다.

attention

기내방송에 나오는 "Attention, please(주목해 주세요)"는 승객의 관심을 방송 쪽으로 잡아끌어 주의를 환기시키는 말이다. [at(~을 향해)+tent(뻗다)+ion(명사 접미사)]로 이루어졌다.

Guess the Words!

Q1 **pre**(앞에)+**tend**(펴다) → pretend

I pretended not to see her, and carried on walking down the street.

그는 그녀를 못 본 ______ 거리를 걸어갔다.

▶ **Hint** 상대방 앞에서 실제보다 더 크게 펼쳐서 보여 준다는 것은 어떤 의미일까?

Q2 **in**(안으로)+**tend**(뻗다) → intend

He intends to visit Hawaii next year.

그는 내년에 하와이를 방문할 ______이다.

▶ **Hint** 하와이 쪽으로 손을 뻗는다는 것은 무슨 의미일까?

Q3 **super**(위에)+**in**(안에)+**tend**(뻗다) → superintend

Bill was supposed to superintend, not do everything himself.

Bill은 모든 것을 직접 하는 것이 아니라 ______을 하기로 되어 있다.

▶ **Hint** 위에서 아래쪽을 향해 손을 뻗는다는 것은 무슨 의미일까?

Answers_ Q1. 체하면서 Q2. 작정 Q3. 감독

***pretend** [priténd] 동 ~인 체하다

pretense 명 겉치레, 가식, 속임수

연상 상대방 앞에서 크게 펼쳐서 보여 줌

어원 pre 앞에 + tend 펴다

The children pretended that they were astronauts.
아이들은 자신들이 우주비행사인 체했다.

****intend** [inténd] 동 ~할 작정이다

***intention** 명 의도, 의지

intentional 형 의도적인, 고의의

연상 안쪽을 향해 손을 뻗음

어원 in 안으로 + tend 뻗다

He had no intention of paying me the money.
그는 나에게 돈을 지불할 의지가 전혀 없었다.

---

superintend [s(j)ù:pərinténd] 동 감독하다, 지휘하다

superintendent 명 감독자

연상 위에서 아래로 손을 뻗음

어원 super 위에 + in 안에 + tend 뻗다

She was appointed superintendent of the factory.
그녀는 공장장에 임명되었다.

---

intense [inténs] 형 격렬한, 강렬한

intensify 동 격렬하게 하다

intensity 명 격렬함

intensive 형 격렬한, 집중적인

연상 긴장이 안으로 퍼짐

어원 in 안에 + tense 뻗다

There is intense competition between schools to attract students.
학생들의 관심을 끌기 위해 학교 간의 격렬한 경쟁이 있다.

*****attend** [əténd] 동 출석하다, 돌보다

*****attention** 명 주의, 배려

attentive 형 주의 깊은, 친절한, 정중한

연상 상대를 향해 발이 향함, 마음이 향함

어원 a(t) ~을 향해 + tend 뻗다

Please let us know if you can't attend the meeting.
만약 회의에 출석할 수 없다면, 저희에게 알려 주세요.

---

portend [pɔ:rténd] 동 전조가 되다, 예고하다

portentous 형 전조의, 불길한, 경이적인

portent 명 전조, 경이적인 사람[것]

연상 시점을 앞으로 옮김

어원 por 앞에 + tend 뻗다

The failure in London portended even further trouble.
런던에서의 실패는 더 큰 역경의 전조였다.

130 term 한계, 기한, 끝

track 130

terminal

지하철의 terminal은 종착역을 뜻한다.

terminator

terminator는 사람의 삶을 끝내는 말살자를 가리킨다.

Guess the Words!

Q1 **term**(기한)+**al**(형 명 접미사) → terminal

Many of the patients are in the terminal stages of the disease.

많은 환자들이 병의 _____ 상태이다.

▶ **Hint** 병의 기한이 있는 단계는 어느 단계일까?

Q2 **term**(끝)+**ate**(동 접미사) → terminate

The company had the right to terminate his employment at any time.

그 회사는 언제든 그의 고용 계약을 _____ 권리가 있다.

▶ **Hint** 고용에 기한을 두는 것을 무엇이라고 할까?

Q3 **de**(완전히)+**term**(끝)+**ine**(동 접미사) → determine

She was determined to do better work in the future.

그녀는 나중에 더 좋은 일을 하기로 _____했다.

▶ **Hint** 마음의 방황을 완전히 끝내는 것을 무엇이라고 할까?

Answers_ Q1. 말기 Q2. 종료할 Q3. 결심

terminal

[tə́ːrmənl]

형 말기의, 종점의
명 종점, 종착지

연상 기한·한계가 있음
어원 term + al
기한 형명접미사

The doctor informed me that my father had terminal cancer.
그 의사는 나에게 아버지가 말기 암이라는 사실을 알려 줬다.

terminate

[tə́ːrmənèit]

동 끝내다, 끝나다, 종료하다

termination 명 종료, 만료

연상 끝을 냄
어원 term + ate
끝 동접미사

This contract terminates at the end of this year.
이 계약은 연말에 만료된다.

** determine

[ditə́ːrmin]

동 결심하다, 결정하다

determination 명 결심, 결정

연상 경계를 완전히 정함
어원 de + term + ine
밖에 끝 동접미사

He was determined to become a world-class player.
그는 세계적인 수준이 선수가 되기로 결심했다.

term

[təːrm]

명 기한, 학기, 전문 용어, 조건, 관계

terminology 명 전문 용어

연상 제한이 있는 것
어원 term
기한

People use scientific terms with no clear idea of their meaning.
사람들은 그 의미를 분명하게 알지 못한 채로 과학 용어를 사용한다.

exterminate

[ikstə́ːrmənèit]

동 전멸시키다, 근절하다, 멸종시키다

extermination 명 전멸, 근절

연상 한계의 밖으로 내보냄
어원 ex + term + ate
밖으로 한계 동접미사

The bird was nearly exterminated a few years ago.
그 새는 몇 년 전에 거의 멸종되었다.

determinate

[ditə́ːrmənət]

형 한정된, 명확한, 결정적인

determinant 형 결정적인
명 결정 요소

연상 한계를 완전히 정함
어원 de + term + ate
완전히 한계 형접미사

The new laws were very determinate.
새로운 법은 매우 명확했다.

131  terr 대지

track 131

territory

개는 전봇대에 배뇨를 하여 자신의 territory(영역)를 표시한다.

terrier

개의 한 종류인 terrier(테리어)의 특기는 구멍 파기로, '대지의 개'라는 뜻이다.

[in(안에)+ter(대지)]로 이루어진 inter는 '매장하다'라는 뜻이다. 반대로 disinter는 [dis(~이 아니다)+in(안에)+ter(대지)]로, '(시신을) 파내다, 세상에 내놓다'라는 의미를 지닌다.

Guess the Words!

Q1 **Med**(중간의)+**terra**(대지)+**an**(형 명 접미사) ➡ Mediterranean

The venue was the tiny island in the Mediterranean.

장소는 ____에 있는 작은 섬이었다.

▶ **Hint** 대륙의 중간에 있는 바다는 어디일까?

Q2 **terr**(대지)+**ory**(장소)+**ial**(형 접미사) ➡ territorial

The country has suffered substantial territorial losses in this war.

그 나라는 이 전쟁으로 상당한 ____를 잃었다.

▶ **Hint** 국가가 소유하고 있는 땅을 무엇이라고 할까?

Q3 **extra**(밖에)+**terra**(대지)+**ial**(형 명 접미사) ➡ extraterrestrial

NASA has started a search for extraterrestrial intelligence.

NASA는 ____ 지적 생명체에 대한 조사를 시작했다.

▶ **Hint** 지구의 밖을 무엇이라고 할까?

Answers_ Q1. 지중해 Q2. 영토 Q3. 외계

Mediterranean

[mèditəréiniən]

형 지중해의

명 (the Mediterranean으로) 지중해

연상 대륙의 중간에 있음

어원 Med + terra + an
중간의 대지 형접미사

There are many countries bordering the Mediterranean.
지중해에 인접한 국가는 많이 있다.

**territory

[térətɔ̀ːri]

명 영토, 영역, 지역, 분야

territorial 형 영토의, 토지의, 지역의

연상 대지가 펼쳐진 곳

어원 terr + ory
대지 장소

Physics is outside my territory.
물리학은 나의 전문 분야 밖이다.

---

extraterrestrial

[èkstrətəréstriəl]

형 지구 밖의, 외계의, 우주의

명 지구 밖의 생물, 외계인, 우주인

terrestrial 형 지구상의, 육지의

연상 지구 밖에 있음

어원 extra + terra + ial
밖에 대지 형명접미사

Compared with many terrestrial mammals, little is known of cetacean natural history.
육지에 사는 많은 포유류에 비해, 고래목은 자연사적으로 알려진 것이 거의 없다.

---

terrace

[térəs]

명 테라스, 계단식 논[밭]

동 계단식 대지(臺地)로 만들다

연상 쌓여서 형성된 대지

어원

Asians terrace hillsides with rice paddies.
아시아인은 언덕의 중턱을 계단식 논으로 만든다.

---

subterranean

[sʌ̀btəréiniən]

형 지하의, 숨은, 비밀의

연상 대지 아래에 있음

어원 sub + terra + an
아래에 대지 형접미사

London has 9 miles of subterranean passages.
런던에는 길이가 9마일인 지하 통로가 있다.

---

terrain

[təréin]

명 지형, 지역

연상 육지 내에 있는 것

어원 terra + in
대지 안

We flew over a stretch of hilly terrain.
우리는 구릉성 지형의 상공을 날았다.

132 tin, ten(e) 유지하다, 지속하다

track 132

tenant

tenant는 집이나 가게의 유지·관리하는 '세입자, 임차인'을 뜻한다.

tennis

Tennis는 프랑스어 "Tenez((공을) 받으세요)!"라는 말에서 유래했다.

continental breakfast

continental breakfast는 빵과 커피 정도로 끝내는 유럽식 아침 식사를 말한다. continent(대륙)는 '끊어지지 않고 이어져 있음'이라는 뜻에서 생긴 말이다.

그밖에 tenet(유지하는 것 → 교의, 주장), lieutenant(장소를 유지하는 사람 → 대리, 부관, 육군 중위, 부서장)도 알아 두자.

Guess the Words!

Q1 **con**(완전히)+**ten**(유지하다) ➜ content

She is content with her life.

그녀는 자신의 삶에 ________하고 있다.

▶ **Hint** 완전하게 충족된 느낌을 무엇이라고 할까?

Q2 **ten**(유지하다)+**ure**(명 접미사) ➜ tenure

The company has doubled in value during his tenure.

그의 ________ 중, 그 회사의 가치는 두 배가 되었다.

▶ **Hint** 회사 안에서 자리를 유지하는 기간을 무엇이라고 할까?

Q3 **ten**(소유하다)+**ment**(명 접미사) ➜ tenement

In her tenement there lived a rich man.

그녀의 ________에는 부유한 남성이 살고 있었다.

▶ **Hint** 그녀가 소유하고 있는 여러 집이 하나로 연결된 집을 무엇이라고 할까?

Answers_ Q1. 만족 Q2. 재직 기간 Q3. 공동 주택

content ***

[명 kántent]

[형 명 kəntént]

명 내용, 내용물

형 만족한

명 만족

Many of the essays are political in content.

많은 에세이가 정치적인 내용을 포함하고 있다.

연상: 완전하게 유지하고 있음, 완전하게 충족됨

어원: con (완전히) + ten (유지하다)

---

tenure

[ténjər]

명 보유(권), 재직 기간

The tenure of the Presidency is four years.

대통령의 임기는 4년이다.

연상: 소유 상태를 유지함

어원: ten (유지하다) + ure (명 접미사)

---

tenement

[ténəmənt]

명 공동 주택

The mayor agreed to tear down the tenement and build modern housing.

그 시장은 공동 주택을 허물고 현대적인 주택을 세우는 것에 동의했다.

연상: 소유하고 있는 것

어원: ten (소유하다) + ment (명 접미사)

---

continue ***

[kəntínjuː]

동 계속되다, 계속하다, 이어지다

continual 형 끊임없는, 거듭되는, 반복되는

continuous 형 끊임없는, 연속적인

continuity 명 계속, 연속

Have a rest before you continue driving.

운전을 계속하기 전에 휴식을 취하세요.

연상: 유지함

어원: con (함께) + tin (유지하다)

---

pertinent

[pə́ːrtənənt]

형 관련 있는, 적절한

impertinent 형 관련 없는, 부적절한

They asked me a lot of very pertinent questions.

그들은 나에게 매우 적절한 질문을 많이 했다.

연상: 계속해서 지속함

어원: per (통해서) + tin (지속하다) + ent (형 접미사)

---

tenacious

[tinéiʃəs]

형 끈질긴, 집요한, 완강한

tenacity 명 고집, 끈기, 완강함

He was the most tenacious politician in Brazil.

그는 브라질에서 가장 완강한 정치인이다.

연상: 단단히 잡고 있음

어원: ten (유지하다) + ious (형 접미사)

133 ton(e), tun, so(u)n

track 133

음, 천둥

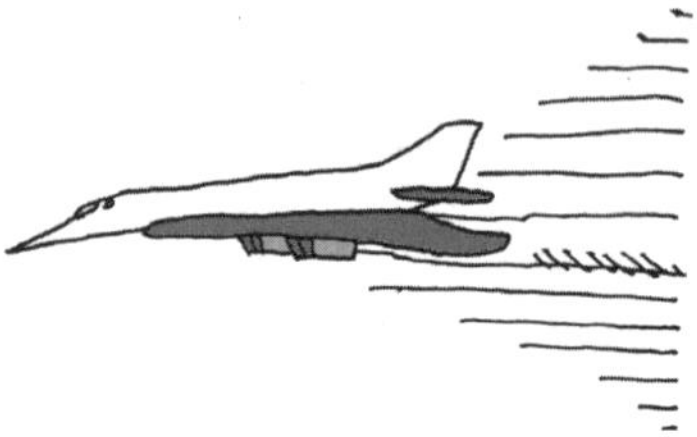

supersonic

콩코드는 supersonic transport(초음속 여객기)다. supersonic은 [super(넘어)+son(음)+ic(형용사 접미사)]로 이루어져 있다.

stun gun

stun gun은 상대방에게 벼락을 맞은 듯한 전기 충격을 주는 호신용품이다. stun은 '기절시키다'라는 의미이다.

sound check

sound check는 마이크 등의 소리를 확인하는 것을 가리킨다.

[de(아래에)+ton(천둥)+ate(동사 접미사)]로 이루어진 detonate는 '벼락을 내리다'라는 뜻에서 '폭발하다'를 의미한다.

Guess the Words!

Q1 **mono**(하나의)+**ton**(음)+**ous**(형 접미사) → monotonous

The music became monotonous after a while.

그 곡은 잠시 뒤에 ______ 로워졌다.

▶ **Hint** 곡이 하나의 음으로만 되어 있다면 어떤 느낌이 들까?

Q2 **con**(함께)+**son**(음)+**ant**(형 접미사) → consonant

The judge's order was consonant with the rules.

심판의 명령은 규정과 ______ 했다.

▶ **Hint** 같은 음을 내는 것은 어떤 상태를 의미할까?

Q3 **uni**(하나의)+**son**(음) → unison

The audience clapped in unison to the song.

청중은 그 노래에 ______ 박수를 쳤다.

▶ **Hint** 모두 함께 같은 음을 내는 것을 무엇이라고 할까?

Answers_ Q1. 단조 Q2. 일치 Q3. 일제히

monotonous 형 단조로운, 지루한
[mənát(ə)nəs]

monotone 명 단조로움

tone 명 음색, 색조, 어조

I had to set about monotonous work as usual.
나는 평소처럼 단조로운 일을 시작해야만 했다.

연상 하나의 음밖에 없음
어원 mono + ton + ous
하나의 음 형접미사

---

consonant 형 일치하는, 어울리는 명 자음
[kánsənənt]

The letters "h", "f", "b", and "c" are consonants.
알파벳 h, f, b, c는 자음이다.

연상 같은 음을 냄
어원 con + son + ant
함께 음 형접미사

---

unison 명 동음, 제창, 일치, 조화
[jú:nəsn, jú:nəzn]

Try to sing in unison if you can.
가능하면 제창으로 불러 보세요.

연상 같은 음
어원 uni + son
하나의 음

---

astonish 동 놀라게 하다
[əstániʃ]

astonishment 명 놀람

astonishing 형 놀라운

He was astonished at the news of my success.
그는 나의 성공 소식을 듣고 놀랐다.

연상 천둥소리에 기절함
어원 as + ton + ish
~을 향해 천둥 동접미사

---

astound 동 경악시키다, 크게 놀라게 하다
(※ astonish보다 더 크게 놀라게 함)
[əstáund]

The doctors were astounded that the patient survived.
의사들은 그 환자가 살아남았다는 사실에 크게 놀랐다.

연상 천둥소리에 기절함
어원 as + toun
~을 향해 천둥

---

resound 동 울리다, 울려 퍼지다
[rizáund]

The air resounds with the delightful music of birds.
새들의 즐거운 지저귐이 공기 중에 울려 퍼졌다.

연상 다시 소리가 남
어원 re + sound
다시 음

134 tort 비틀다

track 134

torch

torch는 송진에 적신 천을 휘감아 불을 붙여서 사용하는 '횃불'을 뜻한다.

tortoise

'거북'을 뜻하는 tortoise는 다리가 뒤틀려 있는 듯이 보인다고 해서 생겨난 말이다.

Guess the Words!

Q1 **dis**(떨어져)+**tort**(비틀다) → distort

The President has distorted facts in order to win the election.

대통령은 선거에서 이기기 위해서 사실을 ______했다.

▶ **Hint** 사실을 비틀어 진실과 멀어지게 하는 것을 무엇이라고 할까?

Q2 **re**(원래대로)+**tort**(비틀다) → retort

Her angry retort surprised him.

그녀의 분노에 찬 ______는 그를 놀라게 했다.

▶ **Hint** 상대방의 말을 되받아치는 것을 무엇이라고 할까?

Q3 **ex**(밖에)+**tort**(비틀다) → extort

The terrorist groups have been extorting hundred of millions of dollars.

그 테러리스트 집단은 수억 달러를 ______했다.

▶ **Hint** 돈을 짜내서 내놓게 하는 것을 무엇이라고 할까?

Answers_ Q1. 왜곡 Q2. 말대꾸 Q3. 강탈

distort
[distɔ́ːrt]

동 비틀다, 왜곡하다, 곡해하다

distortion 명 비틀기, 왜곡

연상 비틀어서 떼어 놓음
어원 dis (떨어져) + tort (비틀다)

You have distorted what I said.
너는 나의 말을 왜곡했다.

---

retort
[ritɔ́ːrt]

동 말대꾸하다, 응수하다, 반박하다
명 말대꾸, 응수

연상 틀어서 돌려줌
어원 re (원래대로) + tort (비틀다)

"That's none of your business," he retorted.
그는 "당신이 관여할 일이 아니에요"라고 응수했다.

---

extort
[ikstɔ́ːrt]

동 빼앗다, 강탈하다, 강요하다

extortion 명 강탈, 강요

연상 비틀어서 짜냄
어원 ex (밖에) + tort (비틀다)

The gang extorted money from the shop owner.
갱단은 그 가게의 주인에게서 돈을 강탈했다.

---

torture
[tɔ́ːrtʃər]

명 고문, 고통
동 괴롭히다, 고문하다

연상 몸을 비틂
어원 tort (비틀다) + ure (명 접미사)

Many of the prisoners have suffered torture.
많은 재소자들이 고문을 당했다.

---

torment
[명 tɔ́ːrment]
[동 tɔːrmént]

명 고통, 고뇌
동 괴롭히다, 고통을 주다

연상 비틂
어원 tor (비틀다) + ment (명 접미사)

He is tormented with toothache.
그는 치통으로 고통받고 있다.

---

contort
[kəntɔ́ːrt]

동 뒤틀다, 일그러뜨리다, 일그러지다

contortion 명 뒤틀림, 일그러짐

연상 완전히 비틂
어원 con (완전히) + tort (비틀다)

His face contorted with anger.
그의 얼굴은 분노로 일그러졌다.

135 tract, tra(i) 끌다, 긋다 ❶

track 135

tractor

tractor는 여러 기구를 견인하기 위한 작업차를 말한다.

attraction

attraction은 사람들의 마음을 끌어당기는 '명소, 볼거리'를 뜻한다.

track

선을 그어 표시하는 육상 track은 '지나간 길'을 가리킨다.

Guess the Words!

Q1 **ab**(~로부터)+**tract**(끌다) → **abstract**

He is interested in abstract paintings.

그는 ______화에 관심이 있다.

▶ **Hint** 구체적인 대상에서 특성을 뽑아내는 것을 무엇이라고 할까?

Q2 **con**(함께)+**tract**(끌다) → **contract**

He had no choice but to sign the contract.

그는 ______에 서명하는 수밖에 없었다.

▶ **Hint** 서로 끌어당겨 손잡는 것을 무엇이라고 할까?

Q3 **dis**(떨어져)+**tract**(끌다) → **distract**

The noise distracted me from studying.

그 소음은 공부하는 나의 주의를 ______ 만들었다.

▶ **Hint** 따로따로 떨어뜨려서 어지럽게 만드는 것을 무엇이라고 할까?

Answers_ Q1. 추상 **Q2.** 계약 **Q3.** 산만하게

abstract
[형 명 ǽbstrækt]
[동 æbstrǽkt]

형 추상적인, 난해한
명 발췌, 적요, 개요, 추상화
동 추출하다, 발췌하다, 요약하다

abstraction 명 추상 개념

연상 어떤 대상으로부터 끄집어냄
어원 ab + tract
~로부터 끌다

The theory is too abstract for him.
그 이론은 그에게 너무 난해하다.

** contract
[명 kántrækt]
[동 kəntrǽkt]

명 계약
동 계약하다, (병에) 걸리다, 축소하다

연상 거래함
서로 끌어당김
어원 con + tract
함께 끌다

Her contract says she has to work 30 hours per week.
그녀의 계약대로라면 그녀는 일주일에 30시간을 일해야 한다.

---

distract
[distrǽkt]

동 산만하게 하다, 혼란스럽게 하다

distraction 명 주의 산만, 집중을 방해하는 것

연상 잡아당겨서 떼어 놓음
어원 dis + tract
떨어져 끌다

Don't distract me while I'm driving!
운전하는 동안 내 산만하게 하지 마세요!

** attract
[ətrǽkt]

동 마음을 끌다, 끌어당기다

** **attractive** 형 매력적인
attraction 명 매력, 인기를 끄는 장소[것]

연상 끌어당김
어원 a(t) + tract
~을 향해 끌다

How can we attract more visitors to our website?
어떻게 해야 더 많은 방문자들을 우리의 웹사이트로 끌어들일 수 있을까?

---

tract
[trækt]

명 넓은 면적, 지역, 지대

연상 선을 그어 측량한 면적
어원 tract
긋다

He owns a large tract of land south of town.
그는 마을 남쪽의 넓은 땅을 소유하고 있다.

---

detract
[ditrǽkt]

동 줄이다, 손상시키다,
(주의를) 딴 데로 돌리다

detraction 명 감손(減損), 비난

연상 아래로 끌어내림
어원 de + tract
아래에 끌다

Her heavy makeup detracts from her good looks.
그녀의 두꺼운 화장은 그녀의 미모를 손상시킨다.

136  tract, tra(i) 끌다 ❷

track 136

trace

trace는 선을 그어 원래의 도면을 밑에 깔고 모양을 본뜨는 것을 말한다.

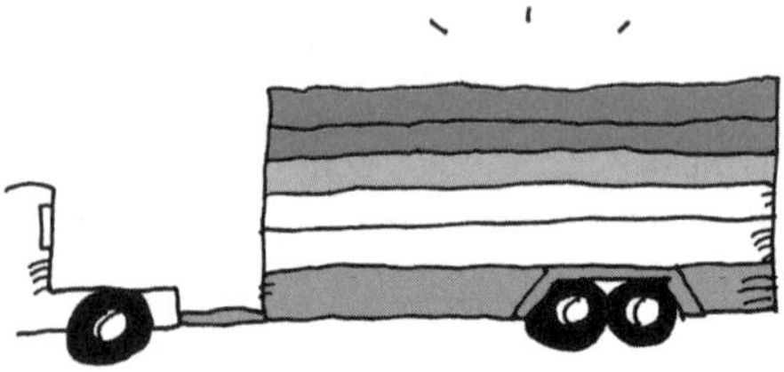

trailer

trailer는 트랙터 등에 매달아 끌고 다니는 부속차를 가리킨다.

train

train은 연결된 차량을 끌고 가는 열차를 말한다.

Guess the Words!

Q1 **ex**(밖에)+**tract**(끌다) ➜ extract

This article is extracted from his new book.

이 기사는 그의 새 책에서 ＿＿＿＿했다.

▶ **Hint** 책에서 내용을 끄집어내는 것을 무엇이라고 할까?

Q2 **sub**(아래로)+**tract**(끌다) ➜ subtract

10 subtracted from 15 is 5.

15에서 10을 ＿＿＿＿ 5가 된다.

▶ **Hint** 15에서 10 만큼의 값을 끌어내리는 것을 무엇이라고 할까?

Q3 **por**(앞에)+**trait**(끌다) ➜ portrait

I had my portrait painted in uniform.

나는 제복을 입고 ＿＿＿＿를 그렸다.

▶ **Hint** 그려서 내놓은 것을 무엇이라고 할까?

Answers_ Q1. 발췌 Q2. 빼면 Q3. 초상화

extract
[동 ikstrǽkt]
[명 ékstrækt]

동 발췌하다, 인용하다, 뽑다, 빼내다
명 추출물, 발췌

extraction 명 추출

연상 끄집어냄
어원 ex + tract
밖에 끌다

He had his wisdom teeth extracted.
그는 사랑니를 뽑았다.

---

subtract
[səbtrǽkt]

동 빼다, 덜다

subtraction 명 빼기, 뺄셈, 공제

연상 끌어내림
어원 sub + tract
아래로 끌다

If you subtract 20 from 40, you get 20.
40에서 20을 빼면 20이다.

---

*portrait
[pɔ́ːrtrit, pɔ́ːrtreit]

명 초상(화)

portray 동 그리다, 묘사하다, 초상화를 그리다

연상 그려서 내놓음
어원 por + trait
앞에 끌다

Religion was portrayed in a positive way.
종교는 긍정적으로 그려졌다.

---

retract
[ritrǽkt]

동 물러서게 하다, 철회하다, 움츠러지다

retraction 명 철회, 움츠림

연상 뒤로 끌어당김
어원 re + tract
뒤로 끌다

The turtle retracted its head into its shell.
거북이는 등껍질 속으로 머리를 움츠려서 넣었다.

---

*trace
[treis]

동 더듬어 찾다, 추적하다, 역탐지하다
명 자취, 흔적, 기미

연상 선을 그은 흔적
어원 trace
선을 긋다

The police are trying to trace the missing child.
경찰은 잃어버린 아이를 추적하기 위해 애쓰고 있다.

---

trait
[treit]

명 특색, 특징

연상 선을 그어 눈에 띄게 함
어원 trait
선을 긋다

Patience is one of his good traits.
인내심은 그의 장점 중 하나다.

137 turb, trouble 혼란

track 137

turban

머리에 어지럽게 둘러 감은 듯 보이는 인도인의 두건을 turban이라고 한다.

turbine

빙글빙글 돌면서 동력을 얻는 turbine은 '원동기'를 뜻한다.

Guess the Words!

Q1 **trouble**(혼란)+**some**(형 접미사) → troublesome

The plant is regarded as a troublesome weed in rice field.

이 식물은 논에서는 ________ 잡초로 여겨진다.

▶ **Hint** 어떤 문제가 혼란을 발생시킬까?

Q2 **per**(완전히)+**turb**(혼란) → perturb

He looked a little perturbed.

그는 조금 ________ 것처럼 보였다.

▶ **Hint** 완전히 혼란에 빠진 사람은 어떻게 보일까?

Q3 **dis**(완전히)+**turb**(혼란) → disturb

Cutting down rainforests disturbs the Earth's balance.

열대 우림의 벌채는 지구의 균형을 ________시킨다.

▶ **Hint** 완전히 혼란스럽게 만드는 것을 무엇이라고 할까?

Answers_ Q1. 성가신 Q2. 불안한 Q3. 교란

troublesome [trʌ́blsəm]
형 귀찮은, 성가신, 힘든

연상 혼란스러움
어원 trouble + some
혼란 형 접미사

A divorce is usually troublesome for all concerned.
이혼은 대개 관계된 모든 사람에게 힘든 일이다.

---

perturb [pərtə́ːrb]
동 불안하게 하다, 당황하게 하다, 혼란스럽게 하다

연상 매우 혼란스럽게 함
어원 per + turb
완전히 혼란

They seemed perturbed at the change of plan.
그들은 계획 변경에 혼란스러워하는 것처럼 보였다.

---

disturb [distə́ːrb]
동 어지럽히다, 폐를 끼치다, 방해하다, 불안하게 하다

disturbance 명 방해, 불안, 소동

연상 매우 혼란스럽게 함
어원 dis + turb
완전히 혼란

The police intervened in the disturbance.
경찰이 그 소동에 개입했다.

---

turbid [tə́ːrbid]
형 흐린, 탁한, 불투명한, 혼란스러운

연상 혼란스러움
어원 turb + id
혼란 형 접미사

A lot of fish inhabit this turbid pond.
많은 물고기가 이 탁한 연못에서 살고 있다.

*** trouble [trʌ́bl]
명 고생, 고민, 곤란, 분쟁
동 괴롭히다, 고생시키다, 폐를 끼치다

연상 혼란스러움
어원 trouble
혼란

These patients have trouble walking.
이 환자들은 걷는 데 곤란을 겪고 있다.

---

turbulence [tə́ːrbjuləns]
명 폭풍, 동요, 소란, 난기류

turbulent 형 사나운, 동요한, 소란한

연상 혼란 상태
어원 turbul + ence
혼란 명 접미사

We experienced severe turbulence during the flight.
우리는 비행 중에 심한 난기류를 경험했다.

138 turn, torn, tour

track 138

돌다, 돌리다, 향하다

U-turn

자동차가 알파벳 U자형으로 도는 것을 U-turn이라고 한다.

tornado

회오리바람을 일으키는 tornado는 스페인어로 '뇌우'라는 뜻이다.

tour

tour란 여기저기를 구경하면서 돌아다니는 '여행'을 말한다.

Guess the Words!

Q1 **de**(떨어져)+**tour**(향하다) → detour

He detoured to Boston because of the bad weather.

그는 날씨가 안 좋아서 보스턴으로 ______했다.

▶ **Hint** 평소 다니던 길에서 떨어진 곳으로 향하는 것은 무엇이라고 할까?

Q2 **a(t)**(~을 향해)+**torn**(향하다)+**ey**(명 접미사) → attorney

Could you find me an attorney?

나에게 ______를 찾아 줄 수 있나요?

▶ **Hint** 도움을 청하기 위해 발걸음을 옮겨 찾아가는 사람은 누구일까?

Q3 **con**(함께)+**tour**(돌다) → contour

The seat is adjustable to find the contours of your back.

그 좌석은 네 등의 ______에 맞춰 조정할 수 있다.

▶ **Hint** 빙 돌면서 대상을 둘러싸고 있는 것을 무엇이라고 할까?

Answers_ Q1. 우회 Q2. 변호사 Q3. 외형

detour
[díːtuər]

명 우회, 우회로
동 우회하다

연상: 먼 곳으로 돌아감
어원: de + tour
떨어져 향하다

We took a detour to avoid the road construction.
우리는 도로 공사를 피하기 위해서 우회했다.

---

attorney
[ətə́ːrni]

명 변호사, 법정 대리인

연상: 의지가 됨
어원: 한 방향으로 향함
a(t) + torn + ey
~을 향해 향하다 명접미사

The attorneys for the company were present in court.
그 회사의 변호사들은 법정에 출석했다.

---

contour
[kántuər]

명 윤곽, 외형, 형세

연상: 함께 돌아봄
어원: con + tour
함께 돌다

He studied the contours of her face.
그는 그녀의 얼굴 윤곽을 관찰했다.

*** turn
[təːrn]

동 돌다, 돌리다, 향하다, 방향을 바꾸다, 변화시키다
명 회전, 방향 전환, 모퉁이, 순서, 차례

연상/어원: 돌림

It's my turn to drive.
이제는 내가 운전할 차례다.

*** return
[ritə́ːrn]

동 돌아오다, 돌아가다, 되돌려주다

연상: 원래 장소로 향함
어원: re + turn
원래대로 향하다

He returned from work to find his house empty.
그가 회사에서 돌아가면 집에는 아무도 없었다.

** tour
[tuər]

명 (유람) 여행, 견학, 순회
동 여행하다, 견학하다

**** tourist** 명 여행자

연상: 일주함
어원: tour
돌다

They went to Italy on a coach tour.
그들은 버스 여행으로 이탈리아로 갔다.

139 vac, vast, va 빈

track 139

vacation

vacation은 아무것도 하지 않고 한가롭게 쉬는 것을 말한다.

vacuum car

진공 상태에서 오수를 빨아들이는 차를 vacuum car라고 한다.

wan(t), wast도 비어 있다는 뜻을 가지고 있다. waste는 빈 상태가 되기까지 '낭비하다'를 의미하며, wane은 달이 빈 상태가 되는 것, 즉 '(달이) 이지러지다'라는 뜻을 지닌다. 뱃속이 빈 상태라서 음식을 '원하다'라는 뜻에서 나온 단어가 want이다. 또 want는 '결핍, 부족'이라는 의미의 명사로도 쓰인다.

Guess the Words!

Q1 **vac**(빈)+**ant**(형 접미사) → vacant

These three seats are vacant.

이 세 자리는 ______ 있다.

▶ **Hint** 아무도 없는 상태를 무엇이라고 할까?

Q2 **e(x)**(밖에)+**vac**(빈)+**ate**(동 접미사) → evacuate

Locals were told to evacuate.

지역 주민들은 ______하라는 말을 들었다.

▶ **Hint** 밖으로 나가서 공간을 비우는 것을 무엇이라고 할까?

Q3 **vast**(빈) → vast

A vast tract of land is ready for the development.

______ 면적의 땅은 개발할 준비가 되어 있다.

▶ **Hint** 둘러봐도 아무것도 보이지 않고 트인 것을 무엇이라고 할까?

Answers_ Q1. 비어 Q2. 대피 Q3. 광대한

vacant
[véik(ə)nt]

형 비어 있는, 공석의

vacancy 명 빈터, 빈방, 공석

연상: 아무도 없음
어원: vac (빈) + ant (형 접미사)

There are three vacant apartments in this building.
이 건물에는 비어 있는 집이 세 채 있다.

---

evacuate
[ivǽkjuèit]

동 비우다, 피난하다, 피난시키다, 대피시키다

evacuation 명 피난

연상: 밖으로 나가서 공간을 비움
어원: e(x) (밖에) + vac (빈) + ate (동 접미사)

We were evacuated from the war zone to the countryside.
우리는 전투 지역에서 시골로 대피했다.

---

vast **
[væst]

형 광대한, 대단한, 엄청난, 방대한

연상: 아무것도 보이지 않을 정도로 넓음
어원: vast (빈)

A vast audience watched the broadcast.
엄청난 수의 시청자들이 그 방송을 봤다.

---

vacuum
[vǽkju(ə)m]

명 진공 (상태), 공백, 진공청소기
동 진공청소기로 청소하다

연상: 공기가 없는 곳
어원: vac (빈) + um (장소)

My mother gave the room a quick vacuum.
어머니는 그 방을 진공청소기로 빠르게 청소하셨다.

---

devastate
[dévəstèit]

동 황폐하게 만들다

연상: 완전히 아무것도 없는 상태로 만듦
어원: de (완전히) + vast (빈) + ate (동 접미사)

The village was devastated by a hurricane in 2005.
그 마을은 2005년에 허리케인으로 황폐해졌다.

---

vain
[vein]

형 헛된, 무익한, 공허한, 허영심이 강한

vanity 명 헛됨, 공허함, 허영심

연상: 실체가 없음 ← 아무것도 없음
어원: vain (빈)

She is a vainest woman I know.
그녀는 내가 아는 여자 중 가장 허영심이 강하다.

140 vest, veil, vel

track 140

덮다, 싸다, 입히다

vest

vest는 옷 위에 덧입는
소매 없는 조끼를 가리킨다.

veil

veil은 여성이 얼굴을 덮기 위한 얇은
천이다. 동사로서는 '덮다, 숨기다'를,
반의어 unveil은 '밝히다, 공표하다'를 뜻한다.

cobweb 혹은 web은 '거미줄'을 의미한다. 또 거미줄처럼 실을 '짜다, 엮다'라는 뜻을 나타내는 단어는 weave다.

Guess the Words!

Q1 **in**(안에)+**vest**(입히다) ➜ **invest**

It would be hazardous to invest so much.

그렇게 많이 ______ 하는 것은 위험할 것이다.

▶ **Hint** 기업에 옷을 입혀 준다는 말은 무슨 의미일까?

Q2 **di**(떨어져)+**vest**(입히다) ➜ **divest**

The company divested itself of some of its assets.

그 회사는 자산을 어느 정도 ______.

▶ **Hint** 옷을 벗긴다는 말은 무슨 의미일까?

Q3 **un**(~이 아니다)+**veil**(덮다) ➜ **unveil**

They unveiled their new models at the Motor Show.

그들은 모터쇼에서 새로운 모델을 ______ 했다.

▶ **Hint** 덮개를 벗기는 것을 무엇이라고 할까?

Answers_ Q1. 투자 Q2. 내던졌다 Q3. 공표

invest [*] [invést] 동 투자하다, 주다, 부여하다

investment [*] 명 투자

He invested all his money in stocks.
그는 주식에 자신의 전 재산을 투자했다.

연상: 안에 들어가 옷을 입힘
어원: in (안에) + vest (입히다)

---

divest [daivést] 동 (옷을) 벗다 (divest oneself), 빼앗다, 없애다

He divested himself of anything valuable.
그는 가치 있는 것을 내던졌다.

연상: 옷을 벗김
어원: di (떨어져) + vest (입히다)

---

unveil [ʌnvéil] 동 베일을 벗기다, 밝히다, 공표하다

The governor unveiled his plans to build a new stadium.
그 지사는 새 경기장을 짓겠다는 계획을 공표했다.

연상: 덮개를 벗김
어원: un (~이 아니다) + veil (덮다)

---

reveal [**] [riví:l] 동 폭로하다, 밝히다, 드러내다

revelation 명 폭로

He revealed the secret to me.
그는 나에게 그 비밀을 폭로했다.

연상: 덮인 상태를 원래대로 되돌림
어원: re (원래대로) + veal (덮다)

---

develop [***] [divéləp] 동 개발하다, 발전시키다, 성장하다

development [***] 명 개발, 발전

developing [*] 형 개발 도상의

Chicago developed into a big city in the late 1800s.
시카고는 1800년대 후반에 대도시로 성장했다.

연상: 포장한 상태를 풂
어원: de (떨어져) + velop (덮다, 싸다)

---

envelope [*] [énvəlòup, á:nvəlòup] 명 봉투, 덮개

envelop 동 싸다, 봉하다, 덮다

She tore open the envelope.
그녀는 봉투를 찢어서 열었다.

연상: 싸서 안에 숨김
어원: en (안에) + velop (덮다, 싸다)

Exercises 7

A 다음 단어의 뜻을 아래 <보기>에서 고르세요.

1. assessment (   )
2. term (   )
3. terrace (   )
4. interest (   )
5. torment (   )
6. strait (   )
7. turbulence (   )
8. contour (   )
9. industry (   )
10. tactics (   )

보기	ⓐ 곤경	ⓑ 난기류	ⓒ 윤곽	ⓓ 전술	ⓔ 학기
	ⓕ 대지(臺地)	ⓖ 관심	ⓗ 고뇌	ⓘ 산업	ⓙ 평가

B 다음 문장에 나오는 괄호 안의 단어를 완성하세요.

1. The corporation (recon □□□□□□ ed) five divisions into two.
   그 회사는 다섯 개의 부서를 두 개로 만들었다.
2. It's quite necessary to (in □□□□□□) children in road safety.
   아이들에게 교통안전을 가르치는 일은 꼭 필요하다.
3. Spending on books must be (cur □□□□ ed).
   도서 구입비를 삭감해야 한다.
4. She (ob □□□□ ed) the property with a bank loan.
   그녀는 은행 대출로 부동산을 손에 넣었다.
5. The River Nile (ex □□□□ s) as far as Lake Victoria.
   나일 강은 빅토리아 호까지 이어진다.
6. The children (pre □□□□ ed) that they were astronauts.
   아이들은 자신들이 우주비행사인 체했다.
7. Have a rest before you (con □□□□□) driving.
   운전을 계속하기 전에 휴식을 취하세요.
8. He was (as □□□□□□ ed) at the news of my success.
   그는 나의 성공 소식을 듣고 놀랐다.
9. Don't (dis □□□□□) me while I'm driving!
   운전하는 동안 내 주의를 흩뜨리지 마세요!
10. If you (sub □□□□□) 20 from 40, you get 20.
    40에서 20을 빼면 20이다.

Answers

A **1** ⓙ **2** ⓔ **3** ⓕ **4** ⓖ **5** ⓗ **6** ⓐ **7** ⓑ **8** ⓒ **9** ⓘ **10** ⓓ

B **1** (recon)struct(ed) **2** (in)struct **3** (cur)tail(ed) **4** (ob)tain(ed) **5** (ex)tend(s) **6** (pre)tend(ed) **7** (con)tinue **8** (as)tonish(ed) **9** (dis)tract **10** (sub)tract

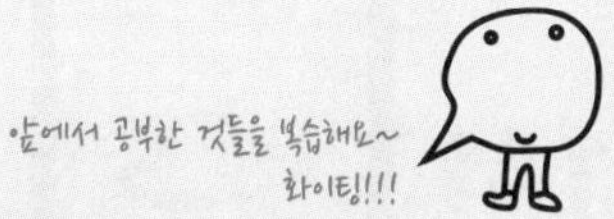

C 다음 단어의 의미를 아래 <보기>에서 고르세요.

1. retail ( )
2. detention ( )
3. tendency ( )
4. pretense ( )
5. content ( )
6. contract ( )
7. trait ( )
8. envelope ( )
9. vacancy ( )
10. extent ( )

보기				
ⓐ 계약	ⓑ 내용	ⓒ 봉투	ⓓ 구류	ⓔ 소매
ⓕ 겉치레	ⓖ 경향	ⓗ 공석	ⓘ 범위	ⓙ 특색

D 다음 괄호 안에 들어갈 단어를 아래 <보기>에서 고르세요.

1. Chicken pox is a highly ( ) disease.
   수두는 쉽게 전염되는 질병이다.
2. Japan has very ( ) laws against drugs and guns.
   일본은 마약과 총에 대해 매우 엄격한 법률을 가지고 있다.
3. This dance is designated as an ( ) cultural property.
   이 춤은 무형문화재에 지정되어 있다.
4. The doctor informed me that my father had ( ) cancer.
   의사는 나에게 아버지가 말기 암에 걸린 사실을 알려 줬다.
5. London has 9 miles of ( ) passages.
   런던에는 길이가 9마일인 지하 통로가 있다.
6. A divorce is usually ( ) for all concerned.
   이혼은 대개 관계된 모든 사람에게 힘든 일이다.
7. She is just a ( ), foolish woman.
   그녀는 그저 허영심이 강하고 어리석은 여성이다.
8. I had to set about ( ) work as usual.
   나는 평소처럼 단조로운 일을 시작해야만 했다.
9. They asked me a lot of very ( ) questions.
   그들은 나에게 매우 적절한 질문을 많이 했다.
10. Try to make your answers clear and ( ).
    답을 명확하고 간결하게 하도록 노력해라.

보기				
ⓐ pertinent	ⓑ subterranean	ⓒ vain	ⓓ troublesome	ⓔ contagious
ⓕ strict	ⓖ intangible	ⓗ monotonous	ⓘ concise	ⓙ terminal

Answers

C 1ⓔ 2ⓓ 3ⓖ 4ⓕ 5ⓑ 6ⓐ 7ⓙ 8ⓒ 9ⓗ 10ⓘ

D 1ⓔ 2ⓕ 3ⓖ 4ⓙ 5ⓑ 6ⓓ 7ⓒ 8ⓗ 9ⓐ 10ⓘ

141 verse 돌다, 돌리다, 향하다 ❶

track 141

vrsus

versus는 서로를 향해 맞서고 있는 상태를 뜻한다.

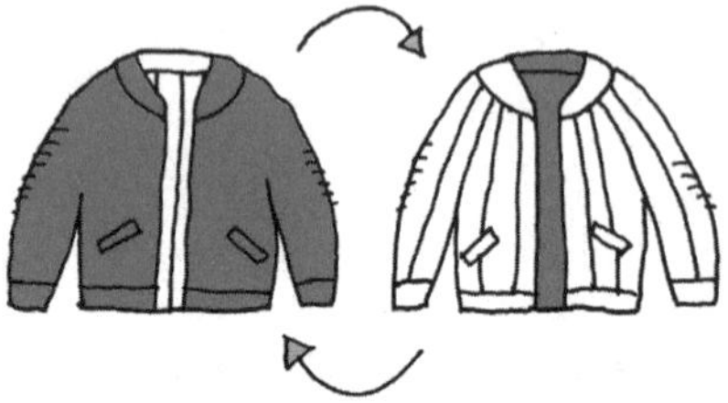

rversible

reversible은 [re(뒤로)+verse(향하다)+ible(~할 수 있다)]로 이루어진, '뒤집어 입을 수 있는'이라는 뜻을 지닌 단어다.

소프트웨어의 개정 단계 등을 나타내는 (version)버전은 다른 언어나 형식으로 '향하게 되었다는' 의미에서 '번역, 번역된 작품, ~판'이라는 뜻을 가지게 되었다.

Guess the Words!

Q1 **con**(함께)+ **verse**(향하다) ➜ converse

Bill sat directly behind the pilot and conversed with him.

Bill은 파일럿의 바로 뒤에 앉아 그와   했다.

▶ **Hint** 서로 마주 보고 하는 것은 무엇일까?

Q2 **di**(떨어져)+ **verse**(향하다) ➜ diverse

New York City has a diverse population.

뉴욕 시에는   사람들이 살고 있다.

▶ **Hint** 각각 다른 방향을 향하고 있는 것은 어떤 상태일까?

Q3 **contro**(반대로)+ **verse**(향하다)+ **y**(명 접미사) ➜ controversy

The abortion issue is one of the nation's greatest controversies.

낙태 문제는 그 나라의 가장 큰   거리 중 하나다.

▶ **Hint** 어떤 의견의 반대 측을 향하고 있는 것은 어떤 상태일까?

Answers_ Q1. 대화 Q2. 다양한 Q3. 논쟁

converse
[kənvə́ːrs]
동 대화하다, 이야기하다

conversation 명 대화

연상 서로 마주 보고 함
어원 con + verse
함께 향하다

We had a conversation with her on the future.
우리는 미래에 대해 그녀와 대화를 나눴다.

---

diverse
[divə́ːrs]
형 다양한, 상이한

diversity 명 차이, 상이점, 다양성

diversify 동 다양화하다, 다각화하다, 분산시키다

연상 각각 다른 방향을 향하고 있음
어원 di + verse
떨어져 향하다

We need to diversify the economy.
우리는 경제를 다양화해야 한다.

---

controversy
[kántrəvə̀ːrsi]
명 논쟁, 논란, 논의

controversial 형 논란의 여지가 있는, 물의를 일으키는

연상 반대 측을 향함
어원 contro + verse + y
반대로 향하다 명접미사

The proposal is beyond controversy.
그 제안은 논란의 여지가 없다.

---

verse
[vəːrs]
명 운문, 시가

연상 다음 행으로 옮김
어원 verse
돌리다

His works are written in verse.
그의 작품은 운문으로 쓰였다.

---

versed
[vəːrst]
형 정통한, 숙달한

연상 (능숙하게) 움직임
어원 verse + d
돌리다 형접미사

He is well versed in economics.
그는 경제학에 정통해 있다.

---

*reverse
[rivə́ːrs]
동 뒤집다, 거꾸로 하다, 반전시키다
명 역, 반대, 뒷면
형 반대의, 거꾸로 된, 뒷면의

reversible 형 거꾸로 할 수 있는, 뒤집어 입을 수 있는

연상 반대로 향하게 함
어원 re + verse
뒤로 향하다

This coat can be reversed.
이 코트는 뒤집어서도 입을 수 있다.

142 verse 돌다, 돌리다, 향하다 ❷

track 142

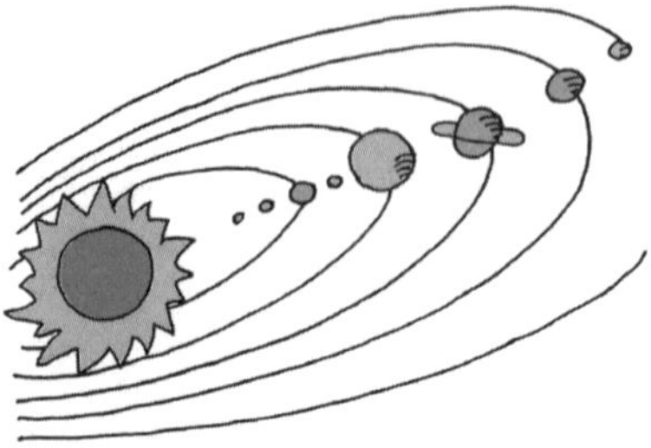

uiverse

universe는 [uni(하나로)+verse(돌다)]로 나눌 수 있다. 태양을 중심으로 도는 우주, 자전하고 있는 지구 즉, '전 세계'를 뜻한다.

university

university는 교수가 일방적으로 강의를 하는 장소가 아니라 학생과 교수가 하나가 되어 같은 곳을 향하며 공부하는 배움의 장을 뜻한다.

Guess the Words!

Q1 **di**(떨어져)+**vorce**(향하다) ➜ divorce

The divorce ultimately led to his ruin.

______은 그를 결국 파멸로 몰아갔다.

▶ **Hint** 부부가 떨어져 다른 방향으로 가는 것을 무엇이라고 할까?

Q2 **vers**(향하다)+**ile**(형 접미사) ➜ versatile

Iron is a versatile material.

철은 ______가 다양한 재료다.

▶ **Hint** 어느 방향으로든 갈 수 있다는 것은 어떤 의미일까?

Q3 **ad**(~을 향해)+**vers**(향하다)+**ary**(명 접미사) ➜ adversary

He saw her as his adversary within the company.

그는 그녀를 회사 내의 ______으로 간주했다.

▶ **Hint** 서로 맞서고 있는 사람을 무엇이라고 할까?

Answers_ **Q1.** 이혼 **Q2.** 용도 **Q3.** 적

divorce
[divɔ́ːrs]

명 이혼, 분리
동 이혼시키다, 이혼하다

연상 부부가 떨어져 서로 다른 곳을 향함
어원 di + vorce
떨어져 향하다

The marriage ended in divorce in 2014.
그 결혼은 2014년에 이혼으로 끝났다.

versatile
[və́ːrsətl]

형 용도가 많은, 다재다능한

연상 어느 방향으로든 갈 수 있음
어원 vers + ile
향하다 형접미사

Few foods are as versatile as cheese.
치즈만큼 용도가 다양한 식재료는 거의 없다.

adversary
[ǽdvərsèri]

명 적, 적수, 대항자

연상 서로를 향해 맞서고 있는 사람
어원 ad + vers + ary
~을 향해 향하다 명접미사

They are adversaries in the election.
그들은 선거에서 경쟁자다.

adverse
[ædvə́ːrs]

형 반대의, 유해한

adversity 명 불운, 불행, 역경

연상 서로 맞서 있음
어원 ad + verse
~을 향해 향하다

Modern farming method can have an adverse effect on the environment.
현대적 농업 방법은 환경에 유해한 영향을 끼칠 수 있다.

averse
[əvə́ːrs]

형 몹시 싫어하는, 반대하는

연상 서로 맞서 있음
어원 a(d) + verse
~을 향해 향하다

He is averse to spending a lot of money.
그는 돈을 많이 쓰는 것을 몹시 싫어한다.

traverse
[trəvə́ːrs]

동 횡단하다, 넘다, 건너다

연상 건너편으로 넘어감
어원 tra(ns) + verse
넘어 향하다

Moving sidewalks traverse the airport.
움직이는 보도가 공항을 가로지르고 있다.

143

track 143

vert 돌다, 돌리다, 향하다

convert

convert는 [con(함께)+vert(돌다)]로 이루어져 '전환하다, 바꾸다'를 의미한다.

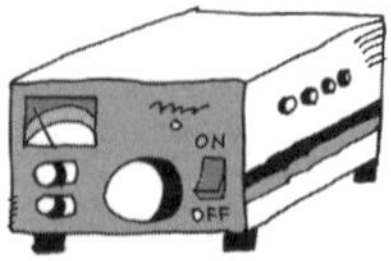

converter

converter는 교류 전류를 직류 전류로 변환해 주는 장치다.

inverter

inverter는 직류 전류를 교류 전류로 변환해 주는 장치다. [in(안으로)+vert(향하다)]로 이루어진 invert는 '뒤집다, 반대로 하다'라는 뜻을 지닌다.

revert는 [re(뒤로)+vert(향하다)]로 이루어진 단어로, '돌아가다, 회고하다'라는 의미를 지닌다. [per(완전히)+vert(향하다)]로 이루어진 pervert는 완전히 나쁜 쪽을 향한다는 뜻에서 '타락시키다'를, [sub(아래로)+vert(향하다)]로 이루어진 subvert는 '전복하다'를 의미한다.

Guess the Words!

Q1 **extro**(밖으로)+ **vert**(향하다) ➡ extrovert

He is a real extrovert.

그는 정말 ______인 사람이다.

▶ **Hint** 감정을 밖을 향해 드러내는 사람은 어떤 성격이라고 할까?

Q2 **intro**(안으로)+ **vert**(향하다) ➡ introvert

He is an introvert who hates going to parties.

그는 파티에 가는 것을 싫어하는 ______인 사람이다.

▶ **Hint** 감정을 안으로만 숨기는 사람은 어떤 성격이라고 할까?

Q3 **di**(떨어져) + **vert**(향하다) ➡ divert

The war diverted people's attention away from the economic situation.

그 전쟁은 경제 상황으로부터 사람들의 주의를 ______.

▶ **Hint** 주의를 딴 곳으로 향하게 하는 것을 무엇이라고 할까?

Answers_ Q1. 외향적 Q2. 내성적 Q3. 돌렸다

extrovert
[ékstrəvə̀ːrt]

명 사교적인 사람, 외향적인 사람
형 사교적인, 외향성의

연상 밖으로 향함
어원 extro + vert
밖으로 향하다

Most actors are natural extroverts.
연기자들은 대부분 천성적으로 사교적인 사람이다.

introvert
[íntrəvə̀ːrt]

명 내성적인 사람, 내향적인 사람
형 내성적인, 내향성의

연상 안으로 향함
어원 intro + vert
안으로 향하다

I used to be an introvert. But now I'm outgoing.
나는 예전에는 내성적인 사람이었지만, 지금은 사교적이다.

divert
[divə́ːrt]

동 딴 데로 돌리다, 방향을 전환시키다, 기분을 전환시키다

diversion 명 방향 전환, 기분 전환

연상 떨어진 곳을 향함
어원 di + vert
떨어져 향하다

The mother diverted her daughter with a game.
어머니는 게임으로 딸의 기분을 전환시켰다.

avert
[əvə́ːrt]

동 돌리다, 피하다

연상 떨어진 곳을 향함
어원 a(b) + vert
~에서 떨어져 향하다

He averted his glance from the scene.
그는 그 장면에서 눈을 돌렸다.

advertise
[ǽdvərtàiz]

동 광고하다, 선전하다

advertisement 명 광고, 선전

연상 주의를 향하게 함
어원 ad + vert + ise
~을 향해 향하다 동접미사

He advertises his business on the Internet.
그는 인터넷에서 자신의 사업을 광고했다.

vertical
[və́ːrtikəl]

형 수직의, 세로의

연상 직각 방향으로 향함
어원 vert + ical
향하다 형접미사

The cliff is almost vertical.
그 절벽은 거의 수직이다.

144 via, voy 길, 나아가다

track 144

conveyer belt

conveyer belt는 벨트 위에 올린 물건을 앞으로 나아가게 하는 장치다. [con(함께)+vey(길을 나아가다)]로 이루어진 convey는 '옮기다, 전하다'라는 뜻을 지닌다.

trivia

trivia는 별 도움이 되지 않는 지식을 말한다. trivial은 [tri(3)+via(길)+al(형용사 접미사)]로 이루어진 단어로, 삼거리 → 사람이 많이 모임 → '하찮은, 흔한'을 의미한다.

Bon voyage

"Bon voyage!(여행 잘 다녀와요.)"는 선박 여행을 떠나는 사람에게 하는 인사다. voyage는 뱃길을 뜻하는 데서 '항해'를 의미하게 되었다.

Guess the Words!

Q1 **de**(떨어져)+ **vi**(길)+ **ate**(동 접미사) → deviate

Don't deviate from your original plan.

너의 원래 계획에서 ________ 안 된다.

▶ **Hint** 길에서 멀어지는 것을 무엇이라고 할까?

Q2 **ob**(반해)+ **vi**(길)+ **ous**(형 접미사) → obvious

There's no obvious solution to the problem.

그 문제에는 ________ 해결책이 없다.

▶ **Hint** 길을 가는 데 방해가 됨 → 사람들의 눈에 잘 띈다는 것은 어떤 의미일까?

Q3 **con**(함께)+ **voy**(길) → convoy

We passed a convoy of trucks on the way.

우리는 도중에 ________ 트럭을 지나쳤다.

▶ **Hint** 길을 함께 따라가는 것을 무엇이라고 할까?

Answers_ Q1. 벗어나서는 **Q2.** 명백한 **Q3.** 호송

deviate

[dí:vièit]

동 벗어나다, 일탈하다

deviation 명 일탈

devious 형 꾸불꾸불한, 우회하는

연상 길에서 멀어짐

어원 de + vi + ate
떨어져 길 동접미사

He took the rather devious route which avoids the city center.
그는 도심을 피하기 위해 꽤 우회하는 길로 갔다.

**obvious

[ábviəs]

형 명백한, 분명한

연상 길을 가는 데 방해가 됨

어원 ob + vi + ous
반해 길 형접미사

It's obvious that Ken is in love with Mary.
Ken은 Mary를 사랑하고 있는 것이 분명하다.

---

convoy

[kánvɔi]

명 호송(대), 호위, 경호
동 호송하다, 호위하다

연상 함께 길을 감

어원 con + voy
함께 길

They sent a convoy of trucks containing supplies to the famine area.
그들은 보급품을 실은 호송 트럭을 기근 지역으로 보냈다.

---

*via

[váiə, ví:ə]

전 ~을 경유하여, ~에 의해

연상 길을 통과함

어원 via
길

The speech was broadcast via a satellite link.
그 연설은 위성 접속을 통해 방송되었다.

**previous

[prí:viəs]

형 이전의, 앞의, 사전의

연상 먼저 지나감

어원 pre + vi + ous
앞에 길 형접미사

This year's profits will balance our previous losses.
올해의 이익은 이전의 손실을 메울 것이다.

---

envoy

[énvɔi]

명 공사(公使), 외교 사절

연상 외국으로 가는 길에 오름

어원 en + voy
안으로 길

The President sent a special envoy to the trade talks.
대통령은 무역 회담에 특사를 파견했다.

145 vis(e) 보다

track 145

television

television은 [tele(멀리)+vis(보다)+ion(명사 접미사)]로 만들어진 단어로, 멀리 있는 것을 보는 장치를 가리킨다.

visual

록 밴드의 멤버들이 겉보기에 화려한 옷차림이나 화장을 한 채로 연주하는 음악 장르를 비주얼 록이라고 한다. visual은 '시각의'라는 뜻을 지니며, 명사형 vision은 보는 힘, 즉 '시력, 통찰력'을 의미한다.

advice

사물이나 현상을 바라보고 생각하는 바를 다른 사람에게 전하는 것을 advice라고 한다.

Guess the Words!

Q1 **re**(다시)+ **vise**(보다) ➜ revise

The government revised the prediction upwards.

정부는 그 예측을 상향 ______했다.

▶ **Hint** 예측을 다시 검토한다는 것은 무슨 의미일까?

Q2 **im**(~이 아니다)+ **pro**(미리)+ **vise**(보다) ➜ improvise

He forgot to bring his notes, so he had to improvise.

악보를 가져오는 것을 잊어버려서 그는 ______으로 연주해야 했다.

▶ **Hint** 악보를 미리 보지 않고 연주하는 것은 무엇이라고 할까?

Q3 **super**(위)+ **vise**(보다) ➜ supervise

His job is to supervise assistant language teachers.

그의 일은 외국어 지원 교사를 ______하는 것이다.

▶ **Hint** 위에서 지켜본다는 것은 무슨 의미일까?

Answers_ Q1. 수정 Q2. 즉흥적 Q3. 감독

revise
[riváiz]

동 고치다, 수정하다, 교정하다, 개정하다

revision 명 수정, 교정, 개정

연상 다시 검토함
어원 re + vise
다시 보다

The writer revised his book many times.
그 작가는 자신의 책을 여러 번 교정했다.

improvise
[ímprəvàiz]

동 (시나 곡 등을) 즉흥으로 짓다 [노래하다, 연주하다], 임시 변통으로 마련하다

improvisation 명 즉흥, 즉흥시[곡, 연주]

연상 악보를 미리 보지 않고 연주함
어원 im + pro + vise
~이 아니다 미리 보다

You can't play jazz unless you can improvise.
즉흥 연주를 할 수 없다면, 너는 재즈를 연주할 수 없다.

supervise
[s(j)ú:pərvàiz]

동 감독하다, 관리하다, 지시하다

supervision 명 감독, 관리, 지시
supervisor 명 감독자, 관리자

연상 위에서 지켜봄
어원 super + vise
위 보다

He's got a full-time job as a supervisor of the factory.
그는 그 공장의 상근직 감독자 자리를 얻었다.

*visible
[vízəbl]

형 눈에 보이는, 명백한

visibility 명 시계(視界), 투명도
invisible 형 눈에 보이지 않는

연상 볼 수 있음
어원 vis + ible
보다 ~할 수 있다

The ship was still visible to us.
그 배는 여전히 우리 눈에 보였다.

vista
[vístə]

명 조망, 전망

연상 '보다'를 뜻하는 이탈리아어에서 유래함
어원

We should open up a new vista of the future.
우리는 미래에 대한 새로운 전망을 개척해야 한다.

**advise
[ədváiz]

동 충고하다, 조언하다

***advice** 명 충고, 조언
advisory 형 충고의, 자문의

연상 상대방의 입장이 되어서 봄
어원 상대방을 봄
ad + vise
~을 향해 보다

The doctor advised me not to smoke any more.
의사는 나에게 더 이상 담배를 피우지 말라고 충고했다.

146  view, v(e)y 보다

track 146

ocean view

ocean view는 바다가 보이는 전망을 뜻한다.
view는 '경치, 풍경, 시야, 견해, 의견'을 의미한다.

public viewing

Public viewing은 많은 사람이 볼 수 있도록 대형 스크린으로 스포츠나 음악, 연극 등을 일반 대중에게 공개하는 것을 말한다.

interview

interview는 보도 매체가 사이에 들어가 서로를 볼 수 있게 된다는 뜻에서 '면회, 면접, 회견'을 의미하게 되었다.

Guess the Words!

Q1 **en**(위를)+**vy**(보다) ➡ envy

I envy you having such a pretty wife.

나는 네가 그렇게 예쁜 아내를 얻은 것이 ________.

▶ **Hint** 상대방을 자신보다 위에 두고 올려다보는 것은 무엇이라고 할까?

Q2 **sur**(위에)+**vey**(보다) ➡ survey

They surveyed voters at the polling station.

그들은 투표소에서 투표자들을 ________했다.

▶ **Hint** 특정 현상을 위에서 살펴본다는 것은 어떤 의미일까?

Q3 **re**(다시)+**view**(보다) ➡ review

The report reviewed the link between passive smoking and heart disease.

그 보고서는 수동적인 흡연과 심장 질환의 관련성을 ________했다.

▶ **Hint** 이미 본 것을 다시 보는 행위를 무엇이라고 할까?

Answers_ Q1. 부럽다 Q2. 조사 Q3. 재검토

envy
[énvi]
envious

동 부러워하다, 시기하다
명 질투, 선망, 부러움
형 부러워하는, 시기하는

연상 상대방을 자신보다 위로 봄
어원 en + vy
위를 보다

She is always envious of my success.
그녀는 항상 나의 성공을 부러워한다.

** survey
[동 sərvéi]
[명 sə́ːrvei]

동 바라보다, 둘러보다, 개관하다, 조사하다
명 개관, 조사

연상 위에서 봄
어원 sur + vey
위에 보다

The survey showed that the majority of people are in favor of the law.
그 조사는 많은 사람이 그 법을 지지한다는 사실을 보여 줬다.

** review
[rivjúː]

동 재검토하다, 복습하다, 비평하다
명 재검토, 재조사, 복습, 비평

연상 다시 봄
어원 re + view
다시 보다

The movie got good reviews.
그 영화는 호평을 받았다.

viewpoint
[vjúːpɔ̀int]

명 입장, 견지, 관점

연상 사물이나 현상을 보는 위치
어원 view + point
보다 점

An increase in salary is good from the viewpoint of employees.
월급 인상은 직원 입장에서 보면 좋은 일이다.

preview
[príːvjùː]

동 사전 조사하다, 시연을 보다[보여 주다]
명 사전 조사, 시사회, 시연회, 예고편

연상 미리 봄
어원 pre + view
미리 보다

He has gone to see the preview of a play.
그는 연극의 시연회를 보러 갔다.

surveillance
[sərvéiləns]

명 감시, 감독

연상 위에서 지켜봄
어원 sur + vei + ance
위에 보다 명 접미사

The police are keeping the suspects under constant surveillance.
경찰은 용의자들을 지속적인 감시 하에 두고 있다.

147 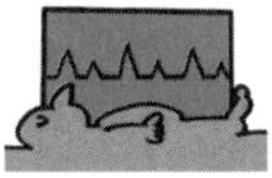 viv 살다, 생명

track 147

vitamin

생명 유지에는 아미노산이 필수적이라는 의미에서 [vi(살다)+amine(아미노산)]을 합성하여 vitamin이라고 부르게 되었다.

survival

역경이나 경쟁에서 살아남는 것을 survival이라고 한다.

revival

오래된 영화에 다시 한 번 생명을 불어넣는다는 의미에서 재상영을 revival이라고 한다.

Guess the Words!

Q1 **sur**(넘어)+**viv**(살다) ➜ survive

Three passengers survived the plane crash.

세 명의 승객이 비행기 사고에서 _____.

▶ **Hint** 역경을 뛰어넘고 살게 된 것을 무엇이라고 할까?

Q2 **vi**(살다)+**al**(형 접미사) ➜ vital

Calcium is vital to healthy bones.

칼슘은 뼈 건강에 _____이다.

▶ **Hint** '생명과 연관될 정도'라는 말은 어떤 의미일까?

Q3 **viv**(살다)+**id**(형 접미사) ➜ vivid

Kate is a woman with a vivid imagination.

Kate는 _____ 상상력을 가진 여성이다.

▶ **Hint** 생명력이 넘치는 것을 무엇이라고 할까?

Answers_ Q1. 살아남았다 Q2. 필수적 Q3. 생생한

○ **survive — 동 살아남다
[sərváiv]

*survival — 명 살아남기, 생존(자)

He decided to fight for his political survival.
그는 정치적 생존을 위해 싸우기로 결심했다.

연상 역경을 뛰어넘어 삶
어원 sur + viv
넘어 살다

○ *vital — 형 생명의, 불가결한, 필수적인, 중대한
[váitl]

vitally — 부 매우 중대하게, 절대적으로

Education is vitally important for this country's future.
이 나라의 미래에는 교육이 절대적으로 중요하다.

연상 생명과 연관될 정도로 중요함
어원 vi + al
살다 형 접미사

○ vivid — 형 생기 넘치는, 선명한, 생생한
[vívid]

Her memory of the accident is still vivid.
그 사고에 대한 그녀의 기억은 여전히 선명하다.

연상 생명력이 넘침
어원 viv + id
살다 형 접미사

○ revive — 동 소생하다, 소생시키다, 회복하다, 회복시키다
[riváiv]

revival — 명 부활, 회복, 재상영, 재상연

The film industry has revived.
영화 산업이 다시 살아났다.

연상 다시 살아남
어원 re + viv
다시 살다

○ vivacious — 형 쾌활한, 발랄한, 생기 넘치는
[vivéiʃəs, vaivéiʃəs]

vivacity — 명 쾌활함, 활발함, 명랑함

His mother is over 80 years old and is still vivacious.
그의 어머니는 여든이 넘으셨지만 여전히 생기가 넘치신다.

연상 생명력이 가득 차서 넘침
어원 viv + ous
살다 가득하다

○ vigorous — 형 원기 왕성한, 활력이 넘치는, 건강한, 강한
[víg(ə)rəs]

vigor — 명 정력, 활력

invigorate — 동 기운 나게 하다, 활기를 북돋우다

My grandfather is still vigorous and living in London.
나의 할아버지는 여전히 건강하시고 런던에 살고 계신다.

연상 활력이 넘침
어원 vigor + ous
활력 형 접미사

148 vent, ven(e) 오다

track 148

convenience store

convenience는
[con(함께)+ven(오다)+ence(명사 접미사)]로 형성된 단어로,
'항상 우리를 따라다님 → 항상 우리 곁에 있음'을 의미하는
데서 '편리함, 형편이 좋음'을 뜻한다. 형용사는
convenient(편리한, 형편이 좋은)이며,
반대말은 inconvenient(불편한)이다.

venture

venture는 '눈앞에 닥쳐옴'이라는 의미에서
'모험, 투기적 사업, 위험을 무릅쓰고 하다,
과감하게 하다'를 뜻한다.

Guess the Words!

Q1 **pre**(앞에)+**vent**(오다) → **prevent**

The traffic jam prevented him from arriving there on time.

교통 체증이 그가 제시간에 도착하는 것을 ________ 했다.

▶ **Hint** 사람 앞에 서서 길을 막는 것을 무엇이라고 할까?

Q2 **in**(위에)+**vent**(오다) → **invent**

Thomas Edison invented the light bulb in 1879.

토머스 에디슨은 1879년에 전구를 ________ 했다.

▶ **Hint** 전구에 대한 아이디어가 머리에 떠오르면 어떻게 될까?

Q3 **in**(안에)+**vent**(오다)+**ory**(장소) → **inventory**

Some of the things in the shop were not listed in the inventory.

그 가게의 상품 중 몇몇은 ________ 에 실려 있지 않았다.

▶ **Hint** 창고 안에 있는 상품을 적은 것을 무엇이라고 할까?

Answers_ Q1. 방해 **Q2.** 발명 **Q3.** 상품 목록

***prevent
[privént] 동 막다, 방지하다, 예방하다

prevention 명 예방(책), 방지

preventive 형 예방의 / 명 예방책

연상 사람 앞에 서서 길을 막음

어원 pre(앞에) + vent(오다)

To prevent injuries you should always stretch before exercising.
부상을 예방하기 위해서는 운동하기 전에 항상 스트레칭을 해야 한다.

---

*invent
[invént] 동 발명하다, 날조하다

inventive 형 발명의 재능이 있는

invention 명 발명

연상 발명해 냄 ← 생각이 떠오름 ← 머리에 스침

어원 in(위에) + vent(오다)

Necessity is the mother of invention.
필요는 발명의 어머니다.

---

inventory
[ínvəntɔ̀ːri] 명 재고품, 상품 목록, 재고 목록

연상 창고 안에 넣음

어원 in(안에) + vent(오다) + ory(장소)

We had to draw up an inventory of articles by next Monday.
우리는 다음 월요일까지 상품의 재고 목록을 만들어야 했다.

---

advent
[ǽdvent] 명 (중요한 사람이나 사건의) 출현, 도래

연상 이쪽을 향해 옴

어원 ad(~을 향해) + vent(오다)

The advent of the computer caused a lot of changes in our daily lives.
컴퓨터의 출현은 우리의 일상에 많은 변화를 초래했다.

---

venue
[vénjuː] 명 행위지, 사건의 발생지, (콘서트·스포츠 경기 등의) 장소

연상 곡예단, 악단, 선수단 등이 옴

어원

The concert is to be held on Saturday but the venue has been changed.
그 음악회는 토요일에 열릴 예정이었지만, 연주회장은 변경됐다.

---

eventual
[ivéntʃuəl] 형 최후의, 궁극적인

****eventually** 부 결국

*****event** 명 사건, 행사

연상 결과로서 밖으로 드러남

어원 e(밖으로) + vent(오다) + al(형 접미사)

The village school may face eventual closure.
마을의 학교는 최종적으로 폐교를 맞게 될지도 모른다.

149  voc, vow, voke

track 149

음성, 부르다

voice recorder

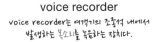

voice recorder는 여객기의 조종석 내에서 발생하는 목소리를 녹음하는 장치다.

vocabulary

vocabulary는 '목소리로 나오는 것'이라는 의미에서 '어휘, 단어집'을 뜻하게 되었다.

Guess the Words!

Q1 **re**(뒤에)+**voke**(음성, 부르다) ➜ **revoke**

His license was revoked for selling alcohol to minors.

미성년자에게 술을 팔아서 그의 허가는 ______됐다.

▶ **Hint** 이미 얻은 허가를 뒤로 물리는 것을 무엇이라고 할까?

Q2 **in**(위에)+**voke**(음성, 부르다) ➜ **invoke**

The UN decided to invoke economic sanctions.

UN은 경제 제재를 ______하기로 결정했다.

▶ **Hint** 위를 향해 외치는 것을 무엇이라고 할까?

Q3 **e**(밖으로)+**voke**(음성, 부르다) ➜ **evoke**

The photo always evokes memories of my youth.

그 사진은 항상 나의 어릴 적 기억을 ______한다.

▶ **Hint** 어릴 적 기억을 불러내는 것을 무엇이라고 할까?

Answers_ Q1. 취소 Q2. 행사 Q3. 떠오르게

revoke [rivóuk] 동 취소하다, 무효로 하다, 폐지하다

연상 나중에 하라고 말함
어원 re + voke
뒤에 음성, 부르다

revocation 명 취소, 폐지
irrevocable 형 취소할 수 없는

Her decision was immediate and irrevocable.
그녀의 결정은 즉각적이었고 취소할 수 없었다.

---

invoke [invóuk] 동 부르다, 호소하다, 탄원하다, 행사하다, 상기시키다

연상 위를 향해 외침
어원 in + voke
위에 음성, 부르다

invocation 명 기원, 탄원, 행사

Her name is often invoked as a symbol of the revolution.
그녀의 이름은 종종 혁명의 상징으로 상기된다.

---

evoke [ivóuk] 동 불러일으키다, 환기시키다, 불러내다

연상 불러냄
어원 e + voke
밖으로 음성, 부르다

evocation 명 유발, 환기
evocative 형 불러일으키는, 생각나게 하는

The air was full of evocative smells of flowers.
공기는 꽃을 생각나게 하는 향기로 가득했다.

---

provoke [prəvóuk] 동 화나게 하다, 일으키다, 유발하다

연상 앞으로 불러냄
어원 pro + voke
앞에 음성, 부르다

provocation 명 도발, 분개, 자극하는 것
provocative 형 도발적인, 자극적인

I provoked her by saying she is fat.
나는 그녀가 살이 쪘다는 말해서 그녀를 화나게 했다.

---

convoke [kənvóuk] 동 소집하다

연상 함께 부름
어원 con + voke
함께 음성, 부르다

convocation 명 소집, 의회

A conference was convoked to discuss the situation.
그 사태에 대해 토론하기 위해 의회가 소집되었다.

---

vowel [váuəl] 명 모음, (형용사적으로) 모음의

연상 음성의
어원 vow + el
음성, 부르다 형 접미사

Each language has a different vowel system.
각 언어는 다른 모음 체계를 가지고 있다.

150 vol 돌다, 구르다, 말다

track 150

revolver

revolver는 탄창이 회전하는 연발식 권총을 말한다.

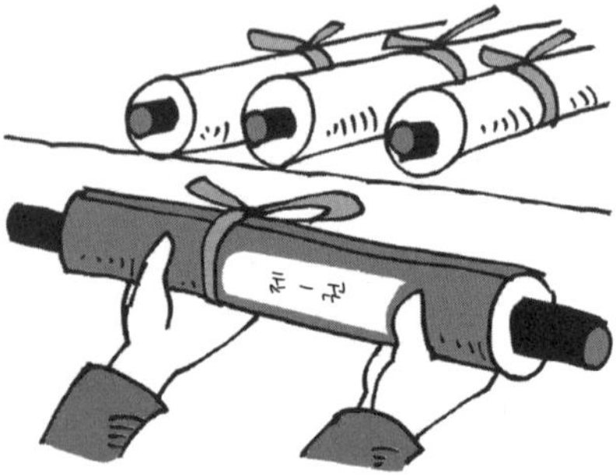

volume

두루마리 모양의 책 제1권을 volume 1이라고 한다.

Guess the Words!

Q1 **re**(다시)+**volve**(돌다) ➜ **revolve**

Mars takes longer to revolve on its axis than the earth.

화성은 축을 중심으로 ________ 하는 데 지구보다 더 오래 걸린다.

▶ **Hint** 계속해서 도는 것을 무엇이라고 할까?

Q2 **e**(밖으로)+**volve**(돌다) ➜ **evolve**

The dolphin has evolved a highly developed jaw.

돌고래는 대단히 발달된 턱을 ________ 시켰다.

▶ **Hint** 돌면서 밖으로 나아가는 것을 무엇이라고 할까?

Q3 **re**(뒤로)+**volt**(돌다) ➜ **revolt**

Anybody revolts at this terrible crime.

누구라도 이런 끔찍한 범죄에는 ________ 을 품는다.

▶ **Hint** 뒤로 돌아설 때는 어떤 감정을 품고 있을까?

Answers_ **Q1.** 회전 **Q2.** 진화 **Q3.** 반감

revolution ** [rèvəlú:ʃən] 명 혁명, 순환, 회전

revolve 동 회전하다

revolutionary 형 혁명적인

연상: 국가가 다시 돌아가게 만드는 것
어원: re + vol + tion
다시 돌다 명 접미사

The role of women has changed since the revolution.
혁명 이후 여성의 역할은 변화해 왔다.

---

evolve [iválv] 동 진화하다, 진화시키다, 발전하다

evolution 명 진화, 발전

연상: 밖을 향해 돌아 나감
어원: e + volve
밖으로 돌다

The process of biological evolution has taken billions of years.
생물학적 진화 과정은 수십 억 년이 걸렸다.

---

revolt [rivóult] 동 반란을 일으키다, 반감을 품다
명 반란, 반감

연상: 뒤집음
어원: re + volt
뒤로 돌다

The people rose in revolt.
사람들은 반란을 일으켰다.

---

devolve [diválv] 동 양도하다, 맡기다

devolution 명 이전, 이양, 위임

연상: 아래로 넘김
어원: de + volve
아래로 구르다

The federal government has devolved responsibility for welfare to the states.
연방 정부는 복지의 책임을 주에 위임했다.

---

volume ** [váljəm] 명 서적, 권(卷), 용적, 용량, 음량

연상/어원: 둥글게 만 것

Sales volumes rose 0.5% in July.
7월의 판매량은 0.5% 상승했다.

---

involve [inválv] 동 말려들게 하다, 포함하다, 수반하다, 관여하다

involvement 명 관련, 연루, 참가, (남녀의) 친밀한 관계

연상: 안쪽으로 돌아 들어감
어원: in + volve
안으로 돌다

Any investment involves an element of risk.
어떤 투자든 위험 요소를 수반한다.

Exercises 8

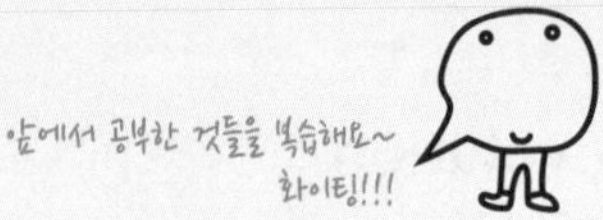

A 다음 단어의 뜻을 아래 <보기>에서 고르세요.

1. divorce ( )
2. controversy ( )
3. convoy ( )
4. vista ( )
5. survey ( )
6. preview ( )
7. advent ( )
8. venue ( )
9. revolt ( )
10. evolution ( )

보기					
	ⓐ 반란	ⓑ 전망	ⓒ 조사	ⓓ 이혼	ⓔ 출현
	ⓕ 진화	ⓖ 호송	ⓗ 행위지	ⓘ 논의	ⓙ 시연회

B 다음 단어의 의미를 아래 <보기>에서 고르세요.

1. versatile ( )
2. introvert ( )
3. vertical ( )
4. obvious ( )
5. visible ( )
6. envious ( )
7. vital ( )
8. vigorous ( )
9. eventual ( )
10. irrevocable ( )

보기					
	ⓐ 수직의	ⓑ 취소할 수 없는	ⓒ 명백한	ⓓ 용도가 많은	ⓔ 원기 왕성한
	ⓕ 내성적인	ⓖ 중대한	ⓗ 눈에 보이는	ⓘ 부러워하는	ⓙ 최후의

C 다음 문장에 나오는 괄호 안의 단어를 완성하세요.

1. **The film industry has (re □□□ ed).**
   영화 산업이 다시 살아났다.
2. **The doctor (ad □□□ ed) me not to smoke any more.**
   의사는 나에게 더 이상 담배를 피우지 말라고 충고했다.
3. **The mother (di □□□□ ed) her daughter with a game.**
   어머니는 게임으로 딸의 기분을 전환시켰다.
4. **Any investment (in □□□□□ s) an element of risk.**
   어떤 투자든 위험 요소를 수반한다.
5. **Moving sidewalks (tra □□□□□) the airport.**
   움직이는 보도가 공항을 가로지르고 있다.

Answers

A 1ⓓ 2ⓘ 3ⓖ 4ⓑ 5ⓒ 6ⓙ 7ⓔ 8ⓗ 9ⓐ 10ⓕ
B 1ⓓ 2ⓕ 3ⓐ 4ⓒ 5ⓗ 6ⓘ 7ⓖ 8ⓔ 9ⓙ 10ⓑ
C 1 (re)viv(ed) 2 (ad)vis(ed) 3 (di)vert(ed) 4 (in)volve(s) 5 (tra)verse

1. en ~하게 하다

enrich → **풍요롭게 하다**
enlarge → **확대하다**
entitle → **자격권리를 주다**
encircle → **둘러싸다**
enjoy → **즐기다**

2. co / con / com / col / cor 함께

coworker(함께 일하는 사람) → **동료**
coauthor(함께 만들어 낸 사람) → **공저자**
cooperate(함께 일하다) → **협력하다**
coeducational(함께 교육하다) → **공학의**
concede(함께 가다) → **양보하다**
contest(함께 증언하다) → **경쟁하다**
company(함께 빵을 먹는 사람) → **동료**
compare(함께 늘어놓다) → **비교하다**
collaborate(함께 일하다) → **협력하다**
collapse(함께 미끄러지다) → **붕괴하다**

3. syn / sym 함께

synchronize(시간을 함께 보내다) → **동시에 일어나다**
syndrome(함께 달리다) → **증후군, 행동 양식**
symphony(소리를 함께 내다) → **교향곡**
symmetric(계량을 함께하다) → **좌우 대칭의**

4. a① ~을 향해

abroad(넓은 곳을 향해) → **외국으로**
aboard(갑판을 향해) → **승선하여**
ahead(머리를 향해) → **앞으로**
ashore(물가를 향해) → **물가로**
abreast(가슴을 향해) → **옆으로 나란히**
along(긴 쪽을 향해) → **~을 따라**
away(길 쪽을 향해) → **떨어져**
amid(중앙을 향해) → **한가운데에**
across(십자를 향해) → **가로질러서**
amaze(미로를 향해) → **놀라게 하다**
accustom(습관을 향해) → **길들게 하다**
affirm(단단한 쪽으로) → **긍정하다**
aggressive(나아가는 쪽으로) → **공격적인**
allure(미끼를 향해) → **매혹하다**
allot(나누는 쪽으로) → **할당하다**
annex(결합시키는 쪽으로) → **병합하다**
annihilate(무의 상태로 두다) → **전멸시키다**
appeal(이야기하는 쪽으로) → **호소하다**
approach(가까이 가는 쪽으로) → **다가가다**
arrange(일정 범위 안으로) → **정리하다**
arrive(강기슭을 향해) → **도착하다**
associate(결부되는 쪽으로) → **연상하다**
assort(종류를 향해) → **분류하다**
attest(증언하는 쪽으로) → **증언하다**
attorney(타인을 향해 돌다) → **변호사**

5. ad ~을 향해

adverb(동사를 향해) → **부사**
adopt(선택하는 쪽으로) → **채용하다**
adapt(적당한 쪽으로) → **적응하다**

6. a② ~이 아니다, 떨어져

atom(더 이상 자를 수 없다) → **원자**
atheist(신이 없다) → **무신론자**
anarchy(우두머리가 없다) → **무정부 상태**

7. ab 떨어져

abhor(떨어져서 두려워하다) → **몹시 싫어하다**
abnormal(표준과 먼) → **이상한**
abrupt(떨어져서 무너지다) → **갑작스러운**

absolute(구속과 먼 ➡ 생각대로의)
➡ **절대적인, 확실한**

8. de ① 떨어져
derail(선로에서 떨어져) ➡ **탈선시키다**
defrost(성에와 먼) ➡ **해동하다**
deforest(숲과 먼) ➡ **삼림을 벌채하다**
demerit(장점과 먼) ➡ **단점, 결점**

9. de ② 아래에
decay(아래로 떨어지다) ➡ **부패하다, 쇠퇴하다**
decline(아래로 구부리다) ➡ **거절하다, 쇠퇴하다**
decrease(아래쪽으로 늘어나다) ➡ **감소하다**
descend(아래쪽으로 오르다) ➡ **내려가다**

10. de ③ 완전히, 모조리
demonstrate(완전히 보여 주다)
➡ **실증하다, 설명하다**
devote(완전히 맹세하다) ➡ **바치다**
delay(완전히 내버려두다) ➡ **연기하다**
devour(모조리 먹다) ➡ **게걸스럽게 먹다**

11. dis ~이 아니다
disable ➡ **하지 못하게 하다**
disappear(나타나지 않다) ➡ **사라지다**
disagree(찬성하지 않다) ➡ **반대하다**
dislike(좋아하지 않다) ➡ **싫어하다**

12. di 떨어져
divide(떨어뜨려서 나누다) ➡ **나누다**
dividend(나누다) ➡ **배당**
digest(떨어진 곳으로 옮기다) ➡ **소화하다**
diffuse(떨어진 곳에 녹이다) ➡ **발산하다**

13. se 떨어져, ~이 아니다
security(조심하는 상태와 먼) ➡ **안전**
separate(떨어뜨려서 늘어놓다) ➡ **분리하다, 나누다**
secret(떨어져 나누다) ➡ **비밀**

14. dia 통해, 완전히
dialog(ue)(말이 통하다) ➡ **대화**
diameter(통과해서 측정하다) ➡ **지름**
diagram(완전히 쓰다) ➡ **도표, 운행표**

15. per 통해, 완전히
persecute(완전히 뒤를 쫓다) ➡ **박해하다**
permanent(완전히 머물다) ➡ **영원의**
perish(완전히 가다) ➡ **죽다**
perplex(완전히 엮다) ➡ **당황하게 하다**

16. in ~이 아니다
incorrect ➡ **맞지 않는**
inactive ➡ **활동적이지 않은**
incredible ➡ **믿을 수 없는**
innumerable ➡ **헤아릴 수 없는**

17. im ~이 아니다
impossible ➡ **불가능한**
impolite ➡ **무례한**
immoral ➡ **부도덕한**
immortal ➡ **불멸의**
illegal ➡ **비합법적인**
illiterate ➡ **읽고 쓸 줄 모르는**
irregular ➡ **불규칙한**
irresponsible ➡ **무책임한**

18. un ~이 아니다
unable ➡ **~할 수 없는**
unaware ➡ **알아채지 못하는**
uncertain ➡ **불확실한**
unhappy ➡ **불행한**

19. un 원래 상태로 되돌리다
unlock(자물쇠를 걸지 않다) ➡ **자물쇠를 열다**
unfold(집지 않다) ➡ **펼치다, 펴다**
unload(싣지 않다) ➡ **짐을 내리다**
untie(묶지 않다) ➡ **풀다**

20. non ~이 아니다
nonsense → **무의미한**
nonverbal → **말을 쓰지 않는**
nonstop → **멈추지 않는**

21. ob 반대로, 대하여
obstacle(반대로 서다) → **장애**
obstinate(반항하며 서 있다) → **완고한**

22. ex, e 밖에
exhale(숨을 밖으로 보내다) → **숨을 내쉬다**
exalt(바깥쪽으로 높이다) → **승진시키다, 찬양하다**
evade(밖으로 가다) → **피하다, 벗어나다**
evacuate(내보내서 비우다) → **피난시키다**
eccentric(중심에서 벗어난) → **정도를 벗어난, 별난**
effort(힘을 내다) → **노력**
escape(비옷을 잡다) → **도망치다**

23. extra/extro 범위 밖의
extra → **여분의**
extramural(벽 밖의) → **구역 밖의, 학교 밖의**
extreme(범위 밖의) → **극단적인**

24. sub/su 아래에
※ c, f, g, p로 시작하는 어근의 경우 c, f, g, p를 중복해서 쓴다.
subway(아래쪽 길) → **지하철, 지하도**
submarine(바다 밑) → **잠수함**
subtitle(제목 밑) → **부제, 자막**
suggest(밑에서 옮기다) → **암시하다**
supply(밑에서 쌓다) → **공급하다**
supplement(밑에서 쌓다) → **보충**

25. sur 위에, 넘어
surface(얼굴 위) → **표면**
surname(이름 위) → **성**
surcharge(요금을 넘어) → **추가 요금**

26. super 위에, 넘어
superior(더 위의) → **뛰어난**
supreme(가장 위의) → **최고의, 극도의**

27. ultra 넘어
ultrasonic(소리를 넘어) → **초음속의**
ultraviolet(자색 광선을 넘어) → **자외선**
ultramodern(현대를 넘어) → **초현대적인**

28. em 안에
embark(배 안에) → **승선하다, 탑승하다**
embarrass(장애물 안에) → **당황하게 하다**
embody(몸 안에) → **구현하다**
embrace(팔 안에) → **포옹하다**

29. inter 사이에
international(국가 사이의) → **국제적인**
interval(벽 사이에) → **간격**
interrupt(사이에 들어가 깨뜨리다) → **방해하다**

30. intro/intra 안에
introspect(안을 보다) → **자기반성을 하다**
intramural(벽 안에) → **성벽 안의, 교내의**

31. contra/contro/counter 반대로
contrary → **반대의**
counteract(반대로 작용하다) → **중화하다**

32. ambi/ambu 주위에
ambiguous(주위를 돌다) → **모호한**
ambulance(걸어 다니는 병원) → **구급차**
amble(주위를 계속 돌다) → **한가롭게 걷다**

33. circum/circ(u) 주위에
circumstance(주위에 서 있다) → **환경, 주위**
circumference(주위로 옮겨 다니다) → **원주, 주위**
circus → **원형 광장, 서커스**

34. peri 주위에
periodic(주위를 도는 길) ➡ **주기적인**
periscope(주위를 보는 도구) ➡ **잠망경**

35. para 옆에
paralyze(옆이 느슨해지다) ➡ **마비시키다**
paraphrase(옆에서 말하다) ➡ **바꿔 말하다**
parallel(서로의 옆에) ➡ **평행의**

36. pro 앞에
professor(학생들 앞에서 말하다) ➡ **교수**
program(미리 써놓다) ➡ **계획, 예정**
prolong(앞으로 길게 하다) ➡ **연장하다**
procession(앞으로 가다) ➡ **행렬**

37. pre 앞에
preschool(학교 전의) ➡ **보육원**
prepare(미리 늘어놓다) ➡ **준비하다**
pretax(세금 전의) ➡ **세금 공제 전의**

38. anti 반대해
antisocial(사회에 반대해) ➡ **반사회적인**
Antarctic(북극 반대의) ➡ **남극의**

39. post 후에
postwar(전쟁 후의) ➡ **전후의**
postscript(나중에 쓰다) ➡ **추신**
posthumous ➡ **사후의**

40. re① 다시
rebuild(다시 짓다) ➡ **재건하다**
renew(다시 새롭게 하다) ➡ **갱신하다**
recreation(다시 창조하다) ➡ **기분 전환, 휴양**

41. re② 뒤에, 떨어져, 대항하여
reflect(뒤로 구부리다) ➡ **반사하다**
refuge(뒤로 도망치다) ➡ **피난(처)**
relax(뒤에서 느슨해지다) ➡ **긴장을 풀다**
reluctant(대항하여 싸우다) ➡ **꺼리는**

42. re③ 확실히, 완전히
regard(확실히 보다) ➡ **간주하다, 생각하다**
religion(확실히 묶이다) ➡ **종교**
rely(확실히 묶다) ➡ **의지하다**

43. com 완전히
complete(완전히 만족하다) ➡ **완전한**
comfort(완전히 강건한 상태) ➡ **쾌적한**
command(확실히 맡기다) ➡ **명령하다**
recommend(확실히 권하다) ➡ **추천하다**
rejoice(완전히 즐기다) ➡ **크게 기뻐하다**

44. trans 넘어
transplant(넘어가서 심다) ➡ **이식하다**
translate(넘어가서 두다) ➡ **번역하다**
transatlantic ➡ **대서양을 횡단하는**

45. mono/mon 하나
monorail(레일이 하나) ➡ **모노레일**
monopoly(혼자서 팔다) ➡ **독점권**
monogamy ➡ **일부일처제**

46. uni/un 하나
unite(하나로 만들다) ➡ **결합하다**
unit(하나인 것) ➡ **단위**
union(하나가 된 것) ➡ **결합, 조합**
unique(하나밖에 없다) ➡ **유일한**

47. semi/hemi 반
semicircle ➡ **반원**
semimonthly ➡ **월 2회의, 보름마다의**
semiprofessional ➡ **준직업적인, 세미프로의**
hemisphere(구의 반) ➡ **반구**

48. bi/bis/bin/di 둘
bicycle(바퀴가 2개) ➡ **자전거**

combine(2개가 하나로 되다) ➡ **결합하다**
binocular(눈이 2개인) ➡ **쌍안용의**
biscuit(2번 굽다) ➡ **비스킷**
bilingual(2개 언어의)
➡ **두 언어를 자유롭게 구사하는**
dilemma(양자택일의) ➡ **딜레마, 궁지**
dioxide(산소가 2개) ➡ **이산화물**
diphthong(모음이 2개) ➡ **이중모음**

49. du/duo 둘
dual ➡ **이중의**
duet ➡ **이중창**
double ➡ **두 배의**

50. tri 셋
triangle(각이 3개) ➡ **삼각형**
trio ➡ **삼중창**
Trinity ➡ **삼위일체**
tripod(발이 3개) ➡ **삼각대**

51. quart/quadr/tetra 넷
quarter ➡ **4분의 1**
quadrangle ➡ **사각형**
tetrapod ➡ **테트라포드**

52. penta 다섯
pentagon(각이 5개) ➡ **오각형**
pentathlon ➡ **5종 경기**

53. hexa 여섯
hexagon(각이 6개) ➡ **육각형**
hexapod(다리가 6개) ➡ **곤충**

54. hepta/sept 일곱
heptagon(각이 7개) ➡ **칠각형**
heptarchy(지도자가 7명) ➡ **칠두정치**
September(7번째 달) ➡ **9월**
※ 로마력으로는 7번째 달에 해당한다.

55. oct 여덟
octopus(다리가 8개) ➡ **문어**
octave ➡ **8도 음정, 옥타브**
October(8번째 달) ➡ **10월**
※ 로마력으로는 8번째 달에 해당한다.

56. nona 아홉
nonagon(각이 9개) ➡ **구각형**
November(9번째 달) ➡ **11월**
※ 로마력으로는 9번째 달에 해당한다.

57. deca/deci/dim 열
decade ➡ **10년간**
decimal ➡ **10진법의**
dime ➡ **10센트**
deciliter ➡ **데시리터(1/10리터)**

58. cent/centi 백
century(100의 단위) ➡ **100년, 1세기**
centimeter ➡ **센티미터(1/100미터)**
percentage(100에 대해) ➡ **백분율**
centennial(100년에 1번의) ➡ **100주년 기념제**

59. milli 천
mile(양발을 한 번씩 내딛기를 1000번 반복한 거리)
➡ **마일**
millennium(1000년에 1번의) ➡ **1000주년 기념제**
millipede(다리가 1000개) ➡ **노래기**

60. multi 많은
multinational(많은 나라의) ➡ **다국적의**
multitude(많이 있다) ➡ **다수**
multiethnic(많은 민족의) ➡ **다민족의**

61. omni 모두
omnibus(모든 사람을 나르는 것) ➡ **버스**
omnipotent(모든 힘을 가진) ➡ **전지전능의**

1. 동사를 만드는 접미사(~하게 하다, ~화하다)

(1) ~ate([eit]로 발음하고 3음절 단어인 경우, 반드시 2음절 앞에 강세가 붙는다.)

terminate: term(기한)+ate ➡ 기한을 정하다 ➡ **끝내다**

originate: origin(기원)+ate ➡ **시작하다, 발생하다**

(2) ~ize, ~ise(3음절 단어인 경우, 반드시 2음절 앞에 강세가 붙는다.)

organize: organ(기관, 장기)+ize ➡ 기관화하다 ➡ **조직화하다, 체계화하다**

civilize: civil(시민)+ize ➡ 시민화하다 ➡ **문명화하다**

(3) ~(i)fy

testify: test(증거)+ify ➡ 증거화하다 ➡ **증언하다**

classify: class(종류)+ify ➡ 기록하다 ➡ **분류하다**

(4) ~en

darken: dark(어두운)+en ➡ **어둡게 하다, 어두워지다**

whiten: white(흰)+en ➡ **하얗게 만들다, 하얗게 되다**

(5) ~ish

finish: fin(끝)+ish ➡ **끝내다**

cherish: cher(사랑스러운)+ish ➡ **소중히 하다**

(6) ~er(동작의 반복을 나타낸다.)

chatter: chat(말하다)+(t)er ➡ **재잘거리다**

batter: bat(방망이로 치다)+(t)er ➡ **난타하다**

(7) ~le(동작의 반복을 나타낸다.)

sparkle: spark(불꽃)+le ➡ 불꽃이 깜박깜박하다 ➡ **반짝반짝 빛나다**

amble: amb(걷다)+le ➡ **어슬렁어슬렁 걷다**

2. 형용사를 만드는 접미사

(1) ~이 많은, ~의 성질을 지닌

① **~ful**

wonderful: wonder(경이로움)+ful ➡ 경이로움이 넘치는 ➡ **훌륭한, 놀라운**

forgetful: forget(잊다)+ful ➡ **잘 잊어버리는**

② **~ous**

dangerous: danger(위험)+ous ➡ **위험한**

curious: cure(주의)+ous ➡ **호기심이 강한**

③ **~y**

rainy: rain(비)+y ➡ **비의**

smoky: smoke(연기)+y ➡ **연기가 나는**

(2) ~할 수 있다

① **~able**

eatable: eat(먹다)+able ➡ **(간신히) 먹을 수 있는**

portable: port(옮기다)+able ➡ 옮길 수 있는 ➡ **휴대용의**

② **~ible**

possible: poss(힘)+ible ➡ 힘이 있는 ➡ **가능한**

edible: ed(먹다)+ible ➡ **먹을 수 있는, 식용의**

(3) ~ 같은

① **~ish**

childish: child(아이)+ish ➡ **어린아이 같은, 유치한**

boyish: boy(소년)+ish ➡ **소년 같은**

② **~ly**

homely: home(가정)+ly ➡ **가정적인, 평범한**

timely: time(시간)+ly ➡ **시기적절한**

③ **~like**

childlike: child(아이)+like ➡ **어린아이 같은**

businesslike: business(일)+like ➡ **능률적인**

④ **~some**

handsome: hand(손)+some ➡ 손으로 다루기 쉬운 ➡ **멋진, 잘생긴**

troublesome: trouble(고난)+some ➡ **귀찮은**

⑤ **~esque, ~ique**

picturesque: picture(그림)+esque ➡ **그림 같은**

antique: ant(앞의)+ique ➡ **고풍의, 골동품**

(4) ~의 성질을 지닌, ~에 관한, ~에 속하는, ~의

① **~ate, ~it([ət]로 발음하고 3음절 단어인 경우, 반드시 2음절 앞에 강세가 붙는다.)**

separate: se(떨어져)+par(늘어놓다)+ate ➡ 떨어뜨려 늘어놓은 ➡ **분리된, 별개의**

fortunate: fortune(행운)+ate ➡ **운 좋은**

favorite: favor(호의)+ite ➡ **좋아하는**

② **~ed**

honeyed: honey(벌꿀)+ed ➡ **꿀이 든, 알랑거리는**

long-legged: long-leg(긴 다리)+ed ➡ **다리가 긴**

③ ~ive(반드시 바로 앞의 음절에 강세가 붙는다.)

massive: mass(큰 덩어리)+ive ➡ **거대한, 대량의**

sportive: sport(운동 경기)+ive ➡ **놀기 좋아하는, 스포츠의**

④ ~ic(반드시 바로 앞의 음절에 강세가 붙는다.)

cosmic: cosm(우주)+ic ➡ **우주의**

economic: econom(가계 관리)+ic ➡ 가계를 관리하는 ➡ **경제의**

⑤ ~al, ~ial, ~ical, ~ual(반드시 바로 앞의 음절에 강세가 붙는다.)

emotional: e(밖에)+motion(움직임)+al ➡ 밖으로 나오는 ➡ **감정적인**

artificial: art(기술)+fic(만들다)+ial ➡ 기술로 만든 ➡ **인공적인**

economical: econom(가계 관리)+ical ➡ 가계를 관리하는 ➡ **경제적인**

punctual: punct(점)+ual ➡ 점을 찍은 ➡ **시간을 잘 지키는**

⑥ ~an

urban: urb(도시)+an ➡ 도시 아래에 있는 ➡ **도시의**

metropolitan: metro(어머니의)+poli(s)(도시)+an ➡ **대도시의**

⑦ ~ary

temporary: tempo(시간)+ary ➡ **일시적인**

customary: custom(습관)+ary ➡ **습관적인**

⑧ ~ory

explanatory: ex(밖에)+pla(i)n(평평한, 분명한)+ory ➡ 바깥으로 분명하게 하는 ➡ **설명적인**

introductory: intro(안에)+duct(이끌다)+ory ➡ 안으로 들어가 이끄는 ➡ 소개하는 ➡ **입문적인**

⑨ ~ant

malignant: mal(악)+gna(태어나다)+ant ➡ **악성의**

dominant: domin(지배하다)+ant ➡ **지배적인**

⑩ ~ent

pungent: pung(찌르다)+ent ➡ **(코를) 찌르듯이 자극적인**

transparent: trans(넘어)+par(나타나다)+ent ➡ 물체를 넘어 나타나다 ➡ **투명한**

⑪ ~ar

polar: pole(극)+ar ➡ **극지의**

singular: single(하나)+ar ➡ 하나의 ➡ **하나뿐인, 비범한**

⑫ ~ine

alpine: alp(높은)+ine ➡ **고산의**

feminine: fem(여성)+ine ➡ **여성의**

⑬ ~ile

juvenile: juve(젊은)+ile ➡ **젊음이 넘치는**

fragile: frag(단편)+ile ➡ **약한, 부서지기 쉬운**

⑭ ~en

wooden: wood(나무)+en ➡ **나무로 된**

golden: gold(금)+en ➡ **금의, 금으로 된**

⑮ **~id**

candid: cand(흰)+id(상태) ➡ 마음이 하얀 상태 ➡ **솔직한**

tepid: tep(따뜻한)+id(상태) ➡ **미지근한, 열의가 없는**

(5) 방향을 나타내는 접미사

~ward

southward: south(남)+ward ➡ **남쪽으로 향하는**

upward: up(위)+ward ➡ **위쪽으로 향하는**

3. 명사를 만드는 접미사

(1) 사람을 나타내는 접미사

① **~er, ~eer**

painter: paint(그림을 그리다)+er ➡ 그림을 그리는 사람 ➡ **화가**

writer: write(쓰다)+er ➡ 쓰는 사람 ➡ **작가**

engineer: engine(재능)+eer ➡ 재능을 가진 사람 ➡ **기술자**

② **~or, ~ar**

professor: pro(앞에서)+fess(말하다)+or ➡ 학생들 앞에서 자기 의견을 말하는 사람 ➡ **교수**

monitor: moni(보다)+or ➡ 보는 사람 ➡ **감시자**

scholar: schol(학교)+ar ➡ **학자**

beggar: beg(간청하다)+ar ➡ 간청하는 사람 ➡ **거지**

③ **~(i)an**

musician: music(음악)+ian ➡ **음악가**

artisan: art(기술)+an ➡ **기능공**

④ **~ant, ~ent**

attendant: attend(시중을 들다)+ant ➡ 시중드는 사람 ➡ **점원, 종업원**

inhabitant: inhabit(살다)+ant ➡ **거주자, 주민**

student: stud(공부하다)+ent ➡ 공부하는 사람 ➡ **학생, 연구자**

client: cli(기울다)+ent ➡ 전문가에 기대는 사람 ➡ **고객, 의뢰인**

⑤ **~ist**

pianist: piano(피아노)+ist ➡ **피아니스트**

florist: flor(꽃)+ist ➡ **꽃집 주인**

⑥ **~ee(~하게 되는 사람)**

examinee: examine(검사하다)+ee ➡ 검사받는 사람 ➡ **수검자**

employee: employ(고용하다)+ee ➡ 고용되는 사람 ➡ **종업원, 피고용인**

⑦ **~ster**

gangster: gang(폭력단)+ster ➡ **폭력배**

youngster: young(젊은)+ster ➡ **젊은이**

(2) 장소를 나타내는 접미사

~ry, ~ory, ~ary, ~ery

laboratory: labor(노동)+ory ➡ 일하는 곳 ➡ **연구실, 실험실**

dormitory: dormi(자다)+ory ➡ 자는 곳 ➡ **기숙사**

pantry: pan(빵)+ry ➡ 빵이 있는 곳 ➡ **식료품 저장실**

library: libra(책)+ary ➡ 책이 있는 곳 ➡ **도서관**

bakery: bake(굽다)+ery ➡ 굽는 곳 ➡ **제과점**

(3) 추상명사를 만드는 접미사

① ~age(상태)

marriage: marri(남편이 되다)+age ➡ 남편이 되는 상태 ➡ **결혼**

pupilage: pupil(아동)+age ➡ **미발달 상태**

② ~ade(단위, 상태)

decade: dec(10)+ade(단위) ➡ 10년 단위 ➡ **10년간**

blockade: block(덩어리)+ade ➡ 덩어리 상태 ➡ **봉쇄**

③ ~dom(상태, 범위)

kingdom: king(왕)+dom ➡ 왕이 지배하는 상태 ➡ **왕국**

freedom: free(자유로운)+dom ➡ **자유**

④ ~ion, ~tion, ~sion(동작, 상태, 관계, 결과)

reaction: re(다시)+act(행위)+ion ➡ 다시 행동하는 것 ➡ **반응**

audition: aud(듣다)+tion ➡ 듣는 일 ➡ **시청, 오디션**

expansion: ex(밖에)+pan(d)(넓히다)+sion ➡ 밖으로 넓히는 일 ➡ **확장**

⑤ ~ment(동작, 상태, 결과, 수단) ※ 동사 뒤에 붙는다.

document: doc(가르치다)+ment ➡ 가르치면서 보여 주는 것 ➡ **문서, 서류**

pavement: pave(밟다)+ment ➡ 밟는 것 ➡ **포장도로**

⑥ ~ure(동작, 상태, 결과, 수단)

culture: cult(경작하다)+ure ➡ 마음을 가꾸는 것 ➡ **문화**

failure: fail(기대를 배반하다)+ure ➡ **실패**

⑦ ~ics(학문)

economics: econom(가계 관리)+ics ➡ 가계 관리에 관련된 학문 ➡ **경제학**

physics: physic(자연과학)+ics ➡ 자연과학의 학문 ➡ **물리학**

⑧ ~ery(상태, 성질, 집합)

slavery: slave(노예)+ery ➡ 노예 상태 ➡ **노예 제도**

machinery: machine(기계)+ery ➡ **기계류**

⑨ ~ship(상태, 성질, 신분)

friendship: friend(친구)+ship ➡ 친구인 상태 ➡ **우정**

professorship: pro(앞에서)+fess(말하다)+or(사람)+ship ➡ 학생들 앞에서 자기 의견을 말하는 사람 ➡ **교수직**

⑩ ~hood(상태, 성질, 집합)

childhood: child(아이)+hood ➡ **어린 시절**

neighborhood: neighbor(이웃)+hood ➡ **근처, 이웃**

⑪ ~ism(행동, 상태, 대계, 주의, 특성)

heroism: hero(영웅)+ism ➡ **영웅적 행위**

Darwinism: Darwin(다윈)+ism ➡ **다윈설**

⑫ ~al(동작)

arrival: a(~을 향해)+riv(강)+al ➡ 강가를 향해 가다 ➡ **도착**

dismissal: dis(떨어져)+mis(보내다)+al ➡ **해고, 퇴거**

⑬ ~ness(상태, 성질)

happiness: happ(행운)+ness ➡ **행복**

kindness: kind(태생이 좋은)+ness ➡ **친절**

⑭ ~ty(상태, 성질)

liberty: liber(자유로운)+ty ➡ **자유**

safety: safe(안전한)+ty ➡ **안전**

⑮ ~ard(상태, 성질)

coward: cow(꼬리를 다리 사이에 끼우는 동물)+ard ➡ **겁쟁이**

drunkard: drunk(술에 취한)+ard ➡ 술에 취한 상태 ➡ **술주정꾼**

⑯ ~ancy, ~ency, ~cy(상태, 성질)

vacancy: vac(빈)+ancy ➡ 빈 상태 ➡ **공간, 공석**

emergency: e(밖에)+merge(담그다)+ency ➡ 물속에서 갑자기 나오다 ➡ **긴급**

privacy: priva(개인의)+cy ➡ 개인으로 있는 상태 ➡ **사생활**

⑰ ~ance, ~ence(상태, 성질)

clearance: clear(없애다, 정리하다)+ance ➡ **제거, 정리**

excellence: ex(밖에)+cel(치솟다)+ence ➡ **우수함**

⑱ ~tude(상태, 성질)

magnitude: magni(큰)+tude ➡ **크기**

attitude: atti(적합한)+tude ➡ 적합하게 있는 상태 ➡ **태도, 자세**

⑲ ~th(상태, 성질)

warmth: warm(따뜻한)+th ➡ **따뜻함**

depth: de(e)p(깊은)+th ➡ **깊이**

■ 지소사(작은 개념을 표현하는 접미사)

⑳ ~let, ~et

starlet(작은 별, 인기 있는 젊은 여배우)

blanket(작고 하얀 것) ➡ **담요**

piglet(새끼 돼지)

㉑ **~ette**

cigarette(작은 궐련) → **담배**

kitchenette(간이 부엌)

㉒ **~icle**

particle(작은 부분) → **미립자**

icicle(작은 얼음) → **고드름**

㉓ **~en**

kitten(새끼 고양이)

mitten(벙어리장갑)

㉔ **~le**

candle(작고 희며 불빛을 내는 것) → **양초**

ripple(작은 물결) → **잔물결**

㉕ **~y, ~le**

doggy, doggie(작은 개)

birdie(작은 새)

cookie, cooky(작은 케이크) → **쿠키**

Index

A

B

C

D

E

F

G

H

I

P

Q

R

S

T

U

V

W

| 감수 |

William Joseph Currie

1935년 미국 필라델피아에서 태어나 1953년 예수회에 입회했다. 미시간대학교에서 비교문학 박사 학위를 취득하여 1960년 일본으로 건너가 교사, 조치대학교 문학부 영문학과 조교수, 외국어학부 비교문화학과 교수를 거쳐 6년 동안 조치대학교 총장을 역임했다. 2011년 일본 사학교육 진흥에 기여한 공로로 외국인 훈장을 받았다. 주요 저서로는《소외의 구도—아베 코보, 베케트, 카프카의 소설》,《일본의 모더니즘》등이 있다.

나카타 다쓰야(中田達也)

간사이대학교 외국어학부 부교수로 재직 중이다. 제2언어 어휘 습득 및 컴퓨터를 이용한 외국어 학습을 전공했다. 도쿄대학교 대학원 석사 과정을 수료하였으며, 웰링턴 빅토리아대학교에서 응용언어학 박사학위를 취득했다. <NHK 뉴스로 배우는 영어회화(온라인)>의 콘텐츠를 작성하였으며, 문부과학성 e-learning 교원 연수 시스템 개발 위원회 영어분과회 조사위원, 닌텐도DS용 영어 학습 소프트웨어 감수, 영어 교재 집필 등 다양한 활동을 하고 있다. 주요 저서로는《15-Day Program for the TOEIC® TEST(공저)》,《신 TOEIC 테스트 리딩 문제 룰 14(공저)》등이 있다.